开一家赚钱的个性小店

刘挥 ◎ 编著

华文出版社
SINO-CULTURE PRESS

图书在版编目（CIP）数据

开一家赚钱的个性小店 / 刘挥编著. -- 北京：华文出版社，2019.7

ISBN 978-7-5075-5126-6

Ⅰ.①开… Ⅱ.①刘… Ⅲ.①商店—商业经营 Ⅳ.①F717

中国版本图书馆CIP数据核字（2019）第122712号

开一家赚钱的个性小店
KAI YIJIA ZHUANQIAN DE GEXING XIAODIAN

著　　者：	刘　挥
出版策划：	兴盛乐
责任编辑：	曹昌虹
出版发行：	华文出版社
社　　址：	北京市西城区广安门外大街305号8区2号楼
邮政编码：	100055
网　　址：	http://www.hwcbs.com.cn
电　　话：	总 编 室 010-58336239　　发 行 部 010-58336267　58336238
	责任编辑 010-58336195
经　　销：	新华书店
印　　刷：	北京柯蓝博泰印务有限公司
开　　本：	710×960　1/16
印　　张：	21
字　　数：	310千字
版　　次：	2019年7月第1版
印　　次：	2019年7月第1次印刷
书　　号：	ISBN 978-7-5075-5126-6
定　　价：	49.80元

版权所有　侵权必究

前言
Preface

在生活中,开店创业是大多数创业者的一个选择,因为开店具有成本低、收益快、市场广阔等优势,而开店创业者也是中国最广泛的创业人群。但是各种店铺那么多,你怎么能开出特色来?如何才能开一家赚钱的小店?这就考验你的能力了。

从开店必须具备的基本条件、风险的规避、前期的市场调研、项目的选择、店址的选取、店面的装修、良好的店面销售环境的营造、高效商品管理技能的掌握、店面商品的促销,到店面人员的招聘和管理、店面财务管理与评估、店面异常情况的处理、店面的发展与扩张到加盟、网上开店,哪个环节都马虎不得。投资起步要经过种种考验,开店创业过程中会充满多种风险,所以,我们有必要从开店的点点滴滴说起,对开店的每个细节都要进行认真思考和准备。有句话说得好:思路决定出路,思路决定财路。

或许你为了发展自己的事业,已经开了一家店铺。但是顾客越来越少,利润越来越薄,对于一个刚刚开张的店铺来说,怎样才能在自己经营的利润空间里分到一块蛋糕,生存下去并且发展起来,这才是开店的根本所在。

商业投资虽然风险大,但只要经营有道,懂得管理,就能成功。此类先例不胜枚举。闪亮眼镜为什么能够越做越大?麦当劳的黄金双拱门为什么几十年来一直深入人心?老舍茶馆为什么能让传统变为一个传奇……这些成功的经营案例无不与开店有关。世界上的富翁们,几乎都是靠着投资和经营赚取了财富。他们历经艰辛奋斗而最终美梦成真，给人们以无穷的启迪，他们的创业启示或许在此刻就会将你激情和智慧的大门打开。

要想在激烈竞争的市场中打造出自己店铺的招牌和特色，在消费疲软的时候生意兴隆，通过商业投资来实现赚钱致富的梦想，那就从阅读本书开始吧。

希望读完这本书的你就像是"站在了巨人的肩膀上"，将创富英雄们曾经失败的教训、成功的经验一览无余。相信读者能经由此书找到开店的成功之门，给你开店带来实实在在的帮助。你不必急着把店铺做大，而是应该先好好运用这些开店必赚的秘诀，把店铺做好、做精，然后在更广阔的天地发挥自如。这本书是开店创业者的行动指南，也是攫取财富的导航图。

"生意做遍，不如开店"，你也可以轻松开一家赚钱的个性小店！

目录
Contents

PART1 从选址到开张，开店前要做的准备工作

1 开店前要问自己的 6 个问题 / 002
你喜欢什么 / 002
你想卖什么商品 / 003
你有什么专长 / 004
你的性格适合开店吗 / 004
如何赢得家人和朋友的支持 / 006
你有多少资金 / 007

2 投资预算，把钱花在刀刃上 / 008
开店需要哪些投资 / 008
如何减少开业初期的投资 / 009
如何估算固定设备投资 / 010
如何估算管理费用 / 011
如何进行损益分析 / 013
如何申请银行贷款 / 015
如何利用自有资金 / 016
如何合伙经营 / 016

3 选址装修对了，想不火都难 / 018
确定开店定位的三大因素是什么 / 018
优秀店址具有哪些特征 / 019
店内照明的基本原则是什么 / 020
照明设备的位置该如何安排 / 021
如何合理地运用色彩 / 022

如何利用墙面 / 023

哪些因素影响店面外观 / 024

店面外观有哪些类型 / 024

店铺招牌有什么用 / 025

招牌如何命名 / 026

PART2　开店运营实战指南，操作细节全知道

4　如何开一家加盟店 / 030

投资加盟店要慎重 / 030

加盟店的选址和宣传 / 032

开饰品店该不该加盟 / 033

女装加盟店 / 034

洗衣店加盟店 / 037

5　小店选人、用人、管人有诀窍 / 038

如何选择销售人员 / 038

如何启动员工招聘程序 / 039

如何组织员工培训 / 040

培训的内容有哪些 / 042

如何建立员工绩效考核制度 / 043

如何建立按劳取酬的薪资制度 / 046

如何建立利益共享的福利制度 / 047

6　小店异常情况处理 / 048

防盗管理 / 048

防止食物中毒 / 050

小偷的处理 / 051

遇抢的应变措施 / 054

意外事故处理 / 057

临时停电停水的处理 / 059

PART3　开店宣传促销，吸引眼球才能赚足人气

7　店面广告　/　062

店面广告的作用　/　062

店面广告的种类　/　064

媒体广告的种类　/　067

确定媒体广告目标　/　068

比较选择媒体　/　070

8　商品促销　/　072

小店促销有哪些方式　/　072

用名人效应法促销商品　/　074

用返璞归真法促销商品　/　075

用随购赠礼法促销商品　/　076

用情侣用品法促销商品　/　076

用改进包装法促销商品　/　077

用名牌效应法促销商品　/　078

9　互联网店铺微营销　/　080

用粉丝经济带动销售　/　080

为店铺做个微信公众号　/　081

利用微信、微博提升销售　/　083

店铺 App 营销四大模式　/　085

PART4　有特色的餐饮小店

10　咖啡店：研磨时光卖的就是情怀　/　090

咖啡店的选址与筹备　/　090

咖啡店的规划与布置　/　091

咖啡店的运营与管理　/　093

案例：沙漏咖啡　/　095

11 茶艺馆：把高雅休闲当作名片 / 096

茶艺馆的选址与筹备 / 096

茶艺馆的规划与布置 / 097

茶艺馆的运营与管理 / 100

案例：五福茶艺馆 / 101

12 酒吧：夜归人的另一个家 / 103

酒吧的选址与筹备 / 103

酒吧的规划与布置 / 104

酒吧的运营与管理 / 106

案例：微薄之盐 / 108

13 蛋糕店：用心制作一份甜蜜 / 110

蛋糕店的选址与筹备 / 110

蛋糕店的规划与布置 / 111

蛋糕店的运营与管理 / 114

案例：醇果工房 / 116

14 面包店：在都市中感受麦香 / 117

面包店的选址与筹备 / 117

面包店的规划与布置 / 119

面包店的运营与管理 / 120

案例：自产自销的"面包" / 123

15 奶茶店：捧在手中的香浓幸福 / 125

奶茶店的选址与筹备 / 125

奶茶店的规划与布置 / 126

奶茶店的运营与管理 / 128

案例：格日勒阿妈奶茶馆 / 129

16 粥店：谷米的四季养生之道 / 131

粥店的选址与筹备 / 131

粥店的规划与布置 / 133

粥店的运营与管理 / 135

案例：嘉和一品粥 / 136

17 水饺店：花样繁多美食天下 / 137

水饺店的选址与筹备 / 137

水饺店的规划与布置 / 139

水饺店的运营与管理 / 140

案例：大娘水饺 / 141

18 主题餐厅：趣味刺激宾客如云 / 143

主题餐厅的选址与筹备 / 143

主题餐厅的规划与布置 / 144

主题餐厅的运营与管理 / 145

案例：80后餐厅 / 147

19 冰激凌店：浪漫冰雪多元经营 / 148

冰激凌店的选址与筹备 / 148

冰激凌店的规划与布置 / 149

冰激凌店的运营与管理 / 152

案例：和路雪 / 154

20 巧克力DIY吧：尽享动手的乐趣 / 156

巧克力DIY吧的选址与筹备 / 156

巧克力DIY吧的规划与布置 / 157

巧克力DIY吧的运营与管理 / 158

案例：可可芭蕾巧克力艺术沙龙 / 159

PART5 有特色的服饰小店

21 女士内衣店：魅力女人由"内"开始 / 162

女士内衣店的选址与筹备 / 162

女士内衣店的规划与布置 / 164

女士内衣店的运营与管理 / 166

案例：80后男生开女士内衣专卖店 / 171

22 男士饰品店：型男的品味生活 / 172

男士饰品店的选址与筹备 / 172

男士饰品店的规划与布置 / 173

男士饰品店的运营与管理 / 174

案例：TRUEMAN / 176

23 儿童时装店：缤纷时装花样选择 / 177

儿童时装店的选址与筹备 / 177

儿童时装店的规划与布置 / 178

儿童时装店的运营与管理 / 179

案例：贝贝依依 / 182

24 情侣服装店：无言的爱情表白 / 185

情侣服装店的选址与筹备 / 185

情侣服装店的规划和布置 / 185

情侣服装店的运营与管理 / 187

案例：从自购情侣装到自己开店 / 189

25 胖人服装店：大码人士的时尚选择 / 190

胖人服装店的选址与筹备 / 190

胖人服装店的规划与布置 / 192

胖人服装店的运营与管理 / 193

案例："大真大"服装店 / 194

26 孕妇装店：每一个妈妈都很美 / 195

孕妇装店的选址与筹备 / 195

孕妇装店的规划与布置 / 196

孕妇装店的运营与管理 / 197

案例：王小姐的孕妇装专卖店 / 199

27 箱包店：打造形象贩卖美丽 / 200

箱包店的选址与筹备 / 200

箱包店的规划与布置 / 202

箱包店的运营与管理 / 204

案例：小刘的箱包店 / 206

28 鞋店：一双好鞋带你去美好的地方 / 208

鞋店的选址与筹备 / 208

鞋店的规划与布置 / 209

鞋店的运营与管理 / 211

案例：陈先生的鞋店 / 212

29 裤子专卖店：引领潮流吸引人气 / 213

裤子专卖店的选址与筹备 / 213

裤子专卖店的规划与布置 / 214

裤子专卖店的运营与管理 / 215

案例：百圆裤业 / 216

30 时尚饰品店：达人一族爱不释手 / 219

时尚饰品店的选址与筹备 / 219

时尚饰品店的规划与布置 / 220

时尚饰品店的运营与管理 / 221

案例：啊呀呀 / 222

31 干洗店：找准客源利润稳定 / 223

干洗店的选址和筹备 / 223

干洗店的规划与布置 / 225

干洗店的运营和管理 / 226

案例：王海的洗衣店 / 228

PART6 有特色的文娱小店

32 鲜花店：美化生活芬芳人生 / 230

鲜花店的选址与筹备 / 230

鲜花店的规划与布置 / 231

鲜花店的运营与管理 / 232

案例：小丑鲜花店 / 234

33 休闲书店：心情驿站传递书香 / 237

休闲书店的选址与筹备 / 237

休闲书店的规划与布置 / 240

休闲书店的运营与管理 / 244

案例：单向街书店 / 248

34 玩具店：稀奇古怪流连忘返 / 249

玩具店的选址与筹备 / 249

玩具店的规划与布置 / 250

玩具店的运营与管理 / 251

案例：幽默坊玩具店 / 253

35 十字绣品店：锦上添花绣出风景 / 255

十字绣品店的选址与筹备 / 255

十字绣品店的规划与布置 / 257

十字绣品店的运营与管理 / 258

案例：小文子十字绣 / 259

36 DIY 手工皂店：可玩可用人气爆棚 / 261

DIY 手工皂店的选址与筹备 / 261

DIY 手工皂店的规划与布置 / 263

DIY 手工皂店的运营与管理 / 264

案例：马小姐的香皂吧 / 267

37 DIY 陶吧：放松身心体验艺术 / 269

DIY 陶吧的选址与筹备 / 269

DIY 陶吧的规划与布置 / 270

DIY 陶吧的运营与管理 / 271

案例：老少皆宜的家庭嗜好 / 273

38 个性写真店：私人订制高端摄影 / 275

个性写真店的选址与筹备 / 275

个性写真店的规划与布置 / 277

个性写真店的运营与管理 / 278

案例：个性生财路 / 281

39 文具用品店：小而又全，面面俱到 / 283

文具用品店的选址与筹备 / 283

文具用品店的规划与布置 / 285

文具用品店的运营与管理 / 287

案例：小小文具店 / 290

PART7 打通线上与线下，互联网开店更赚钱

40 淘宝网：开一家没有店面的旺铺 / 294

做好8件事开一家没有店铺的店 / 294

创业初期如何设计页面提升流量 / 296

淘宝新店的宣传与推广 / 298

与买家进行有效沟通 / 300

案例：把淘宝品牌做成时尚品牌的七格格 / 301

41 互联网餐馆：用互联网思维年入百万 / 302

四个步骤在微信上开餐馆 / 302

餐馆二维码营销六大实施步骤 / 304

充分利用互联网外卖模式赚钱 / 306

案例：眉州东坡的O2O实践 / 309

42 轻松网赚族：手机一点轻松赚钱 / 312

把微店分销做成一门生意 / 312

O2O生鲜，小本赚大钱 / 313

拼多多开店就这么简单 / 315

微信小程序开店速查速用 / 318

案例：第一个吃螃蟹的"订蛋糕+" / 319

PART1

从选址到开张，开店前要做的准备工作

1 开店前要问自己的 6 个问题

你喜欢什么

准备开店时,最重要的一件事,就是从你喜欢的商品和服务项目着手。

经营一家商店,并不是只有进货、与顾客周旋,或是商品陈列这些乍看起来轻松愉快的工作,其实还有很多麻烦的事等着你。比方说收货(当然也包含纸箱的处理)、点货、商品标价、库存管理、打扫乃至于资金的运筹,等等,都是开店的必要工作。

就拿必须与顾客接触的销售活动来说,本来应该每天都保持愉悦的心情,但并非每位顾客都很讲理,于是难缠的客人就成了烦恼的根源。商品的陈列也是一样,好像不管怎么摆放,都觉得不太对劲,有时甚至感到失望。

不过,如果做的是自己喜欢的事,则另当别论,即使是努力钻研也不会厌倦,工作上的辛劳也成了小事一桩,很容易撑过去。

相反的,明明不想做,却因为别人的劝诱,或捡现成便宜贸然开店,最后往往会走上失败的路途。这种人当初之所以会开店,不是出自本身强烈的意愿,所以当经营稍有不顺时,便会立刻产生厌烦的心理。

以前,有个从事杂货批发的人,他家的店地点差,面积又小,经营得很吃力。于是朋友们常劝那家店的老板趁早把店收起来,至少可以留点老本。可是那个老板每次都很认真地回答:"我也知道,但我就是喜欢这样的工作!"

就像这个例子中的老板,可以凭着一股由衷的热诚,说服对其前途有疑虑的朋友或批发商,使他们转而支持自己。

因此，开一家店并不单单只是为了赚钱，而是在你喜爱的事情上去发挥自己的才能，并设法去赚钱。

你想卖什么商品

找到自己喜欢的行业之后，就要考虑你想要卖什么商品？你要替它营造出什么气氛？开什么店？

花店？面包店？还是咖啡店？书店？

不管是哪一种，只要下定决心，就必须对下列业界共通的经营资源有通盘的了解。

（1）有关批发商等商品流通的信息。

（2）消费者对店家的需求（分为商品、服务两方面）。

（3）地点与商店的规模以及合适的店内摆设。

（4）资金（店面设计费用、初期进货成本等创业所需资金，也包括周转金）。

（5）员工人数及素质。

（6）专业知识与技术（商品知识、陈列技术等）。

（7）会计基础知识。

然后，你必须冷静地想想，这些经营资源你已经掌握了多少。

当然，就算掌握再多资源，也难保生意一定会兴隆。可是如果一开始就漫无目的，那么将来经营想要上轨道，就比较困难了。

经过一番谨慎的评估之后，也许你会发现竟然没有一项合格，有的只是"意愿"和"干劲"。没关系，先别懊恼。

怎么说呢？因为只要发现经营资源的不足，便容易找到解决之道。接着，稍微延后开业日期，等经营资源储备够了再正式上路吧！

你有什么专长

你所经营的店需要特殊技能或资格吗？如果要，你在该领域通过了多少资格考试呢？

即使你要开设的店根本不需要多少技能和资格，我们建议你尽可能去取得证明，取得消费者的信赖（此处所指限国家举办的资格考试，或为一般大众认定的考试）。

有些资格的名称听起来也许和你的店没有直接关联，但它们对你只有好处，没有坏处。另外，各位不妨重拾书本，去学学如何设计布置和插花。

通过资格考试、上专科学校或技艺班，可以向外显示你"为了开店付出了不少心血"。

比方开服饰店，单凭"喜欢""对自己的流行嗅觉充满信心"这两个动机，不见得就能受到顾客青睐，或许还会听见一些讪笑，被嫌不够专业。

如果你曾在服饰业工作过好几年，也学过服装设计，拿到设计师资格，又懂得色彩搭配，那情况就另当别论了，顾客对你的评价和信赖一定很高。

"不愧是服装设计师，点子新，又有品位。"

"每次去都能找到适合我穿的衣服！"

不管是房屋租赁业者或银行，在选择往来对象时，都很现实，有保障的人绝对比没有的人吃香。

总而言之，多一张资格证书，等于多一份保障，有助于你迈向成功之路。

你的性格适合开店吗

不管是厂商、批发商或加盟连锁店主管，每当有人提出"哪一种人开店比较容易成功"的问题时，得到的回答几乎都一致："活泼、虚心又勤奋不懈的人。"

这种人就算是初次踏入商界，你也可以大胆说他"必定成功"。环顾整个环境，自己创业并闯出一番天地的人，绝大部分都具备了上述特质。

"怎么那么简单啊？"

或许你会以为做起来轻而易举，然而要满足这些条件并非易事。

首先，让我们来看看"活泼"这一项。

人可以分成两种，一种人"安静，没办法和初次见面的人热情交谈"；另一种人却"与任何人都能像老朋友般沟通，毫无障碍"。换句话说，人可以分成"忧郁"和"活泼"两种个性。

然而，大家似乎都忘了一件事，那就是沉默并不代表忧郁，而侃侃而谈也不代表活泼。"活泼"有两种，一种会"使人振奋"，另外一种则正好相反，会"使人疲惫"。

后者乍看之下似乎明朗快乐，但仔细思量，你会发现他谈话的内容老是围绕着自己打转，欠缺对他人的关怀。

另外，认为"自己个性忧郁"的人，其实只要不忘服务顾客的精神，总不会一整天都愁眉苦脸的吧？

所以，所谓"活泼"的人，应该是指"具备服务于他人的精神"的人。

接下来我们谈谈第二项"虚心"。

虚心的人是能倾听别人意见、具有"肯定"他人气度的人。

不只在商场上，相信在一般生活中，我们都会接到朋友给的忠告和建议，这时有的人会闹情绪，"我这样就好，不要你管！"有些人却能采纳不同的意见。不同的态度会产生不同的结果。

当然，我们并不鼓励大家对别人的意见照单全收，只是相信不管是什么意见，都一定有它值得听取、学习的地方。

你必须自己整理消化这些建议，然后分清利弊，择优而从。

有些人到生意兴旺的店铺参观见习时，总会怀着"酸葡萄"的心理说："我们的店和别人的店在规模和地点上根本不能相比，怎么能期待达到和他人相同的业绩。"这是为自己的"不能"找借口。

真正虚心的人，会先把条件差异摆在一旁，观察别人用心之处，再加以效仿，沿用到自己店里。换句话说，虚心的人从他的所见所闻中寻找契机，并且加以消化,让自己取他人之所长,补己之短,不断成长。

这些不仅是开店的必需条件,同时也适用于各行各业。

很遗憾,天生"活泼、虚心又奋斗不懈"的人凤毛麟角,大多数的人都必须靠后天培养这些特质。但各位也别气馁,从现在开始努力做一个"活泼、虚心又勤奋不懈"的人,成功依然指日可待!

如何赢得家人和朋友的支持

开店创业非小事,要尽可能取得亲朋好友的理解和支持,如配偶、孩子、父母、朋友,他们持何种态度?是无怨无悔全力支持,还是反对?都需心中有数。

尤其是每天跟你一起生活的家人,他们的生活一定会因为开店而受到影响。

举个例子来说吧。一旦辞掉原先的工作,家中马上会失去一份固定收入,开店以后家事不是做得马虎草率,就是别人休息时你却必须顾店,不能陪伴小孩。而家人一旦反对开店,这将直接对你造成压力。况且,理想与现实通常有距离。并不是说心里想着要成功,就一定能够成功。除此之外,不管是开哪种店,打从开张就持续热卖的例子实在是少之又少。

在旁人眼中,也许经营已经步入正轨,但实际的收益却不如预期,而且要回头已是难上加难。这种名实不符的现象,据说每三年会出现一次。

遇到这样的低潮时,如果最亲近的家人不是雪上加霜地说:"当初叫你别做,你就是不听!"而是适时给你鼓励:"再苦也是自己选择的,再试试看吧!"我想任何人都会愿意再拼一次的。

世界上只有亲人和好朋友能在你获得成功时给予衷心祝福,却不夸张称赞。

所以,当你决定开店时,首先必须和家人及朋友彻底沟通,取得大家的谅解和支持,让自己没有后顾之忧。

你有多少资金

一般来说，除了开店资金，最起码需准备三个月，甚至半年的周转金，才能保证店铺的正常运营。

有一家服饰连锁店总公司负责人在接受采访时，被问道："请问贵公司对加盟店老板有什么要求和条件？"结果对方毫不犹豫地回答："他必须对我们的产品了如指掌，并且耐性强，拥有充裕的资金。"

前两个条件是理所当然可以理解，记者再问他为什么资金那么重要。对方的说法是：开店花钱是不可避免的事，你必须找到一个绝佳的地点，而且不可能单打独斗，一定要聘请人员帮忙。

为了营造店内气氛，耗材和装饰品这些商品外的开销也绝对少不了。

又譬如商品展示会，与其由店主独自采购，倒不如休息一天，全体员工一块儿去，借此凝聚大家的智慧，共同找出具有卖点的东西。如此一来，既可避免因错误判断造成商品滞销，同时也能激励员工的士气。

所以，资金愈多就愈有生存的空间。商场上，在其他经营要素大体相当，接下来就比资金拥有的状况下，谁钱多谁成功的机会就愈大。

想自行创业的朋友，千万不要只是凭一时兴趣勉强开张！比较稳健的做法是累积足够的资金，确实研究过开店和商品的知识，当资金与心理都充分准备好之后再上路。

2 投资预算，把钱花在刀刃上

开店需要哪些投资

开店之前，必须筹集一定数量的开办资金，作为实现经营范围的经济基础。对于个人独资开办的店，我国法律对其注册资金未做限制；而公司的店，法律则规定了其注册资本的最低限额。一经申报批准，注册资金就成为投资人的合法权益，受到法律的保护。

开店时需要的资金主要是存货投资、应收账款投资、固定资产、预期的负现金流量，以及意外损失基金。

1. 存货投资

它通常是由所计划的年销售额和存货周转率来决定的。

2. 应收账款投资

应收账款是顾客欠的购货款。

3. 固定资产

这部分资金主要是用于建筑、地皮、设备上的资金需要，具体数额还要看这些建筑和设备是购置的还是租赁的。通常可以根据市场价格预估出总的花费。

4. 预期的负现金流量

通常很少有新店能够在一开始就达到营业损益平衡。一般需经过6~8个月方有可能从"导入期"进入"成长期"。新店在"导入期"往往入不敷出，就会遇到负现金流量，这时需要足够资金的介入，才能达到收支平衡。

5. 意外损失基金

在为新店计划资金来源时，难免会有意想不到的开支。为了应付这些意外的费用开支，新店需要有可以动用的准备金。意外损失基金约占所需总资金的15%~20%。如果业务经营差于预期，则意外损失基金越少，破产的风险越大。另一方面，如果意外损失基金太多，那么该企业就会有过多的资金被闲置起来，资金效率就会大大下降，也不利于新店的发展。

如何减少开业初期的投资

开店铺要赚钱，就必须精打细算。

1. 精简人员

顾客少于店员、台上多于台下，是店铺经营的奢侈和失败。有些小店在开业初期，老板经常身兼数职，从招呼客人到进货卖货，从商品陈列到清洁打扫等，样样都自己动手。有些行业的小店，即使在开业初期，老板一个人是无论如何也照顾不过来的，如餐饮店、美发店。

那么，老板如何雇人、如何充分用人，就显得非常重要了。即使以后你的小店规模扩大了，人员增多了，也要尽量做到人尽其才，让每个店员最大限度地发挥其特长和作用，这是降低成本的有效方法。

2. 营业相关费用的节约

为配合小店营运的合理化及资金的合理运用，店铺创办者应对各项经营费用的节约等加以密切关注。小店创办人员要有"创业观"，咬紧牙关，克服困难，勤俭节约，将每一分钱都用在刀刃上。

3. 单位面积营业额的提高

把握顾客的需求，对于营业场所构成、商品系列的组合性及店内的陈列展示效果，能予以充分发挥，力求顾客购买单价的提高及交易次数的增加，从而提高营业场所单位面积的营业效率，降低单位成本。

4. 总利润的保证

针对整体商品计划的调整，有关商品收集、厂商选定、商品促销重点乃至销售方法等各项工作均应互相配合，并随时把握主要的合作厂商，以获悉各项采购信息。

如何估算固定设备投资

决定开店发展自己的事业之后就需要估算开店时在固定设备上所需投入的资金数目。毕竟开创事业中最为重要的是了解及解决财务费用上的需求，这是决定日后成败的关键，一般一家店所需投资主要有以下几个方面。

1. 装潢

在商店的装潢设计方面，店主最先考虑的是定位及主要客户群体；目前店内营业面积至少达到30平方米才能满足消费者购买商品的需求，由此，在装潢上，店内色调必须满足顾客的心理。

2. 冷气

冷气使顾客进入店内后，可以享有清凉的感觉，促使顾客在店内停留较长的时间购买较多的商品。目前商店使用的冷气有悬吊式和直立式两种。悬吊式冷气优点是不占空间，使店内货架增加，商品的结构增强，营业额随之提升；缺点是冷度较差，价格较高。直立式冷气优点为冷度较强、价格较便宜；缺点是占空间，如果店面面积不大就会影响商品的结构，以及营业额的提升。以30平方米的营业面积计算，使用悬吊式约需8吨冷气，而直立式约需7.5吨冷气。

3. 水电

在店内的所有工程中，最为复杂、工程品质要求最高的就是水电。在施工期间，从配线、拉管到装开关箱，从送电照明、给水与排水到消防安全，所有过程和材料的品质皆须严格要求，这样整个店才能达到安全、美观、实用的标准。

4. 货架

货架的功能是陈列商品，让消费者在店内很容易找到所需的商品。货架的构成有单面架、双面架、棚板、前护网、侧护、背网、挂钩等，分135厘米和180厘米两种。

5. 招牌

招牌的亮度与色调是促使顾客入店的主要原因。因此招牌在设计与装置时，要做到色泽让消费者接受、位置明显、亮度明亮等。

6. 收银机

收银机用于店主每日现金收入，一般一家店需要购买2台，以备其中1台故障时，另1台还可以运作。

以上是硬件及设备的投资预估。另外，还有一些项目并未包括在内，例如贴地砖、拆除墙壁、装落地铝门窗等。除了上述涉及的设备外，店主另外增加其他设备，则费用要列入再计算。

如何估算管理费用

随着竞争愈来愈激烈，一般店铺的营业额提升较慢，但管理费用却逐年增加。在这种情况下，店主必须严格控制管理费用，才不至于因费用增加，而使店的利润下降，造成投资成本回收时间延长。

1. 固定费用

（1）管理费用，如薪金、津贴、加班费、资金、退职准备金、福利金等。

（2）设备费用，如装潢费、设备折旧、保险费、租金等。

（3）维持费用，如水电费、事务费、杂项费等。

2. 变动费用

变动费用包括维修费、广告宣传费、包装费、盘损、营业税等。

3. 管理费用分析举例

店铺的管理费用究竟要控制在什么范围之内才算合理？下面是一家店铺的损益分析：假设店的月营业额是180万元，而毛利是25%，其营业总费用与销售总额比例，要控制在18%之内才行。具体如下：

（1）装潢折旧。

以投资36万元分5年分摊计算，每月需分摊0.6万元，占销售总额的0.33%。

（2）设备折旧。

以投资132万元分5年分摊计算，每月需分摊2.2万元，占销售总额的1.22%。

（3）人员薪金。

24小时营业约需7人，费用控制在12万元之内，占销售总额的6.66%。

（4）水电费。

每月控制在3万元内，占销售总额的1.66%。

（5）租金。

租金在9.7万元内，占销售总额的5.38%。

（6）维修费。

维修费0.5万元，占销售总额的0.27%。

（7）营业税。

营业税2.3万元，占销售总额的1.27%。

（8）盘损。

盘损0.9万元，占销售总额的0.5%。

（9）杂费。

杂费1万元，占销售总额的0.6%。

（10）邮电费。

邮电费0.2万元，占销售总额的0.11%。

以上总费用包括固定费用与变动费用，只要将总费用控制在18%之内就有可观的利润。另外管理控制由每月管理分析来实施，店主应考虑下列5项基本原则：

（1）店员薪金总额不得超过总经费的一半；

（2）人事费用与销售总额比例须小于7%；

（3）总费用与销售总额之比要在18%以内；

（4）固定费用占总费用的比例，应为85%；

（5）变动费用占总费用的比例应为15%。

店铺经营遵循上述5项原则，就能取得经营效益，使店主获得可观的利润。

如何进行损益分析

经营者开店时，最关心的问题是投入资金后，必须达到多少业绩才能损益平衡，经营安全率达到多少才算安全？首先需要将商店的营运经费分成固定费用与变动费用，固定费用与营业额的增减无关，是在一定期间内所发生的固定费用，因此固定费用的分担率与营业额的增减成反比。而变动费用则是随营业额的增减而发生变化，与营业额的增减成正比。

上述两类费用需依商店的经营规模以及所投入的人、事、物等经费，进行详细分类，再进一步配合损益平衡点进行估算，以下是较简易的计算方式。

1. 损益平衡点

损益平衡点等于经营费用除以毛利率。例如：假设商品的毛利率是25%，而每月经营费用约32.7万元，则全店的损益平衡点在130.8万元。若要不亏损，平均每天应有4.36万元的营业额。

2. 毛利率

毛利率等于毛利额除以营业额。例如：45万元÷180万元×100%=25%。

3. 经营费用

经营费用等于毛利额减税前净利润。例如：45万元-12.3万元=32.7万元。

4. 损益平衡营业额

损益平衡营业额等于总经营费用除以毛利率。例如：32.7万元÷25%=130.8万元。

5. 平衡点率

平衡点率等于营业额的平衡点除以总营业额。例如：130.8万元÷180万元≈72.7%。

6. 投资报酬率

投资报酬率等于投资总金额除以税前净利润再乘以12。例如：168.5万元÷12.3万元×12≈164.4%。

7. 税前净利率

税率净利率等于税前净利除以总营业额。例如：12.3万元÷180万元≈6.8%。

8. 损益分析

（1）损益平衡点。

营业额的平衡点（总费用／毛利率）：130.8万元／月。

平衡点率（营业额的平衡点／总营业额）：72.7%。

（2）投资效率。

①投资总金额：168.5万元。

②投资报酬率：（投资总金额/税前净利）×12=87.5%。

③税前净利率：税前净利增业额=6.8%。

9. 经营安全率

经营安全率等于100%减平衡点率。例如：100%-72.7%=27.3%。

损益平衡点占实际营业额的比例多少，就是经营上的安全点，一般测度的标准如下。

（1）优店：损益平衡点率75%以下，经营安全率25%以上；

（2）良店：损益平衡点率75%~80%，经营安全率20%以上；

（3）普通店：损益平衡点率80%~85%，经营安全率15%以上；

（4）差强人意店：损益平衡点率85%~90%，经营安全率10%以上；

（5）危险店：损益平衡点率90%~91%，经营安全率9%以上。

店主可按照上述标准，测定商店经营的安全性，由此标准可知，一家店若要维持极高的安全性，则损益平衡点率在75%，经营安全率在25%。

损益分析的运用，除可作为经营者在开店后，确定不至于亏损，或是为要保持一定的目标利益，而必须达到多少营业额的设定之用外，还可以掌握商店的营运状况，通过对各项原因的分析与比较，提供解决途径，提升商店的营运绩效。

如何申请银行贷款

相对每一个创业者而言，银行信贷资金并不是"取之不尽"的。在一定期限内，银行能够用于发放贷款的资金毕竟是有限的，尽管一般而言，好的项目总能得到银行的优先支持，但银行显然不可能顾及每一个好的项目。在机会均等和其他条件相近的条件下，创业者可以动用一些借款的技巧。

1. 多跑几家银行

各家银行的资金头寸状况是各不相同的，有的银行资金一时紧张一些，有的银行资金则可能一时相对宽裕。因此，企业贷款时如果多跑几家银行，往往能够获得圆满的解决，所谓"东边不亮西边亮"就是这个道理。实际上，多跑几家银行对企业有很大好处：

（1）如果企业开店计划的资金需要量大，一家银行由于各种原因，不可能独家解决，这时贷款开店者可申请有关银行采取银团贷款的方式予以解决。

（2）为贷款开店者下一步的经营发展所需资金争取银行支持早做安排。

2. 选择适宜的借款时机

选择适宜的借款时机，要处理好既有利于保证企业所需资金的及时到位，又便于银行调剂安排信贷资金、调度信贷规模的关系。银行信贷规模是年初一次下达，分季安排使用，不允许擅自突破的。因此一般来说，贷款者要申请较大金额的贷款，不宜安排在年初、年末和每季季末，以避免银行在信贷规模和信贷资金安排上的被动。应该指出，贷款者对有关银行信贷资金和信贷规模方面的情况不可能事先预测并掌握。因此，贷款者在借款时机的选择上应尽量与银行有关工作密切配合，并将用款安排意图告诉银行，以便银行安排与调度。

最后要特别提示一下，银行贷款审批不易，对于个人信用及抵押担保要求较高，创业者应慎重考虑。

如何利用自有资金

既然开一个店铺需要一笔不小的开办经费和周转资金，那么这笔资金越充足越好，以免在开办初期因各种不可预测的原因造成资金周转不灵，落得前功尽弃。

这笔资金可以是你多年辛苦积蓄或由亲朋好友凑集。你自己拥有越多，你可能得到的也就越多，人们总是认为把10块钱借给一个拥有10块钱的人比借给一个只有一块钱的人来得更有保障。

如果你是一位工薪者，最好你积累的积金不要全部投入，以免小店破产让你蒙受巨大损失，甚至难以糊口。因此开店时不要盲目贪求规模，以免投资过多而生意又不景气。小店的收入较少，风险性也较小，你可以在开小店的过程中逐渐摸索经验和规律，为日后的发展做准备。小店虽赢利不大，但把生意做活了，日积月累，资金也可逐渐积累起来。

如何合伙经营

有时开设某一类店铺，前期投入的资金较大，而你又无法筹措足够的自有资金确保周转，这时你可以选择1~2个可靠的合伙人来共同经营，便可解决资金方面的问题。但合伙经营往往易产生各种各样的纠纷，故选择合伙者应慎之又慎。

有一位聪明、精力充沛、尚未高中毕业的青年，了解到一种新的跑鞋很有市场，就想开一个店铺，他把这个构想告诉了担任会计员的叔叔。这二人筹集了10万元，其中大部分出资人是叔叔，这10万元是投入店铺的所有成本。店铺开张后，市场反应甚佳，生意十分兴隆。担任老板的青年，希望能扩充规模，继续大捞一笔，也希望经营其他类型的跑鞋，但担任副职的叔叔则对5万元的年利润甚感满意，不想再冒风险。结果，两年后，跑鞋的市场黯淡下来，店铺开始停滞，然后萎缩。

这是一个非常可悲的、但又在经常发生的事例。创业店铺已经踏上成功的门槛了，却由于店铺的主要人员——创立者和出资者——盯住的目标不一致，相互牵制，毁掉了一个本来属于他们的发展空间。

建议开店者在选择合伙人员时，要注意每一个成员对店铺的看法及其前景是否一致，对于勉强加入的成员，要适时适地地加以沟通，避免埋下失败的种子。

3 选址装修对了，想不火都难

确定开店定位的三大因素是什么

1. 所处位置是否有吸引力

包括店铺地理环境好坏、交通条件是否方便、周围设施对店铺是否有利、服务区域的人口情况、目标顾客收入水准、消费意识及品位等。

（1）店铺地理环境的好坏。有两种含义：一是指店铺周围的卫生状况。比如有的饮食店开在公共厕所旁或附近，不远处便是垃圾堆、臭水沟或店门外尘土飞扬，或邻居是怪味溢发的化工厂等，这便是恶劣的开店环境。二是指店铺所处位置的繁华程度。一般讲，店铺若处在车站附近、商业区或人口密度高的地区或同行业集中的街上，这类开店环境应该具有比较大的优势。

（2）交通条件是否方便。顾客到店后，停车是否方便；货物运输是否方便；从其他地段到店里来乘车是否方便等。交通条件方便与否对店铺的销售有很大影响。

（3）周围设施对店铺是否有利。有的店铺虽然开在城区干道旁，但干道两边的栅栏却使生意大受影响，因此在选择临街铺面时，要充分注意这点。如何选择呢？典型的街道有两种：一种是只有车道和人行道，车辆在道路上行驶，开车人的视线很自然地能扫到街两边的铺面；行人在街边行走，很自然地进入店铺，这种街道开店比较好。但街道宽度若超过30米，则位置又将大打折扣。街道太宽敞有时反而难聚人气。据调查研究，街道为25米宽，最易形成人气和顾客潮。另一种典型街道是车道、自行车和人行道分别被隔开,其实这是一种封闭的交通,选择这种位置开店不太好。

（4）服务区域人口情况。一般情况开店位置附近人流量越多、越密集越好。目前大中城市都相对集中形成了各种区域,如商业区、旅游区、高校区等,在不同区域开店应注意分析这种情况。

（5）目标顾客收入水准。在富人聚集的地段开设首饰店、高档时装店便是瞄准了目标顾客高收入这一特点。城市周边建设的各种商业别墅群或有档次的小区,都是富人聚集的地方之一。

有三岔路口、拐角的位置一般为好位置,坡路上、偏僻角落、楼屋高的地方位置较次。

影响开店位置的因素很多,也千差万别。为什么有的偏僻小巷的店铺生意年年兴隆,而有的繁华地段的店铺却经营艰难?所以,还应"具体情况具体分析"。位置的好坏是相对的而非绝对的。生意的好坏不仅仅取决于店铺位置,与店铺经营内容、经营方式、服务、形象均有密切关系。

2. 店铺本身是否有吸引力

店铺种类或商品组合、包装、搭配、摆设、价位等是否有吸引力。

3. 店铺卖场是否有吸引力

店铺卖场面积、广告需求及顾客服务都会影响店铺生意。

以上三方面是相互联系的,在开店定位时要充分考虑以上要素,并尽可能把问题想全面。

优秀店址具有哪些特征

一个优秀的店址应当具备以下六个特征,一般至少也要拥有两个,若是全部拥有那就真可谓黄金宝地了。

1. 商业活动频度高的地区

在闹市区,商业活动极为频繁,把店铺设在这样的地区营业额必然高。这样的店址就是"寸土寸金"之地。相反,如果在客流量较小的地方设店,营业额就很难提高。

2. 人口密度高的地区

居民聚居、人口集中的地方是适宜设置店铺的地方。在人口集中的地方，人们有着各种各样的对于商品的大量需要。如果店铺能够设在这样的地方，致力于满足人们的需要，那肯定会生意兴隆，另外此处店铺收入通常也比较稳定。

3. 面向客流量多的街道

店铺处在客流量多的街道上，可使多数人购物都较为方便。

4. 交通便利的地区

比如在旅客上车、下车最多的车站，或者在几个主要车站的附近，也可以在顾客步行距离很近的街道设店。

5. 接近人们聚集的场所

比如电影院、公园、游乐场、舞厅等娱乐场所，或者大工厂、机关的附近。

6. 同类商店聚集的街区

大量事实证明，对于那些经营选购品、耐用品的商店来说，若能集中在某一个地段或街区，则更能招揽顾客。从顾客的角度来看，店面众多表示货品齐全，可比较参考，选择也较多，不怕价钱不公道，是有心购物时的当然选择。所以，创业者不需害怕竞争，同业愈多，人气愈旺，业绩就愈好，因此店面也就会愈来愈多。许多城市已形成了各种专业街，许多精明的顾客为了货比三家，往往不惜跑远路也要到专业街购物。当然，以上的情况只是通常的状态，具体到什么店，还需要对具体问题具体分析。

店内照明的基本原则是什么

灯光有三种作用，即照明、集中焦点及营造气氛。

1. 整体照明

需要照亮整个店铺的灯光。可使用荧光灯、日光灯等。

2. 部分照明

特别希望顾客注意的商品和展示品，可以打上聚光灯。

3. 装饰照明

如果要提升店内气氛，同时照明器材本身也具备表演性质，那么造型特殊的灯泡、灯管都是不错的选择。

若把整体照明的灯光当成1，那么店门前应有它的1.5~2倍，橱窗应有2~4倍，两侧墙壁陈列架应有1.5~2倍，中央部分也要有1.5~2倍。店铺最里面的部分由于特别暗，所以至少需有2~3倍的明亮度。

如果把整体照明依基准调暗一些，采用多束聚光灯凸显商品，并加上装饰性灯光，那么卖场便显得更活泼、更有层次。

照明设备的位置该如何安排

安装照明器具时，特别需要注意避免在商品和通道上留下阴影。整间店内的灯光明亮，但商品和通道上却留下一处阴影，客人的购物乐趣顿时减少一半。

另外，如果要在物品上打聚光灯，可将灯光从斜上方落下，制造一点阴影，以增加立体感，让商品看起来更美丽。

尤其是当你想要凸显全部的展示品或单一商品时，更可利用这个办法，集中几盏聚光灯放送光明，或从左右制造光线交叉的效果。

各位应该先决定好店面主要舞台位置，以及所要搭配的灯光，以便安排照明器具的位置。

因此应该慎重选择照明器具，并且放在正确的位置。

如何合理地运用色彩

1. 色彩的基本知识

颜色可依色彩分为"红→橙（偏红、偏黄）→黄→黄绿→绿→蓝绿→蓝→偏绿的蓝→蓝紫→紫→红紫→红"，形成色相环。

若以某色相为中心，其两侧的颜色称为类似色彩，在色相环正好相反位置的色相为互补色彩，以互补色为中心，其两侧各含两色相在内共五种颜色是"相反色相"。

以红色为例，偏红的橙色和红紫色是它的类似色相，蓝绿色是互补色，而黄绿、绿、蓝绿、偏绿的蓝色和蓝色则是相反色相。

另外，颜色也分为暖色系和冷色系，暖色系譬如红和橙色系，而蓝和蓝绿则属于冷色系。

至于色彩的明亮度，最高的是白色，最低的是黑色。明亮度高的暖色系和白色具有膨胀性、延展性，明亮度低的冷色系和黑色则具有收缩性、后退性。

"彩度"代表色彩饱和的程度，彩度愈高愈鲜艳华丽，愈低则愈暗涩。而白色和黑色则通称为"无彩色"。

2. 成功的颜色设计

善用颜色可呈现出绝佳的效果。

（1）相同色相的几种颜色，依色调差异整合。

（2）在两种截然不同的颜色间加入媒介色，缓和对立感，加强彼此联系。

（3）选择同一、类似色相统一整体印象。

（4）利用互补色和相反色相互凸显主题。

（5）依照色相环顺序、明度顺序、彩度顺序，创造浓淡层次差别。

（6）色相依暖→冷→暖→冷色系排列，色调依明→暗→明→暗或者浓→淡→浓→淡、强→弱→强→弱排列，使之有层次感。

商品如果采取横排，设想人的眼睛习惯由左至右移动，因此色相浓淡层次宜自左按照"红→黄→绿"，明度宜由高至低的顺序陈列。如果是纵排，上面宜放彩度高的商品，愈往下彩度愈低。

另外，每年都会有该年的流行色。当然，在陈列商品时应及早引进流行主色，以抓住顾客的视线。

如何利用墙面

商店的墙壁具有吸引顾客目光的功能，而且实际效果远超出人们的想象。若是方法得当，能更清楚传达店方的信息，告诉人们店里贩卖的商品内容。

现在的一般商店，陈列架以下的部分大都费尽心思装修，但是以上的部分却任其空置，总令人觉得少了点什么。

善于做生意的人，连壁面也能做到"物尽其用"。不只是商品，鲜花、绘画、照片和摆饰等，无一不是丰富壁面的素材，用来装饰从架子到天花板之间的部分，绝不会太单调。

如果店家的规模不大，可以使用整片壁面，多放些商品，弥补空间的不足。建议你在开店之初或改装时，安装可拆除或移动的挂钩，方便灵活运用。

至于陈列在壁面上的商品，以高价位且能够表现店内品味、质感的物品为宜。当然，在布置上应尽量避免给人这只是装饰品的联想，必须清楚标明价格。

不过，最好记住一个原则，那就是千万别用商品"淹没"整个墙面。

如果你开的是以热闹与数量多招揽顾客的商店，那倒无所谓。若不是，应在商品与小道具间保持适当距离。

有些店一旦装饰好墙面之后便从不改变，说来实在可惜，平白浪费了一个宣传物品的好处所。

更换壁面陈列，会使整个店面焕然一新，增加"新鲜感"，这比起经常替换陈列架上的商品，效果有过之而无不及。

哪些因素影响店面外观

店铺外观环境是顾客对店铺第一印象的关键，是企业形象的重要组成部分。它是由店面、橱窗、店面广告、绿化等因素组成的。

绿化与商店能起到相互辉映的作用。现代商店的空间实体常常是简洁整体的，轮廓与造型是干净利落的，而绿化树木的造型则是千姿百态的，高低疏密各不相同，这样就与建筑物形成强烈的对比，使商店与绿化相得益彰，也增加了商店建筑的艺术表现力。

绿化可以起到分隔空间、沟通空间、补充空间、环境导向的作用。分隔空间，是指在商店中常用树木花卉来分隔空间，这种方法有时比隔墙、隔断、屏风的效果更好，而且比较灵活，同时还能美化环境。沟通空间也是绿化的又一作用，它能把室内外空间联系起来，使相邻的环境相互沟通。绿化还能补充空间，商店的一些角落如用绿化来补充是十分巧妙的，它可以打破角落的生硬感，使商店环境生机盎然。绿化在商店中还可以起到标志与导向作用，例如在商店入口处或出口处摆放盆花或盆栽，这样可以提示人们的走向。

停车场等辅助购物设备和设施也不应被忽视，在我国，尤其是在一些高档消费场合，有无停车场已成为顾客选择商店的一个重要因素。总之，购物环境设计必须充分为顾客着想，努力使店铺形象更为友善。

店面外观有哪些类型

店铺外观根据经营商品特点和开放程度的不同，通常可以分为以下三种类型。

1. 封闭型

这种类型的店铺面向大街的一面用橱窗或有色玻璃遮蔽起来，入口尽可能小些。采用这种形式多是一些经营高档商品，如珠宝、影像设备的店铺。它突出了经营贵重商品的特点，设计别致，用料精细、豪华，使进店的顾客具有与众不同的优越感，觉得在这样的商店里买东西很自豪。由于这类商店的接待对象为少数有钱人，所以橱窗设备等不必太突出，要让路过的顾客难以看到店堂内部，从而提供了一个优雅、安静的购物氛围。

2. 半封闭型

店铺入口适中，玻璃明亮，使顾客能看清店内，然后被引入店内。经营化妆品、服装等中高档商品的店铺多采用这种形式。它们的顾客预先都有购买商品的计划，当看到橱窗陈列时，便会径直走入店内进行选购。由此可见，这种店铺的外观的吸引力是至关重要的。

3. 开放型

店铺正对大街的一面全部开放，没有橱窗，顾客出入随便，没有任何障碍。在国外，出售食品、水果、蔬菜和小百货等低档日常用品的商店常采用这一形式进行店面处理。在我国南方，实行全开放型的商店多而北方则少一些，这是由两地不同的气候决定的。

店铺招牌有什么用

招牌是指用以展示店名的标记。一个优秀的招牌通常有以下几种作用：

1. 引导顾客

招牌标志着主要的服务项目或供应范围。如体育用品店铺、时装店铺等。

2. 反映经营特色与服务传统

某些经营中药、书画、土特产的商店有着悠久的历史和良好的商业信誉，如同仁堂、全聚德等。

3. 引起顾客兴趣

如采用各种装饰、名人题字的招牌等一些手段。

4. 加强记忆以促传播

一些新崛起的商店为顺应时尚、推陈出新，设计出朗朗上口且不易遗忘的招牌。

招牌如何命名

开好一个小店铺不仅要注重产品质量与服务水平,还应该让自己的店名具有一定的文化内涵与宣传效果,以达到不"名"则已,一"名"惊人之目的。

1. 通俗易懂

小店铺一般面对的都是社区居民、过往行人等大众消费群体,所以在命名时尽量通俗易懂,切莫咬文嚼字。如有的老板认为自己是做金属方面生意的,于是便在名称中添一个"鑫"字,而做木材生意的就加个"懋"字,为图吉利的,则把"丰"字特意写成繁体字的"豐"。这样一来即便你在服务质量等方面做得不错,但由于很多顾客不易辨认你的店铺名称,因此影响了消费者在口碑方面的传播,对其他潜在顾客群未能达到有效的宣传。另外,店铺名称虽然讲究通俗,但不能太过庸俗。

2. 朗朗上口

店铺的名称一定要响亮、上口、易记,这样才便于传播,要做到这一点,不仅要讲究语言的韵味与通畅,还要抓住消费者的心理需求与精神需求,凡是能与顾客心理产生共鸣的名称,顾客一般都容易记住,并也乐于传播,特别是一些比较幽默、具有深厚内涵的名称。如有的面馆取名叫"面对面",有的中餐饭店取名为"灶王爷",相反,让人感觉吐字不爽的名称却显得苍白无力。

3. 应具有消费特征

小小店铺的名称不能含糊,其不仅要讲究通俗易懂、朗朗上口这些要点,更重要的是还要能体现小店的消费特征,包括经营项目、经营风格等方面。如灯具店的名称就要让顾客一看到店名就知道你是卖灯具的,如你取个"豪杰灯具",就没有"辉煌灯具"或"明亮灯具"效果好,因为"辉煌"与"明亮"都容易让顾客与"灯"产生联想,而"豪杰"就不一定了!所以,店铺的字号名称一定要结合你所经营服务的项目和所面临的消费群体,而不能随意称呼。

4. 应富有文化内涵

一个产品名称一定要具有丰富、深厚的文化内涵，小店铺也不例外！只有这样才能体现店铺老板的素质水平，顾客也容易接受。现在不少小店特别是在文化底蕴方面比较匮乏，显得比较俗气！什么"二娃子饭馆""小李服装店"等不乏其数。在赋予店铺字号文化内涵方面一定要从多方面、多角度去考虑，如历史文化渊源、经营产品特征等，像花店的"鲜"，饭店的"香"，服装店的"美"，这都是我们挖掘文化内涵的地方，比如卖文具的"翰墨堂"、经营茶铺的"老茶客"，这些名称就能体现一定的文化底蕴。

5. 适应当地风土人情

中国地大物博，但又风土人情各异！所以，在店铺取名时一定要认真了解并充分考虑当地的历史地理、风俗习惯等因素，否则，你的名字稍有不慎，不但不能刺激顾客需求，相反还会产生负面影响。记得曾经有人开了家餐馆，取名"味中味猪肉鲜包"，结果生意冷淡，原因是他不知道附近住有大量回族居民，而回族居民中又多不吃猪肉，因此影响了生意。因而，要取一个好的店铺名还当仔细、谨慎考虑风土人情方面的因素。

6. 应名实相符

店铺的名称讲究名实相符是指三方面的因素，一是要与你的经营项目实际相符，如你开的是服装店，不能让别人听起来像个理发店；二是要与你的经营实力相符，现在不少老板在店铺名称方面有点太过霸气，有的更是夸大其词，如取"××第一店""××正宗店"之类的不少，让顾客感觉有点虚有其名；三是一定要结合当地消费市场的实际情况去考虑店铺名称，如竞争环境、消费能力等方面的因素。

7. 避免雷同

由于行业中不少店老板自身文化水平有限，于是造就了不少的跟风者，其不仅在经营上跟风，如看到别人开火锅店赚钱，他就立马开个火锅店，且在店铺取名方面也多模仿别人，有的更是直接盗用别人的店名，于是街面上的不少店名都趋于雷同、彼此近似！以理发店为例：别人取名"魅力发廊",他就取"美丽发廊";别人取"青春发廊",他就取"清秀发廊",一点都没有创新的东西。所以店铺取名一定要有自己独特的个性与内涵在里面,才能有效吸引顾客的注意力。

PART2

开店运营实战指南，操作细节全知道

4 如何开一家加盟店

投资加盟店要慎重

不少人起步做生意都看好加盟店。选择加盟店有两大好处：一是本钱较少；二是可以照搬成功模式。事情真像人们想象中的那么容易吗？许多失败的例子告诉我们，并非如此，如果事先没有做好充分的准备工作，盲目地进入加盟行业可能会导致"血本无归"。

在上海连锁加盟创业展上，一些低成本加盟成为展会亮点，吸引了众多加盟族。

看着身边的"董事长""总经理""小老板"日益增多，不少人也动了自己做生意的念头，他们认为这是提前进入小康生活的途径之一。于是整天脑海里盘算着如何选一个低风险、高收益的创业方式。

但老板并不好做，看似丰富多彩的创业之路远不像看到的那样精彩，尤其是对那些承受风险能力较低的家庭来说，能放手一搏的更是屈指可数。思来想去，以家庭为单位开一家加盟店应该算是风险和收益都比较稳定的路子之一。俗话说"背靠大树好乘凉"。毕竟，加盟店成熟的经营模式，较好的市场信誉以及统一的进货渠道，能让初涉商海的家庭最大限度地降低经营风险。因此，近年来加盟店越来越受到人们的关注，加盟市场也显现出不一般的"热闹"，从餐饮业、服务业到服装业等，加盟店的身影几乎无处不在。同时，也引来了不少商家利用虚假广告和违禁商品拓展加盟生意，让许多不知底细的人深受其害。记者在采访中了解到，不少曾经经营过加盟店的人都有过类似的经历，由于经营前没有经过仔细的调查研究，加盟之麻烦百出，不但店铺没钱可赚，还让辛苦积攒的本钱打了水漂。

理财专家提醒正准备经营加盟店的家庭，事先一定要做好充分的前期调查，对商家的信誉、产品来源、市场发展潜力都要有充分的认识，否则，后悔事小，搭上多年的家底就有点得不偿失了。

投资加盟店要注意以下几点：

1. 加盟店的成功率

要考察其他同一系统加盟店的经营状况，如果一个加盟系统出现关店的情形，一定要谨慎；如果一个加盟系统出现多家关店的情形时，无论是个体经营的失误，还是其他什么原因都应考虑放弃。因为一个成熟的加盟系统需要长时间的经验积累和管理系统的不断完善，在正常经营的情况下，关店的情况并不多。

2. 加盟店的加入门槛

如果一家加盟店的加入门槛很低，没有任何要求，只要付加盟费用就可以加入和营业，这种情况下一定要三思而后行。实际上这基本上可以说是一种卖名字的生意，加盟者几乎得不到任何专业培训和管理、技术、人员及财务上的支持。

3. 加盟店的管理系统

加盟店的管理系统对于投入到加盟店的人来说是最重要的一个问题。目前市场上有一些急功近利的人，在刚开始不久的项目上急于扩张加盟，目的不是要把加盟系统建立完善，而是要快速赚取加盟的费用，之后就撒手不管，或者是根本就没有能力管理。如果一个加盟系统不能提供非常具体的加盟企划、前期培训和在职再培训、完善的管理系统和后援机制、详细规范的业务操作手册、稳定规范的供货系统等，这样的加盟系统是不宜考虑的。

4. 直接与总公司接触

如果想投入到加盟店中去，应该直接与总公司联系，或与当地的总代理联系，不能经过第三者签署任何文件，否则不能保障应有的权利和待遇，可能支付不合理的费用。

5. 加盟费用是否合理

加盟费用是否合理，首先要看这家加盟企业的知名度和管理系统是否健全，同时还要看这个加盟企业所提供的条件，包括硬件和软件支持等，最重要的是要看投资回报率，参照其他加盟店的回报率，如果觉得此系统加盟店的回报率达到自己的要求，那么加盟费用就基本是合理的。通常每个加盟企业拥有自己的加盟费用标准，一般情况下是不可讨价还价的。

加盟店的选址和宣传

店址的选择，是加盟者的一项长期投资，关系着加盟店未来的经济效益和发展前景，两个同行业同规模的商店，即使商品构成、服务水平、管理水平、促销手段等方面大致相同，但仅仅由于所处的地址不同，经营效益就可能有很大的区别。

选址一定要注意因行制宜。营业地点的选择与营业内容及潜在客户群息息相关，各行各业均有不同的特性和消费对象。据乔伊丝饰品市场选址部门介绍，黄金地段并不是他们开店选址唯一的选择，他们通常为加盟商提供较多开创性的选址指导培训。在加盟总部的指导下选择最合适本行业本品牌的店址才是最重要的。有的店铺开在闹市区，生意还不如开在相对偏僻一些的特定区域。例如卖油盐酱醋的小店，开在居民区内生意肯定要比开在闹市区好；又如文具用品店，开在黄金地段也显然不如开在文教区理想。所以一定要根据不同的经营行业和项目来确定最佳的开店地点，要选择合适的店面，并不是越热闹的地方越好，关键是要因"行"制宜。加盟者一定要知道自己的顾客属于哪一类型、哪一地点能吸引哪些消费者，做到心中有数，才不会盲目选择。

宣传是现代商战中必不可少的手段，同时也是加盟店先声夺人的最有力武器。开店的宣传活动是经营者根据营业方针的设定，并配合营业的具体策略，在开店前所展开的一系列活动。宣传活动的内容包括宣传主题、宣传标语、媒体的运用、企划活动的配合等，针对消费者进行诱导，以塑造新店铺的形象。

一般来说，加盟品牌自身会有一系列的宣传活动，以保持其品牌的知名度。但是，每家加盟店开业前，仍然需要相应的前期宣传，使加盟店开业后能达到最好的营业效果，在开店当日就能有一个很好的销售状况。

开饰品店该不该加盟

开饰品店要不要加盟？这对新开店者来说是个关键问题。近几年来，轰轰烈烈的饰品加盟，曾经一波高过一波，加盟店一家接着一家开，然而现在慢慢要降下帷幕了，有的加盟总部带着遗憾离开，有的加盟总部还在做着梦想。

这一切都是饰品本身的属性决定的，一个饰品店，商品几千种，不可能来自同一个厂家，饰品生产厂家十几年来，一直是通过批发走向零售店，加盟总部实际上就是一个批发商，这是无法改变的事实。

所以很多人加盟后，慢慢就会在就近的饰品批发市场进货来满足自己的货源需要；一些大的批发商慢慢取代了这些加盟总部，也就是说，这些加盟总部其实就是一个领进门的作用。

饰品店无论大小，都会有自己的生存之道，难的不是如何经营，而是如何入门，很多饰品创业者失败就失败在无法规避开业风险。

常见的开业风险有：

1. 选址失误风险

对于饰品专卖店来说，选址是第一大风险，很多创业者没有做过店面生意，基本的选址都不会，难免出现重大失误，选址失误是无法弥补的，也是不可改变的。

2. 首批配货风险

一个三十来平方米的饰品店，首期配货额要达到四五万元左右，面积大一点的要七八万元之多，品种有几千种，面对市场上几十万种商品，如何选择合理的品种，如何能保证你选择商品能够让消费者认可？自己选的货卖不掉怎么办？卖不掉就是风险，一半卖不掉，就是几万元！由于以前没有从事过饰品生意，只是对饰品有爱好，开业选货完全凭自己的感觉，首批选货可能有一半以上存在滞销风险，这也是一笔不小的损失。

3. 店面形象风险

店面形象也是饰品创业者的开业风险之一，店面形象的功能就是如何让顾客进门，由于没有专业的店面形象，店面装潢是五花八门。消费者对饰品目前还没有形成品牌意识，所以店面形象成了最大的识别系统，很多店面就是一张苦瓜脸，如何迎客？如何销售？

另外，一个饰品店开业，除了配货外，琐碎的事比较多，例如店名用什么？一个好听的名字，是很重要的。如何装修？用什么主色调？店内如何布置？灯光如何处理？还有一些陈列的小道具哪里去买？包装袋卡片哪里有？购物袋要不要，别的店都有，要不要印？要不要用贵宾卡，那么少的量怎么做？产品坏了，如何维修？哪里去找维修工具与材料？这些都是你所考虑的范畴。要让自己的店短时间火爆起来，而且要竞争过别人立于不败之地，就得在进货上超越别人。多进一些新颖的款式，坚持同款少拿的原则，这样才不怕货物积压。这也是饰品批发网为什么层出不穷的原因。随着饰品业的发展，网上批发也走上了正规化，大部分网上批发都可以少量拿货，有的还可以一样一样拿货。几百块的货款也可以交易，这样既可以拿到新的款式，又省去了不必要的麻烦，比如时间、路费、精力等。

女装加盟店

因为女人的消费欲望比较强烈，所以很多人都说，女人的钱最好赚。事实的确如此，所以，开个女装店应该是个不错的选择。那么，投资女装加盟店又有哪些需要注意的呢？

1. 加盟产品的调查

产品价格在你选择的商圈中的竞争优势如何？

产品的整体性、延续性如何？

定位清晰吗？

产品品质与价格差距大吗？

多选择一些不同风格的品牌公司做考察。

2. 对厂商的调查

信用度如何？

生产基地的出货能力如何？

经营实力如何？

目前店铺经营状况与销售政策，特别是与你所在城市接近的店铺如何？

利润空间与厂商对价格保护的重视程度如何？

服务支持比较多还是只有一点点，对新手来说成功的概率相差很大。而教育训练又是现代商家必不可少的管理程序，唯有如此，员工素质才能提高，实在没有办法至少自己要非常清楚如何提升业绩与服务顾客。

3. 店铺的选择

（1）位置。

把握"客流"就是"钱流"原则，女装店的选址很重要，几乎可以决定店面的生存状态。一般情况下，女性购物时会选择服装店集中的服装城和商业街，因为那里可供选择的衣服多，有比较。这也是由女性购物心理决定的。

（2）进口要开阔。

这样可以更好地宣传店铺，女装的宣传其实最重要的是在店铺，其他的广告之类的就可以省省了。要考虑顾客进入卖场后是否能自由地、舒适地浏览商品，主要动线的距离要在12米以上。

（3）租金与租期。

高租金既增加了经营成本，也增加了经营压力和风险，必须得好好盘算投资项目，如果没有金刚钻，就不要揽瓷器活。如果实在是初期资金不足，且其他地区也还有好店址，只要能经营得当，也一样有利可图。

（4）客流统计与营业预计，同业竞争情况。

主要是经营业绩的情况、商品的价格水平。考察同一地段同类商店的经营业绩，可以初步测算出租此店面可能产生的利润状况；而考察他们的商品价格水平，是为了据此确定自己今后的商品价位。这些都是十分必要的。

（5）设计与效果要抓好。

不要为了省5000元而不去做，卖场之于服装，不仅仅是销售的场所，更是一种个性的展示。卖场的设计风格、道具、灯光等都能烘托出服装的品质，提高服装的附加值，并且给员工与顾客带来愉悦的感受。外部照明与橱窗也是近年来各个品牌店铺重视的着眼点。

试衣间是个不得不提的地方，试衣间可以说是决定了服装是否能够被销售出去的一个重要环节，所以细节一定要注意，建议要注意隐私问题；放一双比较方便脱穿的高跟鞋；可以照到头部的镜子与梳子；挂衣钩与凳子是必备的了。

4. 自身的注意事项

要亲力亲为，也就是我们常说的你的眼光要好。

首次进货要算好，不要盲目进太多货。

选好方向再努力，要知道自己要什么？市场需要什么？

多想办法，多做准备，记住：每件事情有3种以上的解决方法！

资金准备要充分，这个是成功的必备后盾。

开始做的季节最好在旺季到来之前。

开业日期的选择宜在星期五、六、日，或者节日期间。

企划合作伙伴与销售伙伴要慎重选择。

财务统计分析一定要做好，其实你只要问一句你做日报表了吗？85%以上的女装经营者会告诉你没有。更不要说做货品分析与客购分析，说出来的东西全是大概或者夸张的，做的决定自然就不准。

洗衣店加盟店

要想开好一家加盟店首先要把为顾客"服务"放在第一位，要用人性化的服务满足客户的需求，能让顾客感到在你店里洗衣是物超所值的，这样洗衣店才能更好地生存和发展，才能赚钱。面对激烈的竞争，顾客越来越分散，利润越来越薄，对于一个刚刚开张的加盟店，怎样才能在洗染业分到一块蛋糕，生存下去并且发展呢？

1. 了解有关知识

你要通过专业的培训了解一些关于干洗、水洗的有关知识，再掌握一些基本的服装洗涤技术。到当地的市场走走，摸摸洗衣价格情况，知己知彼才能百战百胜。这是要开店最基本的要求。

2. 熟练掌握洗涤技术和熨烫技术

洗涤技术包括干洗、水洗和洗前去渍处理，这些最好找一个工作比较仔细或用心的员工来做。这是你能否开好加盟店的主要环节。

3. 选择技术高的熨烫师傅

熨烫的水平是给顾客的第一感观认识，所以说熨烫师傅也是一个很主要的角色。

4. 前台服务要热情

前台收衣服的人是决定你加盟店经营好坏的第一环节。前台服务是传送给顾客的第一感觉，热情规范的服务工作还要加上专业知识才能留住第一次光临你店的顾客，最后把简单的满意服务提升为超值服务，这样才能留住你的"钱源"。另外作为店主，面对现在的服装面料越来越多，新品层出不穷，加上款式变化多样，有同类面料相拼的，有不同面料相拼的，更有不同面料、不同颜色组合的变化，要不断向总部沟通学习。只有方方面面都做到，才能把你这个加盟店开好。

5 小店选人、用人、管人有诀窍

如何选择销售人员

要恰当地选择销售人员，店铺必须先确定选择标准，明确对销售人员所期望的是什么。

一旦确定了选择标准，就可以鉴别申请人的素质。在选择店铺的销售人员中，最流行的鉴别方法是考虑申请人的性别、年龄、个性、知识、智力、文化程度和经历，从中挑选合适的人员。

1. 性别、年龄标准

鉴别、挑选销售人员的工作中，对申请人的性别、年龄的考虑是相当重要的。而不同的行业，对销售人员的性别、年龄的要求是不相同的。比如，音像商店的主要供应对象为青少年，必须选用30岁以下的销售人员，因为他们更容易与青少年沟通，获得他们的信任，而且容易掌握他们的消费需求的变化。高级妇女时装商店的主要供应对象，是18~30岁的、有职业的和上层社会的妇女，所以，要求销售人员具有一定的素养和气质，并能了解时代的最新潮流。

对上述这些要求，所有零售店都无一例外，对于专卖店来说，更是如此，店铺可以根据本身的业务经营需要，从应聘人员中予以筛选。

2. 个性标准

一个人的个性也在一定程度上反映了他的潜在的能力。店铺多倾向于选用那些开朗、自信、待人友好，又比较稳健、精力充沛的人作为其销售人员。这些个人的素质，可以通过零售策划者与申请人的个别交谈，或有关人的个性记载材料来了解。

3. 知识和技能

店铺销售的许多产品在技术上是比较复杂的，比如微型计算机、电视机、微波烘箱、35毫米照相机、VCD机等。所以店铺提供的服务很大程度是来源于技术方面。所以要求销售人员具有一定的文化水平，能快速掌握商品的技术知识，这样面对顾客技术方面的询问和要求才能游刃有余。

4. 经历标准

考察销售人员业务能力的最可靠依据之一，是他以前的工作经历，特别是从事销售工作的经历。因为在零售行业，经验和积累是一个人业务能力强弱很重要的因素。当然，这不是绝对的。还有，许多谋求销售人员工作的申请人为年轻人，他们在此以前是没有任何重要的经历的。对这些申请人，可以根据他们个人的特点，以及显露出来的雄心、干劲和职业道德，来做出评价。

如何启动员工招聘程序

如果店铺需要招聘员工，那么应该提早准备。一般来说，60天时间足够雇到合适的人了。

1. 工作描述

工作描述是对店铺需要雇人来做的工作的简短描述，主要侧重于所需的技能、学历和经验。

工作描述是极为重要的人事工作。撰写工作描述可以让创业者注意到该项工作（真的需要这项工作吗？优秀的求职者应具备哪些特点？）的要求，避免求职者的条件达不到规定要求。创业者可以不必雇用任何不愿意或不能做好该项工作的人，但是创业者不能歧视求职者。工作的限制条件必须运用得公平、公正。如果有基于种族、性别、年龄或其他因素的双重标准，就说明招聘中出现了歧视问题。

工作描述也会帮助创业者决定可接受的工资范围，从而缩小可以雇用的雇员的范围，并在雇用后与员工顺利进行沟通。工作描述不会束缚创业者的手脚，但却有助于明确一项工作具体涉及的内容，以及相应的职责和义务。

2. 在三个以上的应聘者中挑选

三个是必需的数目。如果合格应聘者少于三人，那么创业者就在冒招聘决策不力的风险了。发布求职广告能够吸引应聘者，有助于创业者做出正确的招聘决策。

3. 确定面试时间

由于创业者必须同时处理许多事情，因此确定面试时间成了问题。但是创业者不能指望有人会自动提供帮助，自己制订一个时间表，然后严格地按其行事。对许多创业者来说，招聘都是存在问题最多的领域。在这个领域犯错误的代价是巨大的（就时间和金钱而言），然而并不是每个人都有犯错误的经历。面试时要分外留意：创业者很容易草率地录用第一个应聘者。千万别这样做！尽量设计一个招聘研究会，借此进行招聘。最重要的是，创业者应记得审查应聘者的简历。

如何组织员工培训

员工招聘只是店铺人力资源管理的开始，如何使新员工成为符合店铺要求的合格的销售人员，这是店铺内部培训要解决的问题。许多企业为培训员工开办了专门的学校，比如假日酒店大学、麦当劳的"汉堡包大学"等。这些学校为本企业的员工培训制订专门的培训计划，配置专门的培训人员。学校的一切活动都围绕着培训企业需要的人，只要是企业的需要，哪怕是细微的方面也会配合以精心的计划。

业务能力培训仅仅是对销售人员进行业务上的教导，这对于店铺是不够的。店铺的服务质量依赖于员工向顾客提供服务过程中的表现，顾客是各不相同的，依靠业务能力培训不能解决员工为顾客服务时遇到的所有问题。由于员工在与顾客交往中可能遇到的问题难以预先料到，因此很难在培训中对这些问题加以模拟解决。在店铺的培训中，交往技巧的培训在某种程度上比技能培训更困难。

在店铺的培训中具体而言，对与顾客有直接接触的销售人员的培训主要有以下内容。

1. 商店经营政策

销售人员往往是店铺的代言人。在绝大多数情况下，顾客与店铺是通过售货员来联系的。因此，重要的是售货员要通晓商店经营政策，特别是那些与顾客直接有关的政策，比如商品经营利润、对偷窃商品的人的处理、赊销业务、商品储藏、送货和议价等。除此之外，销售人员还应当了解关于营业时间、休息时间、午餐和晚餐时间、酬金和定额办法、非售货任务，以及定期考核标准等政策。

2. 商品知识

店铺应培训它的销售人员，使他们对店内商品的性能、使用方法及优点、缺点有详尽的了解，以便销售人员能够协助顾客选购最能满足顾客需要的商品，并提供给顾客各种合理的建议。此外，销售人员还应当了解竞争对手供应的商品的优点和缺点。

销售人员更需要熟悉店内经营的商品的保质期以及商品的耐用性。这意味着销售人员还应当了解由商店来代表的各加工、制造厂商的信誉的情况。

3. 顾客类型

销售人员就如何鉴别和适应不同类型的顾客的要求接受训练。这一点非常重要。如果销售人员能懂得如何接待这些顾客，使他们感到满意，将大大提高店铺的销售额。

4. 顾客选购标准

销售人员应当学习如何发现顾客的选购标准，以及如何对他们的要求做出反应。

培训的内容有哪些

1. 兼职人员

人员短缺是店铺常面临的问题，通常店铺在营业高峰时段都会雇用兼职人员，以缓解人力的不足，而且兼职人员的费用也相对较低，再者，兼职人员也是日后专职人员的最佳人选。

兼职人员的工作内容为实务性的操作，故培训时间较短，时间为2~3小时即可，课程内容包括：标价机的使用、补货时应注意的基本事项以及基本的清洁管理概念等。

2. 门市员工

门市员工除学习实务操作外，还必须学习一些观念性的课程，时间以20~28小时较为适当。

课程内容应涵盖以下内容：

（1）经营理念（时间：1.5~2小时）。商店运作顺畅，必要条件是经营者与员工的经营理念必须一致。因此，经营者在对本店职工训练时，应将经营理念导入课程中。

（2）顾客应对技巧（时间：1.5~2小时）。有技巧且适时与顾客沟通，是与顾客建立感情最佳的方法，其内容可涵盖各种常用礼貌用语应用时机、仪态、顾客抱怨处理、促销技巧等。

（3）设备的操作、维护及清洁（时间：3~4小时）。一般生产经营设备是指冷冻碳酸饮料机、汽水机、冷气机、冷冻冷藏冰箱、招牌、照明设备等直接或间接与销售有关的设备，教导门市员工正确的使用方法，并经常做一些基本的清洁及维护，可延长其使用寿命。

（4）收银机的操作、维护及简易故障排除（时间：3~4小时）。操作收银机要求速度要快，误打率为零，并熟悉其各项功能。对于不曾操作收银机的新进人员，应将此课程列入首要的训练内容。

（5）商品陈列技巧（时间：2~3小时）。商品陈列技巧直接影响到商品回转率，经营者必须向门市员工灌输商品陈列的观念，如商品陈列的目的及原则，各类商品最佳的陈列位置等。

（6）店内安全管理（时间：2~3小时）。经营者必须提高员工对在工作中可能发生意外灾害的防范技巧，如防抢、防偷、防骗及搬运商品时应注意事项等。

（7）报表制作（时间：3~4小时）。报表是经营者管理员工的工具之一，故应培训员工能正确填写基本的报表，如交班日报表、现金记录表、误打、销退、自用记录表等。

（8）简易的包装技巧（时间：2~3小时）。

（9）简易POP制作（时间：2~3小时）。

如何建立员工绩效考核制度

1. 考核的意义与目的

员工绩效考核是员工奖惩以及日后晋升及发展的重要依据，应当力求客观及公正。员工绩效考核制度，将有助于店主一目了然地掌握手下每一位员工的工作绩效。

近来西方欧美等先进国家，甚至通过一种所谓的"目标管理"制度及期望成果作为考核员工的依据。其方法为：确定每一位员工的主要职责范围，然后再利用此标准，指导员工的日常工作，并作为日后评估员工绩效及其贡献程度的依据。该方法不仅充分发挥了考核的意义，同时也达到了考核制度设立的目的。

2. 考核制度的评定标准

考核制度除了影响员工日后的晋升外，另外也关系调薪、奖金的分配。通常，店铺经营者为了鼓励员工按规定出、退勤均会设立所谓的"全勤奖"。如果两名员工在一个月内除正常休假外，没有额外请假，迟到的次数、时间也在公司规定的额度以内，可以领到全勤奖，作为辛勤工作的奖赏。

除了出、退勤记录，请假次数，员工平日在店内的工作表现、工作情形、工作能力及态度，也应列为考核的项目，才能真正达到赏罚分明的目标。无论是对哪一个职位的员工进行考核，都是为了得到以下全部或部分信息：

（1）工作知识。工作范围的专业知识及相关的指令、制度、设备等各方面的情况。

（2）工作（服务）态度。能否对工作（或客人）认真负责并积极主动地寻找解决问题和改善工作的方法。

（3）观察和分析能力。能独立发现问题并找出问题的原因。

（4）计划与控制力。能预知各种情况，设计出长期有效的行动方案。

（5）判断与决断能力。能否领悟事情本质，并在做出正确的决断前没有不必要的拖延。

（6）领导能力。能否提出建设性的意见，使之付诸实行，采取必要手段的能力如何。

（7）协调能力。为店铺的利益和其他员工合作、协调的能力和主动性如何。

（8）开发能力。是否有能力发现和充分发挥员工现有和潜在的能力。

（9）工作量。准确的工作数量是多少。

（10）工作品质。正确、完善地完成工作的情况如何。

一般的员工考核方法有：

（1）自我评鉴。负责考核的人员将业绩考核的内容以问题的形式向员工提出来，让员工自己写出报告。这种方法为员工反思、总结自己过去所做的工作提供了机会。员工经过系统的思考以后，可以比较容易地发现自己的成绩和不足，甚至可以发现工作中存在的问题。

（2）排序法。这种考评方法类似学校里的"学生成绩榜"，就是根据所有员工的工作成绩排列名次。这种方法的优点是一目了然，可以使每个员工知道自己所处的位置。其缺点是人数多时做起来比较困难，另外，它只限于同一种工作的人之间进行比较。

（3）对比法。将所有接受考评的员工工作成果都与其他员工做比较。采用这种方法，可以使所有参加考评的员工进行有价值的比较，全面评价所有人的业绩。但其比较的次数要随着考核人数的增加而呈几何级数增加。

（4）与绝对标准比较。一项工作的绝对标准往往是通过反复实践以后确定的，因此，可用于衡量一个员工的工作成绩。这种考评方法的优点：一是标准明确，员工自己就能判断自己的工作是否符合要求，也利于管理者对员工进行指导；二是绝对标准的组合可以根据实际情况随时进行调整，有重点地矫正员工不符合标准的行为；三是这种方法不仅可以了解员工是否达到了标准，还可以了解他们在朝着标准努力的情况。这种方法也有缺点，例如，无论对多少人进行考评，标准只有一个，很难顾及每个人的特殊性。而且，由于有绝对标准，大家都以达到标准为目的，谁也不会使自己的工作超出标准，这就限制了部分员工潜力的充分发挥。

在店铺的经营过程中，如果能正确建立员工的激励机制，不但可以激发员工的工作积极性，而且还可以提高员工的工作效率。那么，怎样具体实施激励机制呢？

（1）提高员工薪水。提高员工薪水是一种最直接的激励机制形式，可以充分提高员工工作的积极性，激发员工的潜在能力，使其为店铺创造出更高的经济利润。有的经营者可能认为，提高员工薪水意味着经营成本的提高，这样做有些不合算。其实，如果压低员工薪水，虽然降低了经营成本，但同时也降低了员工的积极性，低薪水状态的员工会消极怠工，使整体的工作效率下降，从而影响店铺的正常经营。

（2）建立奖励制度。奖励的方式和内容有很多种，可以包括奖金、奖品、休假时间等。奖励给那些工作突出、成绩优秀的员工，以激励其他员工的工作积极性。但要注意，在员工得到奖励时，经营者一定要兑现奖励内容，使员工真真切切地感到欣慰和满足，以便日后更加努力地工作。

（3）增加有意义的集体活动。在店铺的经营淡季，可以分批组织一些员工参加郊游、娱乐等活动，使员工得到身心放松，尽情享受生活，从而调节员工工作状态，使其更好地投入工作。

如何建立按劳取酬的薪资制度

1. 各级职员薪酬给付办法

一般来说,薪资是吸引人才、鼓励员工努力工作的关键,薪资对员工的意义,含有"按劳取酬"和"保障生活"这两大原则。也就是说,薪资公正的条件必须是与劳动等值,且能保障基本生活。

因此,薪资具有劳动力价格的性质,通常员工是根据自己能产生多大的价值(即生产力)而定;而雇主则是由作为创造劳动力成本的生活费用所决定,所以薪资给付若想在雇主与员工间取得协调,就是要在这两个原则中间寻求平衡点。

"按劳取酬"意味付出越多,理应得到报酬越多。当然所谓"付出",不单是指体力,还有脑力上的付出。不同职位的员工,因为付出的体力和脑力不同,承担的责任也不同,因此产生了"不同职位、不同薪酬"的薪资制度。

通常兼职人员的薪资计算以小时为单位。具体价格可参考行业平均价,另外,也可以有全勤奖以及清洁奖金等作为鼓励。

正式店员的薪资以"月"为单位,而且还有许多的福利及津贴(如伙食费、交通津贴、房屋补贴、夜班津贴、全勤奖等),各项合计才是真正的薪资。

除了一些共有的基本津贴之外,有的店主还会加发给员工清洁奖金、业绩奖金、工作奖金等,不但达到"保障生活"的原则,同时也兼顾到"按劳取酬"的原则。

2. 加班费及各项奖金的给付办法

以排班方式轮调的店铺,比如碰到商店新开业、节假日或是月底盘点等特别忙碌的时候,员工有时也需要留下来额外加班,基于劳动法相应的规定,只要确实由于工作上的需求而加班者,资方应向劳方给付相应的加班费。

另外,遇到法定假日或是周末,轮职当班员工当天的薪资,也用加班费的方式来计算,计算原则为底薪乘以一定倍数,如:2小时以内为底薪的1.33

倍，2~4小时为1.66倍，4小时以上则为1.99倍。

至于业绩奖金，是为了鼓励创造比平均目标更高的业绩。计算方法为超出部分的金额×5%为其业绩奖金，如：假定早班平均每日应为10000元，而达成15000元，则以多出来的5000元×5%=250元，就是该班人员的业绩奖金。店主可以根据各营运状况制订业绩目标，而且可以隔段时间（如3个月）调整一次，以鼓励各当班人员不断努力创造更高的业绩，连带提升员工工作士气。

如何建立利益共享的福利制度

福利制度的建立，充分体现了劳资双方的利益共享、双赢原则。应该考虑到店铺的每一份子，上至店主、下至店铺的兼职人员，都应享有完善的福利措施，以保障员工的工作安全及生活无虞。

1. 劳保、意外险的必要性

根据劳动法的规定，雇主有义务为员工上保险，以作为工作上的一项保障。除了劳保外，店铺职员还应该得到意外险的保障。原因在于店铺的现金收入，常让歹徒虎视眈眈；如果是24小时营业，大夜班正值夜阑人静，危险概率较高的时段；另外，补货上架、清洗设备等，也易发生货伤人的意外。为员工支付一定数额的保险费，虽然增加了雇主的一定成本，但要想到，一旦事故发生，雇主会不堪拖累；另外保险有抵税作用，抵消了部分成本增加，最后有保险的保障，员工可更安心工作，也显得店方有诚意，有人情味。

2. 各项津贴及补助费的给付办法

薪资中的物价津贴、交通津贴、房屋津贴及夜班津贴等，在食、住、行等方面给员工一些实际的补助，津贴的额度也非固定不变。店主可视当时的物价或是交通费率的高低起伏，来调整物价津贴及交通津贴额度的多寡。

6 小店异常情况处理

防盗管理

1. 打烊的安全管理

以下事项需特别注意：

（1）晚上临近下班时间，将打烊工作人员的车子全部移到店的前门，这样员工离开店到上车，较为安全。

（2）打烊关门前，确定所有的顾客都已离开店铺。

（3）检查厕所天花板有没有被潜入的痕迹，查看天花板有无移动的迹象，或有无残屑掉在地面上。

（4）确定店铺所有的门、窗都上锁且固定良好。

（5）打烊后即打开夜视灯，且不允许任何人留下。

（6）打烊后，员工离店需以二人或二人以上或一群人的方式离去。

2. 防止外部人员偷窃

（1）店铺灯光照明管理。

充足的灯光可以防止店内和店外偷窃行为发生。

在阴雨天和天快黑的时候，要打开外围的灯光。

在天黑时，要打开屋顶招牌灯。

射灯需能照到通道、后门、前门及外围景观。

营业时间选购区需打开灯光。

坏掉的灯应及时更换。

（2）门窗。

后门要加装"猫眼"，利用"猫眼"来确认想要从后门进来的人，并且后门最好保持锁闭的状态。

如果后门没有"猫眼"装置，则请欲从后门进来的人改从前门进入。

后门的门面不要有把手或其他类似零件，务必使后门只能从店内打开。

检查门窗有无玻璃破损及任何螺丝脱落的情况，并及时找人修理。

控制餐厅钥匙的数量，持有人只限经理、副经理或开店及打烊的人员。

建立钥匙记录簿，要求钥匙持有人签名。

当钥匙数量多到无法控制时，应立即换锁。

储藏间需上锁，巨型铁质垃圾桶确认维修良好，并保持紧闭。

（3）店面外的景观。

经常检查建筑物的前后及室外垃圾处理区（如果有的话），尤其有庭院的店铺还要检查是否杂草丛生，一旦植物生长过高或过于茂盛，不但影响视野，更易成为歹徒躲藏之处。

（4）还要做到以下五点：

①扩大通道。

②消除卖场死角。

③加强明亮的照明设备。

④陈列物排列整齐、井然有序。

⑤考虑店员的分派。

另外，有很多大型商店的超级市场都有反射镜和店内摄像机的装备，这种防范少数不良分子的做法，会引起大多数顾客的不愉快，因此，中小型商店不必装设。

3. 防止内部人员偷窃

店铺中人多事杂，为防止员工的偷窃行为发生，通则如下：

（1）明令规定贵重物品严禁携至店中，如有必要，则交由柜台保管。

（2）发薪日现金或支票锁于保险柜中，下班的员工方可领取，领完钱后收好立即离店，勿在店中无事逗留。

（3）抓到偷窃者立即开除，并追究法律责任。

4. 顾客的哪些行为需要注意

下列几种客人必须多加注意：

（1）虽然很从容不迫，但是在店里走来走去，看起来似无目的地逛来逛去。这中间，视线并不放在商品上面，反而十分留意周围的动静。一旦和店员目光相接的时候，眼睛露出畏惧的眼神，马上假装拿起商品看看。

（2）二三个人同时进来，其中一个人和店员交谈，其余的人则分散到店里，到处走来走去物色东西。

（3）穿着不合时节的大衣、外套等衣服，硬往卖场上不易被人看见的地方去。还有，用手抱着外套、大衣，装作是在看东西的样子，而且都站在阴暗的地方。

（4）很不自然地拿着杂志或报纸在店里踱来踱去。

（5）故意把很大的围巾放在商品上面，或者是购物包半开着晃来晃去。

（6）事先预备好容易放进去、容易藏起来的口袋或包，一边慌慌张张地环视四周围，然后很快隐藏起来。小偷在把偷到手的东西藏起来之前，外表看起来有点怪异，一旦目的达成之后，会有两种不同的表现：一种小偷是和普通客人一样，在店里走着；另外一种小偷则会急急忙忙地离开商店。

防止食物中毒

食物中毒对餐饮经营有极大的危害性，因此，厨房安全最重要的就是防止食物中毒，这种防患于未然应该成为餐饮经营的安全工作宗旨。国外和国内中毒事件的资料表明，食物中毒以其种类来看，以细菌造成的最多，发生的原因多是对食物处理不当，其中以冷藏不当为主要致病原因。从行业来看，大部分发生在饮食业，主要是卫生条件差，没有良好的卫生规范的生产场所。

从事故发生的时间来看，大部分是在夏秋季节，高温、潮湿的环境易使微生物繁殖，造成食物变质。从原料的品种看，主要是鱼、肉类、家禽、蛋品和乳品等高蛋白食物，因为这些食物最容易生长微生物，因此这些都应作为预防食物中毒的重点。

食物中毒是由于食用了有毒食物而引起的中毒性疾病。造成食物中毒的原因如下。

1. 食物受细菌污染，细菌产生毒素致病

这种类型的食物中毒是由于细菌在食物上繁殖并产生有毒的排泄物，致病的原因不是细菌本身，而是排泄物毒素。对此必须有清晰的认识，因为食物中细菌产生毒素后，该食物就完全失去了安全性，即使烹调加热杀死了细菌，也不能彻底使毒素失去活性。这种毒素通常又不能通过味觉、嗅觉或色泽鉴别出来，因此采取尝味道、肉眼观看食物有没有坏的办法是无效的，不能辨别食物是否安全。

2. 食物受致病细菌的污染

由于这类细菌在食物中大量繁殖，食用了这样的食物就会引起食物中毒。

3. 化学污染和食物本身的毒素

食物中毒的原因还有化学物质的污染和食物本身具有致毒素。一般要注意：马铃薯发芽和发青的部位加工时应去除干净；不能食用鲜黄花菜、苦杏仁、未腌透的腌菜和未煮熟的四季豆、扁豆等。

小偷的处理

小偷必须是现行犯罪才成立。如果不能确定是否为小偷时，可以小声告诉同事、上司或负责人员加以监视，并派人跟踪，注意其有没有偷窃行为。大部分小偷如果在该店偷窃成功而不被发现的话，都会再继续偷第二次、第三次。如果小偷发觉不对劲，知道已经有人在监视、跟踪，他就不敢再下手。如果他真的偷了东西，一定会慌慌张张，找机会把东西放回卖场，或者干脆拿到收银台去付钱。

以下两种情形，小偷的犯罪行为成立：

在自助式超级商店的情形是，不付费而擅自通过柜台的时候。

在面对面销售商店的情形是，把商品放入口袋或包里面，却没有付钱的表示，而移动到店外或其他卖场。

因为一般人没有调查的权限，所以站在管理自己商店商品的立场，让小偷把东西还给店方，才是最基本的处理对策，这一点要铭记在心。

如果自己很有把握地确信是偷窃行为，确实有偷东西的情形，应该和上司协同处理。

1. 自助式超级商店发现小偷如何处理

务必请客人购物时将商品放入规定的购物篮里，并在店内宣传使用购物篮。

如果购物篮放不下的时候，要把品名、数量、价格等项目很详细地与收银员说明。

收银员把拿出来的全部东西的价钱都算完后，要说一句"请问还有需要结账的东西吗？"

若客人没有完全把商品拿出来结算，在他经过收银台要踏出店门的时候，应该把他叫住："因为刚才的结算发生错误，很对不起，麻烦您到这边来一下。"

而在第3阶段，如果问了之后仍没拿出来，只能把它想作是已经放回了原处，或者藏在卖场的其他商品下面，只要不能千真万确地断定各种怀疑的情形，就不能轻易盘查，否则一定会发生问题，所以应该谨慎处理。

2. 面对面销售时发现小偷如何处理

一看到客人把商品放进口袋或袋子里的那一刹那，马上走过去招呼说："欢迎光临，帮你包起来好吗？"

错失时机的时候，可找机会靠近客人说："欢迎光临，还需要什么东西吗？"然后再离开，制造放回商品的机会。

如果不但不把东西放回去，而到其他卖场或踏出店外时，不要犹豫，马上上前对他说："很不好意思，有点事情想请您帮忙，能否麻烦您到这边来一下？"然后把他带到办公室。

这种情形也必须十分注意，商品到底是否被放回原位，必须先确认清楚，否则不应该采取处置方法，宁可跟踪他到别的卖场，努力发现他再次行窃的机会。

如果已经确定了有偷窃的行为，要妥善地处理，下面是处理的注意事项：

（1）带到办公室。带到办公室的时候，可以让顺手牵羊的客人走到前面，也可以由两位职员一前一后带路。假如只有一个店员在前面带路，小偷可能在去办公室的途中把偷拿的商品丢掉，或者隐藏在途中某个卖场。如此一来，当带到办公室的时候，可能就查不出偷拿东西的真相，反而因为带路的疏忽而给了小偷脱罪的机会。

（2）交谈。最好的方法是把小偷交给附近的派出所去处理，如果是自己店内处理的话，你毕竟不是警察，主要目的无非是希望小偷把商品还回来，绝对不可以过分盘问或搜身，这样会造成更严重的后果，这一点一定要注意。

（3）尽量避免在人多的场所。因为店方恐怕会毁坏对方名誉而被指控强迫将客人关在密闭房间里。所以盘问小偷的时候，应该打开门，最好是从外面看不到的地方。

（4）双方都坐下交谈。不可以让客人坐在椅子上，而店方的三四个人都站着讲话。应该是双方都坐着，端出茶来喝，很心平气和地进行谈话。处理人员大约两名，如果小偷是女性的话，店方也加派女职员为宜。

（5）注意问话的方法。"刚才在卖场上拿到的商品，是不是还有尚未付钱的东西呢？如果有冒犯之处请见谅"。"如果是忘了结算，那么，麻烦您再到收银台补结一下，好吗？""如果方便的话，能不能请您出示一下收银条和袋子里的商品？"切记，这个时候必须由客人亲手取出，否则有侵犯人身之嫌。

（6）采取软化措施。最难处理的是，顾客拒不配合并且反抗说"钱给了就没事"的客人，以及不知反省自己行为的客人。这种时候，除了立即把它当作罪人移交警察之外别无他途。事情演变到这种地步时，如果临时起偷窃念头的是位女性客人，不妨将话题引到小孩子或其先生身上，那么大概可以软化她，而使其不再反抗。

（7）找不到被偷商品只能道歉。虽然确信有偷窃行为，但也有可能找不到被偷拿的商品，在这种情形之下，无非是因为对方狡猾而脱罪，所以除了向其道歉之外没有其他办法。不然的话，搞不好会反被客人指控为强迫、人权侵害、损害名誉并索取精神赔偿金等。

处理偷窃问题必须相当慎重，做好事前预防才是上策。

遇抢的应变措施

抢劫多发生在打烊前或深夜时，面对发生的抢劫案，当事人第一就是要想办法尽快让歹徒离去，因为歹徒停留在店内的时间越久，对员工及顾客造成伤害的概率就越大。所以抢劫案发生时的处理方式，首要目的是避免暴力发生。其处理原则如下：

（1）保护收银、出纳人员，并趁机记下抢匪的容貌、口音、身高、身材、服装及所持器械等。

（2）若问及保险柜位置及号码，一概推说不清楚。

（3）以保障人身安全为第一，财物损失其次。

（4）注意匪徒逃离方向，如其使用交通工具，记下车牌号码及车型、颜色。

（5）尽快报警，并向总公司或负责人报告。

1. 遇抢时员工有哪些注意事项

（1）收银人员。不可与歹徒争执，以免引发其杀机。也不必主动提供消息，只需简短回答其问话即可。

（2）其他员工。保持冷静，不要乱跑，以免歹徒惊慌，引发其暴力倾向，当然应尽可能地离歹徒越远越好。

要机警，并仔细观察记下歹徒的特征。

如果店内有人被绑架为人质，要尽量配合歹徒的要求，不要显露出惊慌失措的模样。

2. 如何注意防抢信号

许多时候只要防范得宜，不给歹徒留下可乘之机，则抢劫案自无发生的风险。所以店铺日常营业时，应教育员工密切注意防抢警讯，防患于未然。

（1）在酷热气候下，穿着外套者，可能藏有器械。

应变措施：

①通知其他工作人员注意观察他（她）。

②礼貌性地上前问候交谈，并询问店内的温度他（她）可否满意，让他脱去外套。

（2）车子停泊在店门口或停车场上，而有人在车上等候。

应变措施：

①试着确认车上的人是否正在等候店内的顾客。

②如有可能，观察并记录该车车号、车型、颜色及停留时间。

（3）单独购物的顾客，购完物品后还伫立在店内不肯离去。

应变措施：

①请服务人员上前礼貌地问候："请问还需要点什么东西吗？"

②与顾客寒暄并闲话家常，让其感觉你已经在注意他了，此举可以吓阻歹徒，使其打消犯案意图。

（4）有人或一群人在店铺门外闲荡、逗留。

应变措施：

①密切观察其有无可疑的行为，并记下身材特征。

②如果有充分理由，可礼貌地请对方离开，以确保安全。

③如果对方持续在店外闲荡，则可视情况通知警方。

（5）当你在处理金钱的时候，有顾客总是在你面前出现。

应变措施：

①与这位顾客寒暄，设法打听其住处、姓名、工作地点等，让他（她）知道你已在注意他（她）。

②避免钱财外露，切勿在顾客面前数钞票。

（6）顾客在营业高峰时刻，进出店铺好几次。

应变措施：

①通知其他工作人员，注意加强观察。

②礼貌地问候顾客有什么可以效劳的地方。

③上前寒暄与问候。

（7）打烊后还有车子停在店外或停车场。

应变措施：

①观察驾驶人并记下该车的车号、车型、颜色及停留时间。

②确认车上的人是否在等候店内同伙。

（8）打烊后，有人敲门。

应变措施：

①应装设保安系统。

②打烊后，勿让任何人进来（如借用厕所或借打电话等）。

3. 被抢善后处理有哪些原则

（1）经理、副经理。

立即通知警方抢劫案发生的地点及时间，并提供有关抢劫案事件发生的始末，及任何有关歹徒的线索，如面貌、口音、身高、身材、服装、所持器械、交通工具的车号、车型、颜色及歹徒逃逸方向等。

确定损失的金额。

把门锁上，尽量保持案发现场的完整，直到警方人员抵达。

要求员工在警察到来前不要离开。

（2）所有员工。

不要触碰案发现场任何东西。

不要彼此议论所发生的事件。

意外事故处理

1. 一般性意外事故的处理

（1）意外事故的种类。

①滑倒及摔倒。踩到地上的汤汁或食物、通道存在障碍物、有缺口的家具及有尖角的设备都可导致人滑倒、摔倒。

②扭伤。起因是搬重物、攀高不慎、没有使用正确的搬运技巧。

③烫伤。起因是碰触滚烫的东西，如炉子、锅子、热开水、热汤、热食、热盘子或加热的物品。

④割伤。起因是碰触到店铺尖锐的装潢物，不当地使用刀叉、尖锐的器皿或厨房用具。

⑤触电。起因是碰触破损的插座、插头、电线或不当使用电器设备。

⑥其他。其他机械伤害、食物中毒、瓦斯中毒等。

（2）如何防止意外事件的发生。

一旦地面有油渍、水渍、汤汁或食物，必须马上清理干净。

清除在工作区、通道、储藏区及进出口的障碍物。

修理或更换有缺口的桌、椅和其他安装物。

修理破损的地毯。

确保高脚椅十分稳固。

训练员工正确地搬货举物技巧。

笨重物品正确储存及稳固放置。

训练相关人员正确使用各项电器设备的方法。

定期检查插座、插头、电线、电源开关，万一有破损，应立即请专人修理。

去除装潢物、家具及工作台的尖角外缘，或加装一些保护装置。

更换有缺口或破损的器皿、器具或设备。

刀叉等尖锐用具及厨房器具正确使用及储存。

2. 其他意外事故的处理

顾客中以儿童发生意外伤害的比例最高，因此，如有儿童在店内跑跳、吵闹，或在沙发椅上跳闹，则应立刻规劝小孩，并将其带回座位或交予其父母，告知父母看管小孩。餐厅桌角、玻璃、镜子很多，加上工作人员上菜、收盘，万一撞到小孩，很容易发生危险。

此外，还要注意防止儿童在门口玩耍时被大门夹伤等类似情况发生，如有工作人员发现儿童在门边玩耍，最好立即带他回座位或告之其父母。

无论是工作人员不慎碰撞顾客或顾客不慎碰撞工作人员，皆可造成顾客受伤，店方应视情况予以处理，并向总公司汇报处理结果。

若工作人员不慎碰撞顾客，一般店经理会视情况给予顾客适当优惠，但无须告知客人，等到客人买单时再告知他："为表示歉意，可视具体情况，免费或打折"。对顾客稍做安抚，消除其内心的不快。

如餐饮工作人员上菜时不慎将热食泼洒至顾客身上造成烫伤，或其他因工作人员不慎而对顾客造成伤害，店方应视情况及顾客意愿送医，并陪同伤患者至医院诊治，并将诊断结果报请总公司处理，万不可随顾客一面之词小题大做，造成无意义纷争。

要注意加强服务语言的训练，以减少顾客发生伤害的可能，如在店面明示"小心烫伤"或"大理石地板很滑，请您及小朋友下楼时小心！"的标语。容易发生危险的建材及设计，在发包工程时就应注意避免及改善，例如楼梯需加防滑边条，桌角需磨圆等。

如是顾客自己不慎造成的伤害，店方并不负责医疗赔偿，但可立即提供店方所有的医疗用品，如绷带、万金油等。所以在店内应常备急救箱。

店铺急救箱应摆放在固定的位置，以备意外发生时迅速可以取用。急救箱大致放置下列医疗用品：

（1）急救手册；

（2）胶布、胶带；

（3）纱布；

（4）创可贴；

（5）擦伤药水；

（6）棉花、棉花棒；

（7）烫伤药膏；

（8）剪刀及小钳子；

（9）双氧水。

临时停电停水的处理

1. 临时停电

查明停电原因和修复时间。

切断总电源及所有分电源。

停止所有项目营业。

待顾客疏散后，在未供电前，可做些不用电的工作，如整理纸巾、纸盒、仓库或清扫工作间、员工休息室等。

供电恢复后，分次开灯及其他电源，检查电路、冰箱、冷气、制冰机，处理方式同停水处理。

若停电时间很长，无法营业，应派遣两名男性员工保护出纳人员，并派遣员工站立于后门出入口。

若停电时间过长，则需由营业人员先安抚顾客（因无冷气，顾客容易发怒），并为要离去的顾客买单。因收银机无法使用，而手开发票费时较久，若顾客急于离去，又一定要求索取发票，则可留下其姓名、地址，事后给他邮寄发票。

收银机善后处理，应将开关置于关闭状态。

若在营业时间供电恢复，则各项需预热的电器如烤箱、煎板等，需达到预定温度，才可制备食品，其所需要等候的时间要向顾客说明。

2. 临时停水

查明原因，区分自来水厂地区性停水或大楼停水或本店停水。

停水后洗碗机、冷气、水冷式冰箱、生饮水系统、制冰机、汽水机、咖啡机、巧克力机等均无法使用，唯独啤酒机、冰红茶、冰咖啡不受影响，可继续贩卖。

关掉冷气系统,只留送风。

如可能,所有餐点、饮料用外带纸盒、纸杯包装,供应顾客,以减少杯盘使用,可避免因停水无法处理脏杯盘的苦恼问题。

水来后,应检查冷气系统,水塔需先补满,才可开冷气。

水冷式冰箱需重新开机,并设定温度,待气温下降至设定温度时才可开门。

制冰机重新设定,并循环一次后,再开始制冰。

立即处理所有脏碗、碟等。

PART3

开店宣传促销，吸引眼球才能赚足人气

7 店面广告

店面广告的作用

店面广告（亦即Point of Purchase Advertising，简称POP）又称售点广告，指设置在购物场所周围、入口、内部以及有商品地方的广告。

近年来，这种独特新颖、快捷便利的广告形式又风靡中国大陆，上海、北京、广州、深圳、武汉等大城市的店面广告设计相当精致，各具特色。从形式上一般把店面广告分为室内店面广告和室外店面广告两种。

室内店面广告，指经营场所内部的各种广告。在大型商厦里，此类广告处处可见可闻：店内悬挂着各种印有品牌图案的彩旗，反映商业文化的各式横幅，身着时装的模特儿，旋转柜台里展示的各类商品实物，有线广播播送的介绍各种商品的信息，电视录像里反复播放的商品广告，厂家销售人员的现场演示操作，等等。

室外店面广告是相对室内店面广告而言的，泛指商业经营场所门前及附近的一切广告形式，如招牌、店面装潢、广告牌、橱窗设计、霓虹灯等。在繁华的商业闹市里，最能吸引消费者注意力的便是室外店面广告，因而室外店面广告在设计上更为注重突出经营场所的外部特征，具有鲜明、独特的个性，以引导和强化消费者的差别意识，诱发消费者的好奇心。

店面广告是店铺开展市场营销活动、赢得竞争优势的利器。它的作用具体表现在以下几方面。

1. 店面广告是不说话的销售高手

店面广告内容会吸引原未准备买的顾客，有时会让其感到该商品有价值而做出购买决策。

2. 广告是顾客购物的引导服务员

我们可以将帮助顾客购物的宣传单、价格单、海报等配置于店内。这些广告，激发顾客的购买欲，常有的情况是顾客有时选定商品虽有疑虑，想要问店员却不好意思开口，店面广告会舒缓顾客心情，让顾客以自由自在的心情继续进行购物。

3. 提升店内的生动气氛，拉近顾客与店方的距离

在店内附上广告卡，逗人发笑，或对商品作拟人的说明，让人感觉到店方热心的说服力。

4. 唤起顾客的潜在意识

店主虽然可以利用报纸、电视、杂志和广播等媒体传达给顾客商店形象或产品特点，但当他们走入店铺时，他极有可能将上述信息遗忘，而张贴、悬挂在销售地点的店面广告则可以提醒顾客，唤醒他们对产品的潜在意识，使他们做出购买决策。

5. 能够配合季节促销

店面广告可以配合一些季节，展开促销活动。每逢春节，商家们总是将商店布置得富丽堂皇，到处流光溢彩，衬托出热闹、欢快的节日气氛，大多数顾客的心情也会为之一振，自然愿意买些东西。

6. 塑造店铺形象

店铺经营者可以将企业各种标志等印刷在店面广告上，以塑造富有特色的店铺形象。有些世界著名的品牌是店面广告上经常出现的一些标识，它们已经为广大媒体受众所熟悉，已成为一种专有标记。

要起到以上作用的店面广告的设计绝非是轻而易举的，应有其自己鲜明的特征，成功的店面广告设计应该遵循下面三个原则：

（1）简练、醒目。

店面广告要想在琳琅满目的商品中引起注意，必须以简洁的风格、新颖的格调、协调的色彩突出自己的形象。

（2）重视陈列设计。

店面广告的设计要注意商品陈列、悬挂以及货架的结构等，要加强和渲染购物场所的艺术气氛。

（3）强调现场效果。

由于店面广告具有直销的特点，设计者必须深入实地了解店铺的内部经营环境，研究经营商品的特色，以求设计出最能打动顾客的店面广告。

店面广告的种类

1. POP广告的分类

（1）悬挂式广告。从天花板梁柱上垂吊下来，易引起注意，而且从各个角度，都能看清楚。

（2）柜台广告。柜台上的店面广告陈列，最能吸引消费者注意力。因此，最能产生购买效果。

（3）壁面广告。以海报、装饰旗为主，除具有商品告知的功能外，亦能美化商店的壁面。

（4）落地式广告。放置在商店内、外的地板上，材料可使用纸、厚纸板、塑胶、金属等。

（5）吊旗广告。装饰在商店内、外，是短期内使用，最适合用在促成广告活动的高潮及营造季节的气氛。以布、塑胶布为材料。

（6）动态广告。以店面广告里面隐藏的马达产生动作，例如上下、回转等运动，充满乐趣。

（7）光源广告。在广告内部放入荧光灯，利用其光源将商品的文字、图形照亮。

（8）价目表及展示卡。价目表上写明标价，展示卡上说明商品的特性。此种属于小型的POP，放置在商品旁、橱窗内，或是直接与商品附着一起。视觉效果极佳。

（9）贴纸。粘贴在商品壁面、橱窗玻璃、车辆玻璃上的小型印刷物。大多以平面印刷，或以合成纸压成凸型。小巧、不占空间、价格便宜，极具广告效果。

2. 设计原则

POP广告的设计总体要求就是独特，不论何种形式，都必须新颖独特，能够很快地引起顾客的注意，激发他们"想了解""想购买"的欲望。具体来讲，应遵循以下原则：

（1）造型简练、设计醒目。

要想在纷繁众多的商品中引起消费者对某一种或某些商品的注意，必须以简洁的形式、新颖的格调、和谐的色彩突出自己的形象。

（2）重视陈列设计。

POP广告是商业文化中企业经营环境文化的重要组成部分。因此，POP广告的设计要有利于树立企业形象，加强和渲染购物场所的艺术气氛。

（3）强调现场广告效果。

应根据零售店经营商品的特色，如经营档次、零售店的知名度、各种服务状况以及顾客的心理特征与购买习惯等，力求设计出最能打动消费者的广告。

3. 制作要点

（1）来自厂商的POP。

通常这一类的POP都是厂商自行设计好然后由业务人员送至店内悬挂或张贴的，可能是海报，也可能是冰箱贴纸。这一类的制作物通常都很明亮，凸显主题，店主通常也不会拒绝。但有些POP的内容属于恒久性，并非用于促销，这时店主就要注意其张贴是否会破坏店观，并且事先约定张贴期限，以免制作物旧了，影响店观。

（2）来自店铺自制的POP。

有些店铺因为新开业、周年庆或是举办促销活动，需要自己制作POP。若是连锁店，总部会统筹印制，但是若属于独立店或是自愿加盟性质的各个商店，欲制作POP时，可依以下几点来考虑。

①设定目的。

不同性质的POP，有不同的考虑。在制作POP之前，首先应想清楚目的是什么，是价格卡还是货架卡，是信息的POP还是形象的POP，不同性质的POP，有不同的考虑。

②寻找可利用的资源。

在确定要促销时，则要努力思索可应用的资源。供货商是否可提供经费？若是连锁性的加盟店，是否可向总部求援，请求总部设计指导POP的制作？

③设计POP上的信息。

店铺里的顾客通常都是来去匆匆，不太可能逗留太久，所以在POP的整个设计上，应力求简单、直接。

独立店在制作POP上，受限于人力、物力、财力等，无须印制繁复的图案或是文字，只要尽量把要表达的信息直接设计在POP上就可以了。

4.张贴的地点

不论POP是厂商提供或自制的，POP的张贴地点，都是相当重要的。POP常张贴的地点如下。

（1）柜台区。

柜台区包括柜台后方、柜台桌上、收银机台、柜台上方的天花板等。这是公认最佳的地点，因为所有的顾客最后一定要在柜台结账，这时就会看到所张贴的POP。

（2）店外的橱窗。

这是次佳的广告物张贴处。橱窗的广告有可能吸引来去匆匆的行人，停下脚步而进店购物，所以店外橱窗也是张贴POP的好地方。需要注意的是，POP绝不能胡乱张贴，而且要淘旧换新，以免时日一久，褪色的POP损及店铺外观，破坏消费者对店铺的印象。

（3）天花板。

配合年节气氛或大型促销活动布置的天花板所悬挂的吊卡，会凸显相当的效果及注意力。除了年节或大型活动外，自助区上方的吊卡也常被使用。

（4）冰箱门或货架上。

这里的POP常用以介绍某特定商品的促销或是新产品上市，可以让消费者在找寻商品时多一份参考，也可以刺激消费者的购买欲望。

（5）其他区域。

包括自助区的机器设备上、走道尽头、店外走廊的天花板、入口处等区域。

最后要提醒的是，切勿滥用POP，以免使消费者迷失在五花八门的广告中，反而无法将POP的信息传达出去。另外，考虑到消费者"喜新厌旧"的特性，应及时更换过期、旧面孔的POP。

要想使POP广告达到理想的宣传效果，仅仅靠广告物品自身设计的成功还不行，还必须依赖于将其科学合理地安置和摆放。常常有这样的情况，广告设计得非常新颖独特，但摆放得不合理，因而未能发挥应有的效果，甚至适得其反。所以店面广告的摆放是策划中一个很重要的问题，具体来说应注意以下几个方面：

①不要与商品离得太远；

②不能遮挡展示的商品；

③要与顾客的视线成直线；

④不能妨碍顾客触摸商品；

⑤不能用强力胶贴在商品上；

⑥不能直接画在商品上；

⑦考虑日后容易拆卸；

⑧广告用的文字和色调必须统一。

媒体广告的种类

1. 报纸

报纸可分日报、周报等，是最常用的广告媒体之一，报纸是最受零售商欢迎的宣传工具。它具有灵活性，寿命长，图文并茂，可与时评配合（把广告和专栏文章或短论编排在一起）等优点。其缺点是浪费（报纸发行的范围较广，往往超出目标市场的地区）。

2. 公共交通工具的广告

这种方式的广告经常为具有密集的公共交通系统的市区的零售商所采用。广告就做在公共汽车、地铁车辆和出租汽车上。这种广告的优点是吸引观众、市场大、广告复现率高，而且市场地理范围明确。其缺点是不适用于小城市，局限于交通路线。此外，零售商还经常在他们的送货卡车上做广告。

3. 户外广告牌

这也是零售商经常使用的。他们把广告画和招牌展示在公共场所、高楼大厦和公路沿线。这些广告醒目、经济，信息传递效果好。缺点是宣传内容有限，更换麻烦，影响观瞻，坐在高速车辆上看不清。

4. 杂志

其重要性日益增长，主要原因是全国性的零售商增多，地区刊物增加，以及邮购零售商多用杂志做广告。杂志广告的优点是适合于特定的市场，可与时评配合，单一信息影响久远，色彩鲜艳。主要缺点是准备时间长，成本高，有浪费现象。

5. 小传单

小传单是一种重要的广告工具，尤其适于小型店使用。单页广告可在各停车场里散发或挨家挨户分发。其优点是成本低，灵活，迅速，目标明确。缺点是废弃率高，纸张质量差。

确定媒体广告目标

店铺进行广告促销管理第一步就是对所预期达到的目的或效果有一个基本认识，方向目标定了，接下来的活动就有了准则。

广告按目的可分为通知、说服、提醒三种形式。

通知性广告主要用于一种产品的开拓阶段，其目的是促发初级需求，发展新的顾客。说服性广告在竞争阶段十分关键，其目的在于建立某一特定品牌的选择性需求，很多广告即属于这一类型。这也属于品牌营销的一个重要方面，而有些说服性广告仅属于比较广告的范畴。它通过与这一类产品中的其他一种或者几种品牌的比较来建立本产品的优越性。汉堡王在一场烤汉堡包和炸汉堡包的汉堡包大战中与麦当劳对垒时，其特许经销商便成功地展开了比较性广告宣传。在使用比较广告时，公司应确信它能证明其处于优势的宣传，并且不会遭到其他强势品牌的反击。提醒性广告则一般是为了保持市场份额，维系老顾客。老顾客的流失对店铺而言损失较大，同时由于吸引新顾客的成本远远高于维系老顾客的成本，所以店铺如何抓住老顾客的心，使他们依然保持对店铺的忠诚，这是十分重要的。

这三种广告类型的主要功用如下：

1. 通知

（1）向顾客告之店内新增商品；

（2）向顾客宣传新产品的用途；

（3）提倡一种消费的新时尚、新理念，引导顾客的消费观念；

（4）通知店内有关商品的价格变动；

（5）具体描述商店所提供的服务；

（6）宣传商店的经营特点，树立形象。

2. 说服

（1）建立连锁企业自有品牌的偏好；

（2）改变顾客对店内商品的不良印象；

（3）使顾客对店内商品的品质放心；

（4）说服顾客立即购物；

（5）说服顾客接受一次推销访问。

3. 提醒

（1）提醒顾客可能在最近的将来缺少某些商品；

（2）维持顾客对商店的忠诚度。

比较选择媒体

1. 影响媒体选择的因素

（1）影响度。

影响度即广告吸引其对象的程度以及通过何种方式，诸如个性、观念、概念、色彩、规格、风格等方式所产生的影响。例如，广告人希望通过色彩与风格方式来吸引消费者，则可考虑利用电视、电影及报纸、杂志等媒介。

（2）频率。

频率是指广告信息重复多少次才会促使广告对象采取购买行为。如果广告对象在较短时期需要多次重复提示、劝说，那么选用电视和报纸这两种媒介为好，而杂志就不太合适了。

（3）覆盖面。

覆盖面即广告对象有多少。如果广告商品是大众性消费品，广告对象众多，则应考虑选用电视媒介；如果产品是有特定用途的工业品，客户的针对性较强，那么选用专业报纸比较适宜。

（4）持续时间。

持续时间是指广告活动需要持续多长时间。如果是要进行短期、强势的广告宣传，则电视为佳；如果情况相反，则可考虑报刊等媒介。

（5）广告受众的习惯。

比如，人们多喜欢在早间、午间听广播和边做家务边听广播，这时就可以选用广播广告来介绍日用生活品和新商品信息。又比如，旅游服务广告，可以选用电话号码簿作为媒介。再如，有些药品与食品，人们习惯于从包装上了解产品的成分、功效和用法，广告可以结合包装展开。总之，人们利用媒体的习惯也会影响媒体的选择。

（6）广告成本。

选择何种媒体做广告宣传，也取决于店铺的广告预算和支付能力。一般来说，利用全国性大报、地方晚报和电视媒体，广告费用较高。这对全国范围的连锁店比较适宜。单店经营者，影响局限于一定区域，则宜选用当地的媒体，这样不仅成本低，而且有针对性。

2. 如何比较选择媒体

广告媒体选择的方法因店铺而异，这里介绍三种比较常用的方法。

（1）水平支出法。

采用这种方法选择媒体广告，每次广告活动所花媒体费用都差不多。其广告传播信息的特点是只起"提醒、注意"的作用。这类产品广告大都属于人们经常要购买的生活必需品广告，还有一部分产品是偶尔才要购买的（如头痛药、消暑药、电视机、洗衣机等）。运用媒体做广告的方法是：人们可能在何时、何地付诸购买，就在何时和某特定范围利用媒体发布广告信息。用水平支出法选用媒体做广告，大都采用橱窗、路牌、招贴、报纸和广播等广告媒体。

（2）先多后少法。

这种选择运用媒体的方法，正如字面意思那样，先投入较多的广告媒体费用，租用或选定刊载广告的场地或版面，一个时期内大张旗鼓地开展广告攻势。当产品或服务在市场上享有一定知名度以后，逐步减少这方面的支出。这种方法适合于推出新的商品或服务。先多后少法选用媒体，务必在实施广告费用预算之前，事先做好广告策划工作，切忌滥用媒体盲目做广告。

（3）滚雪球式渐次加强法。

采用这种方法选择媒体做广告，一开始是试探性的，先在某一小的市场范围内运用几种易接近购买顾客的媒体，将产品的特点逐一渐次进行广告诉求认知。在摸清市场不同层次的消费需要对象及其特点后，逐渐扩大广告媒体的影响范围，采用的媒体逐渐增多。这种方法应用范围广，用这种方法选择媒体，对于那些对市场需求状态和发展趋势把握性不大的工商企业或广告人来说，还有利于随机应变、稳扎稳打地开展广告活动。

以上三种策略是在商业广告中使用比较多的，究竟选择哪一种要根据店铺商品特征、专卖店确定的目标、市场情况、经营能力等各方面因素综合考虑，而且三种策略可以穿插使用。

8 商品促销

小店促销有哪些方式

促销这个手段由来已久了,不同的商店有各自不同的促销策略,如果能审时度势,抓住机会,再加上一个好的创意,就能取得很好的效果。

而店铺的促销策略则应该在吸收零售商店一般的销售经验的基础上结合专卖店的特征突出店铺的特色。

店铺的促销策略是一种长期的不间断的营销手段,能够直接提高店铺的销售额,而且容易聚集人气,提高店铺的影响。

促销的具体方式有样品、优惠券、付现金折扣、特价包装、赠品、奖励、免费试用、商品保证、打折促销、销售现场展示和表演。

1. 样品

样品是指免费提供给顾客或供其使用的商品。样品可以挨家挨户地送上门、邮寄发送、在商店内提供、附在其他商品上赠送。

2. 优惠券

优惠券是指一纸证明,持有者用它来购买其特定商品时可少付钱。一些资料表明,美国95%以上的小商品公司使用过赠送优惠券的办法,而且有将近2/3的美国顾客在日常购物活动中使用优惠券。

3. 付现金折扣

付现金折扣与优惠券差不多,不同的只是减价发生在购买之后,而不是在零售店购买之时。顾客购物后将一张商店提供的"购物证明"寄给生产商,生产商用邮寄的方式退还部分购物款项。

4. 特价包装

特价包装是指以低于正常商品的价格向顾客提供商品。这种价格通常在外包装的醒目位置予以标明。

5. 赠品

赠品是指以较低的代价或免费向顾客提供某一物品，以刺激顾客购买某一特定品牌商品。一种是包装内附赠品，将赠品附在包装内。美国魁克麦片公司在它的"健尔·拉森"牌狗食的包装内放入了价值500万美元的金币和银币。

6. 奖励

奖励是指顾客在购买商品时，向他们提供获得物品、现金或旅游的机会。例如，健力宝公司用罐装饮料瓶盖下图案与报纸上宣布的图案匹配的办法向顾客提供获得现金的机会。

7. 免费试用

它是指将商品送给一些顾客，让他们免费试用，以刺激他们对该品牌的兴趣。

8. 商品保证

在顾客对商品质量越来越看重的情况下，商品保证则是一种非常有效的销售促销方式。特别对一些技术含量较高的耐用品，如空调、电脑等商品，应承诺保修期，有条件地实行一定时期内包换或免费维修，以解决消费者的后顾之忧。

9. 打折促销

店铺的价位相对都比较高，利润率也维持在一个相对较高的水平，适时推出系列打折促销，效果非常明显。特别对那些购买力不足又追求名牌、精品的消费者有极大的诱惑力。

10. 展览会、展销会

美国平均每年举办的商品展览会超过5600次，吸引了大约8000万顾客。参加展会的经营者渴望通过展会开创新的销售渠道，维持与顾客的接触，介绍新产品，结识新顾客，向老顾客销售更多的商品，用印刷品、电影及视听材料说服教育顾客。对于店铺，这种方法很有吸引力。

11. 时装表演

时装表演属于一种立体说明，用真人实物、轻盈的姿态、飘逸的风采、细微的表情，达到说服效果。尤其是材料的质感、色彩的微妙，如用其他方式来表达十分不易，但是通过时装表演则是可能的。对于精品服饰店，不失为一个好的销售策略。

用名人效应法促销商品

人们对有名望的人一般都十分崇敬。在商品销售中，经营者可利用消费者敬慕名人的心理来销售商品。具体方法有：

在书店里请名作家与顾客见面，并对所购书籍签名留念，一般促销都非常好。

在商场中请名演员献艺，可以吸引住大量顾客，生意自然兴旺。

在商品及包装上请名人写字作画。20世纪60年代我国生产的一种搪瓷脸盆上曾印有齐白石画的虾，在盛有清水的脸盆水波中，虾看上去在缓缓游动，这种洗脸盆特别畅销。

在广告中邀请名人宣讲或表演，广告效果特别佳。

名人效应法用于直接促销是名人在商品上的签字。如布娃娃在美国原售价每个20美元，有"椰菜娃娃"原设计者亲手签名的布娃娃售价曾高达3000美元。这种椰菜娃娃在美国曾一时供不应求。但是在邀请名人签字时要注意不宜过多过滥。目前有的书法家到处为商店题名，过多了就失去了名人签字的吸引力。

名人效应法的推销原理是利用人们的慕名心理，在商品销售中应用可灵活多变，异曲同工。例如，在化妆品、香皂等广告宣传中，利用名人效应，选择大明星、歌星形象做广告，效果就很好。又如，一家中外合资企业的糖果包装中推出"名人"系列包装，每购一颗糖，可得一个名人画像及简单介绍。据商店反映，这种糖果可以边吃边看，特别好销。国外体育用具厂商利用世界级著名运动员做广告，穿戴使用其产品，还有专供大型比赛的衣服和用品，由此其品牌而在全世界风行。

用返璞归真法促销商品

在生活内容日益丰富、生活质量不断提高的当今社会，特别是在生活节奏不断加快、生活水准率先提高的城市，人们的消费追求出现了返璞归真的新潮。商业企业要迎合人们欲求返璞归真的消费心理，满足一种回归自然的需求组织供应。例如我国市场先后出现的对棉布采取"蜡染"印花、时装中推出"石窟艺术"、服饰中的"红腰带"、草帽中的"渔家斗笠"都得到人们的喜爱而畅销，这些商品成功销售是返璞归真法促销之功效。所以，商品生产厂商和销售商都要把握这种回归自然的消费需求，探幽发微、创造"返璞归真"的时髦，引导商品销售的潮流。

实例一：1993年上海市的炎夏，出售一毛五分钱一瓶的天然地下水，市民排队争相购买。杂粮在大中城市日益吃香，红薯、玉米、大麦之类在北京市场备受青睐。上海市的粮站经营粗粮比经营大米更赚钱。

实例二：近两年来，黑白艺术照在上海、北京走俏，从彩色世界向黑白世界的回归，使胶卷销售发生变化。

实例三：食品销售中，近年人们开始追求绿色食品、野菜野果；皮鞋供应中，休闲鞋异军突起。

返璞归真在商品销售中的另一途径是对购物环境的设计，使购物者置身于历史时代或自然景色的特定环境之中。如设计成古代宫廷、原始部落、草原上的蒙古包的独特购物环境，服务人员可穿着古代或与设计环境一致的衣饰，通过渲染一种与现代社会相距遥远的氛围来引发人们的返璞归真的心理追求，达到推销商品的目的。这种方法目前在我国旅游景点的商品销售中逐步推行。一方面吸引游客，另一方面创造与旅游人文景观相吻合的购物环境，促使旅游者慷慨解囊购买特种意义的旅游商品，享受与现代社会完全不同的情趣。

用随购赠礼法促销商品

商业心理学表明,在消费者购物时心理的满足程度上,赠送物品要比降价有更大的吸引力。因为获得赠品的购物者,会有意外收获的感觉,赠送的东西得来太容易了,即使一无用处,消费者心理上也会觉得满足。例如卖酒随赠酒杯、酒壶等。若要人花钱去买的话,会觉得不值,若是购酒时赠送的,会产生不要白不要的想法。

随购赠礼法就是利用这种心理来促进商品销售,在我国商业企业的商品销售中也经常采用,如对购买化妆品的顾客随赠画眉笔等化妆用品。随购赠礼法比竞相降价推销商品要高明得多,特别是当消费者熟悉了商店推销积压商品而采用打折宣传手法后,随购赠礼比降价更可信而受到顾客的欢迎。

随购赠礼法在开拓市场、推销新商品的促销方面效果十分明显。例如,我国江苏省外销的"芭蕾"珍珠膏,在进入香港市场的营销策略中有一项就是采用随购赠礼法。凡是购买"芭蕾"珍珠膏的香港顾客,打开包装纸盒,跳入眼帘的便是一只小巧的泡沫塑料托盘,上面放着一颗珍珠的别针,这是随购赠送的高贵礼品,如果购买50瓶以上者,可以串放一条珍珠项链。顾客惊喜之余激发连续购买强烈欲望。由于促销措施得力,香港报纸这样评论:"芭蕾"珍珠膏"英雄式"地进入香港化妆品市场。20天"芭蕾"珍珠膏的销售量,超过了香港任何一种化妆品1个月的销售量,轰动了香港市场。

随购赠礼要防止千篇一律,不同的商店应该采用不同方法和不断变化的小礼品,使顾客常有新鲜、意外的感觉,而常光顾商店。

用情侣用品法促销商品

我国商品市场上近年来兴起了一股情侣商品新潮。因为适应了青年男女表达心心相印、志同道合的热恋之情,情侣商品成为市场上受欢迎的商品。生产和经营情侣商品是当前一种适应市场需求、扩大商品销售的良策妙计。

实例一：饮料销售中运用情侣商品法，在市场上有一种从新加坡引进生产的饮料，采用一瓶两管，供男女共用，两支吸管相连相通，构成"心"字形，很受青年男女青睐而畅销。

实例二：T恤衫近些年来十分普及，引入之初为了打开销路，某厂家推出"情侣衫"，男女衫配对，两件一盒装，两样的质地，同样的款式，同样的风格。一男一女穿在身上，别人都会注视这一对情投意合的情侣，招来许多青年情侣的购买。

实例三：在金银首饰中，中国人传统的结婚戒指就是龙凤配对的男女各一个的情侣戒指，它不仅是结婚纪念珍品，也是老人亲友馈赠的首选礼品。

现在市场上还出现了情侣表、情侣包等吃、穿、用情侣商品。

情侣商品法可以扩展到专业经营情侣商品的"情侣商场""情侣屋""情侣购物中心"等专招情侣的经营方式。

情侣商品法的应用可使一般商品增加一份温馨的情调，以满足青年情侣的特殊需求。要求工商双方齐心协力，不断推出不同品种门类的情侣商品，尤其开发出针对不同消费者购买能力的不同档次的情侣商品。通过情侣商品销售来开拓市场，以特色商品来创造市场。

情侣商品的出现和热销，可为商业经营者提供一种新的经营策略，为专门消费者提供特需商品，如专供夫妇的商品、专供老人的商品等，以扩大商品销售。

用改进包装法促销商品

在商品销售中，商品包装美不美对商品销售影响十分明显。据美国杜邦化学公司在市场调查中得出的结论："有63%的消费者是根据商品的包装装潢来购买的。"这个观点在国外被称为"杜邦定律"。商品包装的改进除了图案设计美观新颖和包装装潢艺术精致高雅外，还可采取以下策略：

1. 小包装

小包装是方便购买及照顾多层次需求的包装策略，适用于日常消费的各种商品。

2. 软包装

软包装是当今取代铁质和玻璃瓶装的包装策略。

3. 系列包装

将数种有关的商品装于同一包装容器中，如系列化妆品、系列不锈钢餐具等组合一起包装，便于销售和顾客使用。

4. 多用途包装

如一些装有饮料、食品的玻璃包装，待商品吃完后继续可当水杯使用，达到一物两用或多用的目的。

5. 透明包装

据国外市场调查研究得出新的包装发展趋势是流行透明包装，即商品包装上有一处或多处是透明的，甚至是全透明的，使消费者能对包装内的商品一目了然。这种透明包装开始在食品包装中流行。据调查，同一种食品，透明包装的要比非透明包装的畅销得多，售价也高10%。目前，在国外透明包装发展很快，如用透明树脂作外壳的手表、时钟、收音机、收录机、电视机、玩具、电话等。这种透明包装已经在我国市场推广。

用名牌效应法促销商品

在我国的商品市场上，由于改革开放以来经济迅速发展，科技应用越来越广泛，向人们展示的商品日益繁多，以致许多顾客进商场后眼花缭乱，拿不准购买哪一种商品好。于是，一部分消费者便选择了一种简捷的办法，即认品牌购商品，哪个品牌名气大，牌子叫得响，在市场中有信誉，就认准哪个买。特别是名牌商品，由于其质量上乘，信誉可靠，在消费者心目中成为首选的购买目标。对于那些因买杂牌货吃过亏、上过当的人，更加注重名牌商品。商业企业在组织商品货源，做好商品销售中，应顺应这种消费动向，采用"名牌效应法"，满足消费者的需求，扩大商品销售。在商品经营中，一般有以下几种方式：

1. 组织名牌商品专柜供应

大肆宣扬名牌商品特点，通过名牌商品吸引顾客，随之可带动其他商品销售。

2. 组织名牌商品系列化供应

如运动衣、运动鞋、运动袜等系列名牌商品，尽量满足顾客的追求名牌商品的购买欲望，同时扩大商品销售。

3. 名牌商品展销

不定期组织名牌商品展销等促销活动，推动名牌商品销售。

4. 保护名牌措施

如对于名酒，加贴"名酒检测封签"后进行销售，使名牌商品有"护身符"，使消费者百分之百放心购买。

9 互联网店铺微营销

用粉丝经济带动销售

  互联网时代,很大程度上,粉丝决定着企业的利润,甚至可以说粉丝决定着企业的生死。粉丝经济的概念最早产生于六间房秀场,其草根歌手在实时演艺过程中积累了大量忠实粉丝,粉丝通常会通过购买鲜花等虚拟礼物来表达对主播的喜爱,在节日和歌手生日等特定时期礼物的消费尤为活跃,据统计秀场的每个用户平均收入(ARPU)值最高可达1000元人民币。从中我们可以得知,要想在互联网发达的今天获得较多的利润,就要注重培养自己的粉丝。对于开店来说,同样要注意培养自己的粉丝,粉丝就是店铺的忠实拥护者,这些忠实拥护者就是店铺主要利润的来源。

  对于店铺来说,没有粉丝就没有未来,在互联网快速发展的今天,店铺品牌创建已经与经营粉丝的过程高度融为一体,特别是对于网上店铺来说,粉丝的重要性体现得更为明显。如果店铺有了充足的粉丝,即使是店面再小,也能最大限度地赢得利润。互联网时代店铺粉丝的培养是非常便利的,因为二维码、微博、微信等的出现,为店铺培养粉丝提供了便利,具体来说,店铺可以推出自己的二维码,以此来积累大量粉丝,同时还需依靠微博、微信来对店铺展开宣传,以最大限度地培养粉丝。虽然互联网时代的自媒体平台为店铺培养粉丝提供了便利,但并不是说有了这些自媒体就一定能够培养足够多的粉丝。店铺要想获得足够多的粉丝,还要从以下4个方面着手:

  首先是要有创新服务,以及有特色的产品。店铺的粉丝经济缘于客户关注自己的店铺,靠的是店铺的影响力,唯有在服务上创新,店铺才有自己的特色。无论开哪种店，都要强调它在同类产品中独特的个性，不能大众化。所谓店铺的个性化，指的是店铺经营的商品要时尚前卫、价位低廉、商品稀奇、人无我有、销售新奇等。只有这样，特色店才能日益彰显出自己的个性，在众多店铺中以特色取胜。唯有如此，才能吸引客户的关注，并把客户最终转化成店铺的忠实粉丝。

其次要做到维护老客户，开发新客户。对于店铺来说，维护老客户是获得忠实粉丝的关键，而要做到维护老客户，店铺需要做的是通过会员关系管理，深度挖掘不同层次老客户的需求，并最终使老客户转化成为店铺忠诚的粉丝。虽说开发新客户对于店铺来说成本是大于维护老顾客的，但是开发新客户也是店铺获得粉丝经济的重要环节，只有对店铺的宣传做到位，才能吸引越来越多的新客户。如果做到了维护住老客户、开发出新客户，就最大限度地留住了客户，并最终实现店铺粉丝经济。

再次要依靠粉丝间互动传播来赢得较多的粉丝。店铺与粉丝之间的互动传播对于店铺粉丝经济的实现有极大的促进作用，这种互动传播能让店铺粉丝群活起来，能够通过自媒体平台将自己店铺的产品信息宣传出去，在宣传店铺自身的同时，还可以赢得一定数量的粉丝。

最后要把情感营销做到极致。这是店铺粉丝经济的重要一步，店铺不应该仅仅把自己店铺的产品当成是产品来卖，还应该付诸情感诉求。对于店铺产品来说，越是把情感诉求付诸产品上，就越是能够得到更多的回应。除了给产品赋予情感诉求外，还可以通过纪念节日的方式把产品的情感因素体现出来，比如七夕、中秋、春节等这些传统的节日。当对产品进行情感诉求时，就能使店铺的产品受到顾客的喜欢，并使顾客成为店铺的忠实粉丝。

为店铺做个微信公众号

店铺要想利用微信引爆滚滚财源，第一步是要做好公众账号设计。甚至可以这样说，店铺微信公众账号设计的好坏，直接决定着其微信营销效果的好坏,也直接决定着其是否能够赚取较多的利润。对于店铺来说,要想做好公众账号设计,就要从以下四个方面入手。

第一,要为店铺公众账号取个好名字。

对于一个店铺公众账号来说,名字起着相当重要的作用,所以在进行微信公众账号设计之前要想个出色的名字。在为自己的店铺取微信公众账号名字之前,要找准自己的行业定位,要明白自己的店铺是干什么的,是卖食品、服装,还是其他产业。唯有如此,才能更好地精准定位自己。明白了自己的行业定位之后,还要明白自己的核心客户是谁,自己的产品是卖给哪一类人的,用户至上,需求第一。什么样的用户群体决定了什么样的需求。换句话来说就是您的需求定位,决定了你的目标用户。通过用户需求分析,再进行您的产品功能策略的制订,从而大大地减少了后期的目标不明确的风险和减少不必要的麻烦。

搞清了自己是干什么的,为什么人服务,下面就要取名字。微信名字最长只有13个字,最好4~8个字,不要太长也不要太短。这样的名字才简单易记,让用户印象深刻。要想让微信公众账号名字更加吸引眼球,就要取一个个性化的名字。但是,不能把生僻字作为个性的体现,因为这样的名字是很不利于自己的排名搜索的。取名的时候还不能运用宽泛性的词语,比如你的客户群体是北京的美食客,取名"美食"显然不仅针对人群过于宽泛,在整个美食的微信公众账号排名中也很难脱颖而出,在取名的时候最好能够结合百度指数,查找搜索度较高的词汇。

第二,店铺微信介绍要做到简单好记有特色。

店铺公众账号设计除了要起个出色的名字外,还要做好店铺微信内容介绍工作。好的店铺微信自我介绍要达到的效果是让人一读就能记住。要想写出这样的微信介绍,就不要把店铺简介或者店铺业务当作主要内容来撰写,而是要写能够给客户带来什么样的优惠,或者能帮助他们解决什么问题。比如星巴克中国的微信账号简介:"星巴克中国,微信里的第三空间,星巴克的热情与专注,是为了把一杯咖啡的完美呈现在您的手中,与您一起点亮生活。"在这个介绍中,星巴克没有枯燥地介绍星巴克及其产品,而是把星巴克的文化展现出来。所以，店铺在做微信介绍的时候，要能够用简短的文字表达出你能为你的顾客做什么，而不是让他们买什么。

第三，做好店铺微信公众账号认证。

店铺微信公众账号要做好官方认证。这样做的好处是在用户进行搜索的时候，认证的公众账号会排在前面，能够更容易被用户搜索到；对用户来说，他们更愿意相信经过官方认证的公众账号；自我保护性更强，可以避免虚假公众账号冒名顶替。所以，店铺在创建好微信公众账号后，就要快速获得500以上的关注数，同时还要创建一个认证的同名新浪微博或者腾讯微博，这里名字要和微信公众账号的名称一样。满足了这两个条件，店铺微信公众账号就可以申请官方认证。一般只需要1~15个工作日，认证就能取得成功。认证成功之后的店铺微信公众账号将成为店铺营销的利器，店铺充分利用好这一利器，就能取得良好的营销推广效果。

店铺要想利用微信起到营销推广的效果，并为店铺带来滚滚财源，就要首先从店铺公众账号设计入手。出色的公众账号设计，能让店铺营销推广起到事半功倍的效果。所以，店铺在利用微信进行营销的时候，要掌握公众账号设计的要素与技巧，在此基础上展开店铺公众账号的设计。

利用微信、微博提升销售

互联网时代，对于店铺经营者来说，微信、微博已经是协助开店的两大利器，越来越多的店铺经营者开始利用这两大工具来做生意，有的时候利用微信、微博开店，甚至不需要线下卖场，能直接减少门店租金、劳动力费用等，还能通过互联网迅速扩大知名度。店铺利用微博、微信营销不但能添加目标客户，还能宣传店铺文化、新产品等；不仅能够提升店铺销售业绩，还能增加店铺的知名度和美誉度。而店铺要做好微博、微信营销，就要掌握以下四大策略。

1. 双账号推送策略

所谓的双账号推送策略指的是利用两个公众账号进行店铺营销，具体来说就是将促销与内容分开各做一个公众账号。用来推送内容的账号是为企业忠实粉丝专门提供的，目的是尽可能地满足他们希望了解更多店铺信息的愿望。店铺每天都要对群发的信息做统一安排，准备好文字素材和图片素材，可以是新品推荐、饮食文化等方面的内容。除此之外，店铺还可以利用这一账号针对新老客户推送不同的信息，同时也方便回复新老顾客的提问。而用来做促销的账号可以为顾客推送相关的优惠打折信息、促销活动等。这种双账号推送的策略能做到方便顾客，不至于让顾客在诸多推送信息中寻找优惠信息。这样不但能够提升店铺销售的业绩，还可以形成口碑效应，大大提升商家品牌的知名度和美誉度。

2. 以活动吸引顾客

微博、微信营销比较常用的方法是以活动的方式吸引消费者参与，从而达到营销推广的目的。对于店铺营销来说，同样如此。然而，通过微博、微信策划一场成功的活动并不是一件简单的事情，因为这需要店铺经营者为此投入一定的经费。店铺借助线下店面的平台优势开展活动，是需要消耗一定的成本和人力的，对于小店铺来说甚至是有点难度的，但是这并不是说小店铺就不能搞活动，即使是小店铺，如果有了缜密的计划和预算，也能以小成本打造一场效果显著的活动。虽然举办活动需要消耗财力物力，但是活动确实是吸引顾客的最佳方式。作为店铺经营者来说，可以举办签到打折活动，具体方式是店铺制作好附有二维码和微信号的宣传海报和展架，然后利用专门的营销人员在活动现场指导到店消费者使用手机扫描二维码，关注商家公众账号即可收到一条确认信息，消费者凭借信息在购买店铺产品的时候享受优惠。当然，店铺举办活动的方式不仅仅是这一种，只要是任何一种能够促进消费的店铺活动都能被运用到店铺营销推广中去。

3. 多形式吸引粉丝关注

店铺要想拥有足够多的粉丝，就要利用多种形式来吸引粉丝。比如，店铺在产品包装上印刷二维码，便于来到店里的人看到，从而提升店铺的影响力,除此之外,店铺还能依靠这种方式积累一批实际的消费群体。除了二维码外,店铺还要在店面内设置展架、海报、DM传单等,这些对帮助增加店铺的关注度是有很大的促进作用的。

4. 利用游戏增加用户黏性

不管是微博还是微信,对于店铺来说都是为了寻找一个与用户沟通的新渠道,然而对于这两个渠道来说有很多沟通形式和内容,不同的沟通形式与内容可以达到不同的效果。在众多的形式与内容中,互动游戏是最能提高用户黏性的一种手段,如果游戏设计得合理,不但能够带动店铺的粉丝参加,还能让粉丝带动周围的朋友一起参与,这样就有利于店铺形成较高的口碑。

以上就是店铺做好微博、微信营销的四大策略,只要按照这四大策略来做,店铺就能在积累用户的同时促进销售业绩的提升,除此之外,店铺的影响力与美誉度也会因此得到提升。

店铺App营销四大模式

店铺App营销要想取得良好的效果,就必须有优秀的营销模式,而店铺App常见的营销模式一般有4种:用户参与模式、植入广告模式、购物网站移植模式、目录营销模式。

1. 用户参与模式

这种营销模式主要指的是店铺把符合自身定位的应用发布到应用商店内,供智能手机用户下载,用户利用这种应用可以很直观地了解店铺的信息。用户是应用的使用者,手机应用成为用户的一种工具,在这种营销模式下,用户可以深入了解店铺及其产品,增强产品信心,提升品牌美誉度。

在这一模式下,店铺的具体做法可以是通过App终端,把商场每个阶段的促销信息、活动信息推送到客户的手机上,同时将店铺最新的品牌、最新的款式展现出来。同时,鼓励顾客把店铺最新的动态分享给好友和粉丝,并可把其当成电子会员卡,展示终端的客户就可以享受一定的折扣优惠和积分累计。

这种模式对于店铺App营销来说具有很大的好处，但同时也有一定的缺点，因为这样的模式需要店铺在制作自己的App时前期投入较大，而在后期却不需要做投入，这对店铺App营销是有推动作用的。

2. 植入广告模式

植入广告是App营销当中最常见的模式，店铺通过在功能类、游戏类App中植入动态广告链接的方式打广告，用户点开链接就是店铺的介绍、销售页面。

靠植入广告的方式来进行App营销取得良好效果的案例有很多。美邦就是其中的一个典型。利用社交应用App植入广告，服装品牌美特斯邦威在一个月时间内，其新品服饰推广就收到2.8万多份参赛作品，其中符合参赛标准的1.5万多份作品获得了28万多人投票，也就是说，平均每个作者要发动18个好友投票，产品信息也就被传递了18次之多。通过这个案例我们不难发现广告植入模式对于营销推广所起到的巨大作用。

就此我们可以得知，店铺在高人气、娱乐性强的App中合理植入广告品牌信息，借助App的人气及流量，根据自身的品牌定位和产品的属性，定制新的App应用，这样就能让店铺与消费者建立良好的互动关系，使店铺获得更有效的客户群。

3. 购物网站移植模式

这种模式基于互联网上的购物网站，是购物网站的手机App化，简单地说就是把店铺按照购物网站的方式以手机App的模式搬到手机上来，因为手机可以随身携带，所以用户可以随时随地浏览店铺的网站，从中了解查看店铺的信息、产品的信息，以及相应的优惠活动。如果打通了支付功能，还可以在手机上进行购买、支付。在这种App营销模式下，顾客可以方便快捷地查找自己需要的信息，并快速完成购买行为。这对店铺的顾客维护、促进销售是非常有利的。

4. 目录营销模式

目录营销是指运用目录作为传播信息载体，并通过直邮渠道向目标市场成员发布，从而获得对方直接反应的营销活动。严格意义上说，目录并不是一种独立的直邮营销媒介，它只是直邮营销的一种特有形式。

　　目录营销的好处，对于消费者来说，首先是能够选得仔细、买得方便。同时，目录销售还向人们传播不一样的生活方式。相比传统实体店、商场和超市等，消费者通过目录销售购买商品，不仅省时，而且省钱。对于店铺来说，采取目录营销不仅省去了店面投入，而且其效果比一般广告还要好。在广告市场日益拥挤的今天，一次广告投放很难完全展示一个品牌，但是目录营销却不一样，因为它可以详细地介绍几十种乃至上百种商品的信息。另外，由于目录一般使用上档次的纸张印刷，而且图文并茂，综合运用美术、摄影和色彩技巧，令人赏心悦目，利于对顾客产生感情诉求，敦促其做出购买决定。

　　店铺可以充分利用目录营销的方式，把商品编号、规格、尺寸、颜色、店铺的姓名、通信地址、邮编等制作成目录，并且结合目录推出手机App，这种营销模式对于店铺的发展是非常有利的。

PART4

有特色的餐饮小店

10 咖啡店：研磨时光卖的就是情怀

咖啡店的选址与筹备

曾经有人说，咖啡店若能选址适当，则其经营的成功率在70%以上，可见有效的地址战略对咖啡店的营运关系重大。因为一般中小型的咖啡店，无论是设施机能还是咖啡种类，都无法与大型连锁咖啡企业相匹敌，因而在顾客的争取上，必须充分利用地址的优势。

开店选址时，必须考虑到消费者集中而且功能性比较强大的场所，如经济、政治、文化、商业等功能中心或交通枢纽等地区。具体来说，可选择写字楼附近，白领出入居多的地方。通常来说，大多以咖啡店为圆心，1公里或1.5公里的半径范围内的区域视为咖啡店的商圈。不过，一般说来，速饮咖啡商圈较小，研磨咖啡则商圈较大。另外，交通状况、地区内的设施情况等，都可能影响到商圈的分布。

选定了商圈后，需要找到自己的顾客群，确定客户群对咖啡店来说非常重要。客户群的确定，首先要考虑人均收入，其次要考虑教育程度，最后要考虑的是个人的工作经验、经历及工作单位的性质。因为无法吸引所有的顾客前来消费，所以在地址方面进行商圈特性的调查与分析，针对设定的顾客对象着手收集有关资料，成为咖啡店营运的必要步骤。

通常，在进行商圈设定与顾客调查时，需要考虑到以下几个因素：商圈内的消费水平；顾客的职业类别；消费群体年龄层的构成；顾客的消费特点；顾客家庭收支情况；等等。为了有效掌握来店顾客的特点，可经常收集来店顾客的意见，并给予客人某种优惠或赠品，请其留下基本资料，例如姓名、年龄、性别、职业、地址等。如果长期完善这些资料，并深入加以分析，就可大致掌握咖啡店商圈的具体分布情况了。通过对这些资料的调查与分析，在对所选地址的商圈特性有所了解后，就可以利用这些信息去设定顾客对象。

选址的同时，还要考虑开店的费用，一般来说，有以下几项费用。

（1）初期规划费。包括前期市场开发费用及相关的法律事务费用，以及调查市场情况产生的相关费用。

（2）加盟费。如果选择加盟知名品牌的咖啡店，则有一笔不小的加盟费。

（3）店面费。一般店面可以选择租赁的方式。以合同形式与业主达成房屋租赁协议，内容包括地址、面积、使用年限、租赁费用、支付费用方法等。

（4）设计费。咖啡店布局、格调及材料使用和咖啡店效果图、平面图、施工图的设计费。

（5）装修费。招牌、墙面的店面装修费；天花板、油漆、围墙、玻璃、灯具的店内装修费；木工、电工、水泥工等人工费。

（6）设备设施费。沙发、桌、椅、货架等办公用品；空调、音响、安全消防系统、通风设施；烹饪设备、储存设备、洗涤设备、加工保温设备；吧台、咖啡杯、冲茶器、各种小碟等。

（7）备货费。购买常用物品及易耗品，如各种咖啡豆、奶、茶、水果、冰激凌等费用。

（8）开业费。营业执照办理费、登记费、保险费；营销广告费用；雇佣培训员工费用及前期人工工资；车费、餐费等。

（9）周转金。要准备一定的流动资金用于开业初期的正常运营。

咖啡店的规划与布置

咖啡店形象是咖啡店品质的外在体现。店面形象越好，对顾客就越有吸引力，顾客就越有可能光顾。因而，咖啡店的规划和整体设计极为重要。在设计上，要让咖啡店融合到原建筑物中去，尽量保持建筑物原有的设计风格。例如，上海城隍庙商场的星巴克咖啡店，外观就像一座庙；濒临黄浦江的星巴克咖啡店，顾客则可悠闲地坐在江边，一边欣赏外滩夜景，一边品尝香浓的咖啡；北京烟袋斜街胡同里的咖啡店，顾客可以在店内看外面人流如梭，而店内优雅清闲。尽管每家店的设计受到店面的限制而有所不同，但都遵循一些基本准则。比如，要体现咖啡店的服务周到、方便快捷，等等。

具体需要规划的内容如下：

（1）店门设计。店门除了作为门的基本作用，还能引导人的视线，使人对咖啡店产生兴趣。一般，大型咖啡店可将店门安置在中央，而小型咖啡店的进出门则设在左侧或右侧比较合理，若将店门设在中央会直接影响店内实际使用面积和顾客的自由流通。其次，店门应当是开放性的，明快、通畅的门店设计才不至于使顾客产生阴暗的感觉。最后，店门设计，还应考虑店前的路面是否平坦，是否有影响咖啡店门面形象的物体或建筑，还有采光条件、噪声及太阳光照射方位等。

（2）招牌设计。消费者往往根据大大小小、各式各样的店面招牌来寻找消费的目标场所。因此，具有高度概括力和强烈吸引力的咖啡店招牌，对顾客的视觉刺激和心理影响很重要。咖啡店招牌可视需要采用不同的材料制作。为了引人注目，也可采用霓虹灯、彩灯、灯箱等来加强效果。

（3）商标字体。咖啡店的名字力求言简意赅、清新不俗、易读、易记、富有美感，有较强的吸引力的名字，能促进消费者的记忆。同时，商标字体在色彩选择上可以大胆一些，跃居环境色之上，让消费者印象深刻。如北京的萤火虫咖啡屋。

（4）商品陈列。虽然整个咖啡店的商品不能有效运用展示陈列的技巧，商品也只是"躺"置在吧台而已，无法表现商品的活力，也难以塑造咖啡店的特色。但展示陈列时，一定要有针对性地予以选择与有效组合，显现出咖啡的魅力与价值，达到促进销售的效果，同时进一步塑造咖啡店整体的形象。

（5）装饰风格。咖啡店应具有自己的风格和特点，要实行简约主义，越朴素越简单越好，在外观上别出心裁，吸引消费者，简约而不简单的环境最适合咖啡消费了。如北京的蓝羊咖啡。

（6）色彩设计。色彩使用得当可以突出气氛。例如，以紫色为基调，布置显得华丽、高贵；以黄色为基调，布置显得柔和；以蓝色为基调，布置显得安静；以红色为基调，布置显得热烈；等等。有些咖啡店会给人一种冰凉感，有些咖啡店则给人一种炙热感，这都是咖啡店色调影响所致。只有暖色调未必最好，但只有冷色调也未必妥当。虽然个人的爱好不同，可以有暖色或冷色的不同选择，但不能忽略了咖啡店的特点与色彩的关系。总的来说，温暖、温馨的气氛更受人欢迎。

（7）吧台设计。吧台应设置在显眼处，以便顾客咨询。吧台位置和形状应由专业设计师依照空间大小设计。确认经营模式和所提供的菜单形式后，机器的设备或生产器具应根据实际菜单来选用。机器设备和物品必分冷热两个工作区，冷区靠近收银台，热区如煮咖啡区则靠近吧台末端。

咖啡店的运营与管理

一个咖啡店需要多少人可以运营起来呢？一般来说，咖啡店由店长、值班班长、收银员、出品员构成。店长设1人，可设1名副店长协助处理咖啡店事务；值班班长一般设2人，分别带领不同的班次；收银员根据咖啡店营业状况的不同设2~3名；出品员设2~5名。

（1）店长。负责咖啡店的各项工作，包括制订咖啡店的经营计划及落实情况；分析和报告月度、季度的经营情况；负责促销计划的制订和销售过程的监督；妥善处理客人投诉；收集顾客的信息反馈；抓好员工队伍的基本建设，掌握员工的思想状况、工作表现和业务水平。

（2）值班班长。一个班的负责人，主要协助店长安排日常工作，并对本班员工负责任。具体工作职责包括：对销售的产品进行检查与及时补给，对服务与出品进行监督，工作岗位安排与缺位顶替；人员与物品的调配，咖啡店卫生和安全的维护；紧急事务的处理，对咖啡店总体管理的总结和建议，反馈顾客意见等。

（3）收银员。主要工作是为顾客点单，收取顾客的付款；促销咖啡店的产品；准备充裕的零钱、发票；接听电话并做好记录与传达；目标顾客群的建立与培养，积分卡的签发与管理；收银报表的整理与交接，财务的配合等。

（4）出品员。负责咖啡店各类饮品的制作，为顾客提供服务，促销咖啡店的产品，建立与培养目标顾客群，维护咖啡店环境卫生，维护咖啡店的总体环境。

各岗位的人数要适当，过多会造成咖啡店人力成本增加，利润减少；过少会影响出品速度与质量，同时会降低服务质量，最终影响到咖啡店营业收入和收益。

根据咖啡店营业时间可以对店员适当进行排班管理，一般划分早、中、晚三个班，每班工作时间不超过八小时。各班次具体人数视各时段客流量及早晚班工作职责而定；一般以一周为单位轮换；班次必须保证每班至少有一名值班督导或收银员；如遇收银员请假，值班班长顶替收银员工作，该班次多安排一名出品员；值班督导休假，店长替值班班长。如遇店长有其他工作安排，由店长指定出品员骨干配合、督促收银员完成当班各项工作；周末由值班班长负责制订出下周排班表，交店长签字确认后张贴于员工室。

在管理咖啡店的时候要注意以下几点：

（1）及时沟通。领导要与员工及时沟通在工作中可能出现的问题。

（2）咖啡时间。早班下班后、晚班上班前可举行半小时咖啡会议，一边品尝咖啡，一边沟通工作。

（3）周例会。每周定时召开例会，由店长或店长指定值班班长主持，全体员工参加。内容包括：对照上周的工作目标，检查本周工作完成情况；总结本周各项工作情况；找出工作中的不足，制订改进方法；制订下周工作目标；宣布咖啡店重要事项；宣布咖啡店最新的通知、决定；员工绩效考核，优秀员工评选；专业知识培训和考核。注：每位员工无特殊情况必须参加周例会，若有迟到计入考勤。

经营管理者在工作中除了与员工保持良性沟通外，还需要做到以下几点，可有助于经营管理者与员工建立良好的关系：适时给予奖励；评价员工的工作业绩，而非本人；适时给予表扬；大小事都要有所表扬；用心，而非只是进行口头上的称赞；奖励要公平适度；责权分明；开放的政策制度。

案例：沙漏咖啡

　　在北京帽儿胡同里有一家"沙漏咖啡"，咖啡店完全是由北京胡同的老屋改造的。时尚优雅、整洁宽敞，成为南锣鼓巷里一道亮丽的风景线。

　　店门口挂着一块小黑板，上面写满了顾客的童年和回忆的快乐。店里除了咖啡和沙漏，还有我们小时候玩的拨浪鼓、跳棋、不倒翁、童年时听过的收音机、80年代初的美女明星照、老式的白瓷茶壶、缝纫机、花瓶和金鱼缸……

　　桌上的煤油灯散发着柔柔的光芒，你可以躺在软软的红布老沙发上休息，也可以倚在老书架上翻看旧旧的连环画。木制的吧台上摆放着许多大小不一的沙漏，它们在一片静谧中暗自盛放，一如岁月的时光缓缓流逝。

　　打理小店的是两位蒙古籍摄影师——阿鲁斯和乌拉。他们腼腆、热情。店里的咖啡有着很独特的名字：阿鲁特、乌拉，以及小狸猫摩卡。店里除了有北京独一无二的杏仁豆腐，还有一款店主亲手奉献的看家甜品——咖啡冻。

　　院子里，茂盛的石榴树，洒下阳光摇曳的阴影，一切就像回忆一样，没有城市中的喧闹和繁华，一切都那么安静自然，弥漫着怀念的气息。临窗而坐，念着那些光阴的故事，时间就这样慢慢地停下来了。或许你也会找个下午去尝尝那里的咖啡，闻闻旧木头的味道，回味一下岁月的点点滴滴吧。

11 茶艺馆：把高雅休闲当作名片

茶艺馆的选址与筹备

想开个茶艺馆，要进行很多筹备工作，涉及事务内容繁杂，要求较高；如筹备得当、质量高，就能为以后茶艺馆的经营管理打下良好的基础。

茶艺馆的位置选择是否合适，对茶艺馆经营成功与否，起着关键作用。如果位置选择不当，会带来很大的投资风险，因此选址时必须慎重，一般要考虑下列主要因素：

（1）看房屋结构。要了解建筑面积、内部结构是否适合开设茶馆，是否便于装修，有无卫生间、厨房，如果没有安全通道，可不可以补救。

（2）水电供应。要弄清水电供应是否配套、方便，能否满足开工的需要，以及水电费的价格、收费方式等。

（3）交通状况。交通是否便利，有没有足够的停车场所，这些都会影响到店的经营情况。如写字楼附近，有没有地下停车场等。

（4）看人流量。要了解茶馆周围都是什么性质的单位，是否为如写字楼之类人流量大的区域；以及周围居民的基本情况，包括消费习惯、消费心理、经济收入等。

（5）同业经营者。如果选择在茶艺馆集中区经营的话，要了解其他茶馆的装饰风格、经营特点、经营策略等，对经营环境有更全面的认识。

总之，投资者在选地址的时候，要多看、多考察、多比较，然后把这些备选地进行比较，逐条对比分析，找出各个位置的优势和劣势；最后根据对比结果，结合个人的资金实际情况做出一个较为满意的选择。

选好地址后，就要对茶艺馆的原材料、水电、房租、税收、加盟推广费等直接费用做一个预算。投资估算项目包括装修装饰费、购置家具费、茶叶费、招聘和培训费，以及办证照费、流动资金、办公费、前期人员工资、前期房租及其他。然后对自己投资估算做一个效益分析。作为一个经营者，要做到心里不揣糊涂账。

筹备工作中最重要的是要给自己的茶艺馆定位，定位就是根据茶艺市场的整体发展情况，针对消费者的兴趣和偏好，确立具有鲜明个性特点的茶艺馆形象，以区别于其他经营者，从而使自己的茶艺馆在市场竞争中处于有利的位置。定位实际上是要解决为谁服务，提供什么样的服务，以什么方式服务等问题。

通过定位确定目标群顾客，明确他们选择茶艺馆的标准，就能增强经营管理的针对性，从而更好地吸引顾客，提高茶艺馆的经济效益和社会效益。对茶艺馆进行定位，可以通过以下几个步骤来进行：

（1）确定市场范围，进行顾客分析。明确茶艺馆可能影响到的商圈区域，该区域有哪些主要顾客，以及他们的消费特点、习惯等，从而确定市场范围。

（2）确定目标顾客及其选择茶艺馆的标准，通过对顾客的分析，确定茶艺馆未来服务的顾客类型，了解和针对他们选择茶艺馆的标准、消费特点来判定。

茶艺馆的规划与布置

在对茶艺馆定位以后，就可以进行装修装饰，可以自己进行，也可以请专业的设计公司来进行，无论是哪一种，都需要注意以下几点：

（1）充分体现市场定位的特色要求，使设计能够具体化地体现为目标市场顾客群的审美要求。

（2）注意强调清新自然的风格，体现茶文化的精神和茶艺的要求。

（3）从整体上考虑，使其形式和功能以及功能区域之间相互协调。

（4）注重实用与经济性，不能盲目追求高档或标新立异，量力而行，便于施工。

（5）考虑消费者的主观感受，符合目标顾客的心理预期。

（6）考虑消防安全，方便服务以及管理要求，等等。

（7）确定设计方案时，要慎重行事，以免在施工过程中感到不满意而需要重新改动。

店堂的布置以典雅大方为原则，给人胸襟开阔的舒畅之感，不妨配一扇绘有名山大川的屏风，既增添了大自然的气息，也令人在香茗的熏陶下，仿佛身临其境置身于山水之中。走廊中不妨悬挂一些获奖的摄影作品或名人字画，令茶客们品茶之时又获得一番文化享受。大厅桌椅不妨采用地台式风格，茶客们可席地而坐，畅所欲言；雅间设计上，可以多一些变化，如可以是中式、欧式、日式、禅式、商务等不同风格，给茶客们提供更多的选择空间，从而使他们感到满意，以至把这里视为最理想的商务谈判、约会小聚的场所。如果条件允许的话，还可以在大厅内设置专人表演茶道，以吸引顾客。

现在的茶艺馆通常以茶艺和品茗为载体，来满足顾客物质和精神方面的多种需要，服务领域比较独特，具有品茶论艺、休闲娱乐、文化交流、艺术欣赏、商务洽谈、社会交往等多种功能，是一个综合性很强的服务场所。要更好地发挥店铺的功能，获得竞争优势，就必须结合茶艺的特点，加强经营管理，提高服务水平，以优质高效的服务赢得顾客。

（1）统一服装。不同风格的茶艺馆着装的要求有所不同，这要视茶艺馆的具体情况而定。大多数茶艺馆是以民族风格的服装为主。

（2）设计茶谱。茶谱的形式多种多样，有仿古式、菜谱式、活页式、单项式等，茶谱的设计要与茶馆的风格相符合。

（3）定好价位。定价的内容包括服务价格、茶叶价格、茶点价格等。定价时要充分考虑周围茶艺馆的定价情况，从而使所定价格具有比较强的竞争力。

（4）茶艺馆取名。茶艺馆的名称相当重要，它是关系到企业成败的大事。茶艺馆的店名绝不可为追求时尚而过于前卫，也不可怕别人难以理解而俗不可耐，应突出茶艺馆的文化氛围和历史悠久的茶文化的底蕴；或者可以根据茶艺馆的经营内容或类型突出茶艺馆的服务特色和风格；或不妨借名字来突出茶艺馆老板的身份特征。

在规划的同时，要做好茶艺馆的装修工作，一般情况下，在装修施工后，就要考虑员工的招聘与培训问题。招聘可以在确定开业日期前20~30天开始，培训可以在确定开业日期前的4~5天开始。

（1）招聘。招聘工作的质量高低直接影响到以后的经营管理工作，招聘质量高，选择的人员合适，能有利于提高服务质量和保证员工队伍的稳定性；反之，不利于管理，也影响服务水平。应聘考察的内容包括茶艺知识以及个人能力等方面。

（2）培训。现代茶艺馆对培训都给予高度的重视，并希望通过高质量的培训来提高经营管理水平。培训，可以采用外部培训和内部培训两种方式，或者两种方式结合，学习茶艺表演和茶文化的基本知识等。

准备开业前的工作也非常繁杂，概括起来，主要有以下几个方面：

（1）购买家具、茶叶、茶具、装饰品，等等。当然别忘了办理证照手续。

（2）宣传工作。在茶艺馆开业前，要通过多种渠道把开业的消息发布出去，以便引起更多人的关注，采用的形式多种多样，如报纸广播、电视广告、新闻宣传、条幅、电话通知、人际传播等。

（3）试营业。为了保证正式开业能达到理想的效果，避免出现混乱和意想不到的问题，在开业前2~3天或一个星期可以进行试营业。试营业的"顾客"一般以亲朋好友为主，以及免费招待有可能成为茶馆常客的各方嘉宾。通过试营业，一方面可以营造人气增加茶艺员的实战经验，增强其信心；另一方面可以发现问题，以便于及时改进和调整。试营业要求全体服务人员参加，以实战的标准进行要求，管理人员现场观察、指导，每天营业结束后，进行详细的总结，提出改进意见和新的要求。

（4）开业庆典。为了吸引顾客、扩大影响，在开业初期可以推行酬宾活动，如打折优惠、买一送一、赠送礼品等，活动内容、形式、要求、负责人、宣传等在开业前要全部安排到位。如果要做大的开业庆典，就需要精心策划，详细安排和布置，以确保万无一失。

茶艺馆的运营与管理

现在的茶艺馆不仅仅是供文人雅士会友倾谈、品诗论画之地，更多的是与时代接轨，作为一种商务洽谈的场所。茶艺馆的经营核心是"茶艺"，这正是它的特色所在。如今，到茶艺馆喝茶、聊天已经成为一种时尚，甚至是人们身份及品位的象征，尤其是在文化层次相对较高的地区，例如北京，尽管它是这一领域的"后起之秀"，但就规模和数量来看却相当可观。许多人对这一市场极为看好，于是趋之若鹜，致使其数量猛增。在西城区的三里河一带，不过几百米的街道上就有六七家茶艺馆错落相望。除此以外，要想让茶艺馆蓬勃发展，就应在经营模式上寻求创新，必须有一套完整的管理体系。

茶艺馆的管理要注意以下几点：

（1）严把进货渠道关。纷繁的进货渠道、充满各种金钱物质诱惑的市场，如何避免进货人员不谋取个人私利？制订相应的管理制度，加强制约，就不难实现这一点。在选择进货渠道时要注意供货商的信誉，供货商的等级，以及商品的质量、价格。对于同类茶叶，要把精力放在对比众多茶商的价格上，以便择优选购，作为进货的主线。只要有条件从发货源头购进货物的，就不要从中间商手中购买，尽量减少中间不必要的环节，从而有效地压缩进货成本。还应对不同类型的商品、不同的情况和厂家，加以区别和掌握，并尽量与茶叶商达成协议，从而为节约进货成本、提高营业利润打下良好的基础。

（2）财务管理。财务控制是否得当直接影响到经营的成败，财务控制不是一个独立的概念，而是牵涉到茶艺馆中各个层面的管理；只有从业务管理入手，使业务流程规范化、制度化，定期做出详细的经营报告，才能从根本上实现对财务的控制。

（3）日常管理。每天的事务性工作，要制订规范和制度，以利于提高管理的效率，做到各类管理落实到人。日常的管理内容包括物品管理、商品管理、采购管理、仓库管理。

（4）顾客管理。除了要管理自己内部的员工，还要着手管理和把握每一位来店里的顾客，吸引他们成为固定的顾客。如今各种商场超市都纷纷推行会员制，为顾客办理会员卡，以期给予一定的让利，通过各种吸引人的优惠活动，把这些顾客留在身边。在日常经营的同时，可细心观察光临茶艺馆的客户的爱好，以便针对每个会员提供不同的、个性化的服务。

案例：五福茶艺馆

"五福茶艺馆"创立于1994年8月，是北京首家茶艺馆。随着公司的发展，近几年相继开办了阜成门店、亚运村店、中粮广场店、北三环店、学院南路店、蓟门烟树店及第一销售部、第二销售部等11家分店，遍布北京市区，形成了以中华古老文化为根基，以弘扬民族茶艺为宗旨的综合性连锁经营企业。

说起五福茶艺馆的创始人段云松，他的创业可以说是白手起家，从为人打工，到自己创业，除了外部环境的改变，还有什么原因呢？"尊严。如果有的话，肯定是这个词。"段云松说。

1989年，他没考上大学，父母也很失望，母亲常问他明天干什么？这句话给了他很大的压力。他去找工作，结果考上了王府井饭店，做了一个行李员，加上小费，每月能挣到3000多元，在当时应该算是非常高的收入了。可是，干了一年，他就辞职了。因为有件事给了他很大的刺激。有一次李嘉诚来王府井饭店，饭店总经理、经理一大群人在门口等。李嘉诚下车后，段云松就从车里把李嘉诚的行李取出来。当时，李嘉诚下了车，经理就直接把他接进去，上了电梯，直奔13层的总统套房。段云松拿着行李在后面跟着，开始还跟得上，后来就越落越远，根本就没有人重视他这个负重前行的行李员。看着大家都簇拥着李嘉诚，累得气喘吁吁的段云松当时就想，早晚有一天，他也会像李嘉诚一样。

他开始去卖菜，进了一车油菜，和他一起进菜的那个人进了一车韭菜。到傍晚，那个人的一车韭菜全卖完了，而他的油菜还剩了3／4。他不明白为什么会这样，但又不好意思问人家，后来他一琢磨，那天是礼拜三，西城区的人多半礼拜四休息，正好买点韭菜明儿包饺子。这事儿让他明白了，哪怕是卖菜，也是很有学问的。后来，他开了北京第一家手工饺子馆——"忆苦思甜大杂院"，慢慢地，他的腰包鼓起来了，整天陪朋友喝酒。这时，他深深感到自己需要重新改变一下，需要给自己重新定位，在谭波（他"成功背后的女人"）的帮助下，他选择新的环境——开起了"五福"茶艺馆。"五福"寓意取自北京人古老的信奉"人有五福"之说，也就是"康宁、富贵、好德、长寿、善终"，也有"知福、幸福、惜福、享福、造福"之意。

如今的五福茶艺馆不单单是为人们创造一个品茗的环境，传播北京茶艺，而且经营茶叶、茶具和茶文化书籍。通过多元化的经营，推广茶文化知识，提高人们对茶的认识，让更多的中国人了解并牢记"中国——茶文化的故乡"。

12 酒吧：夜归人的另一个家

酒吧的选址与筹备

小酒吧的店址如果选择不当，生意就会冷清，因此，发现一个优势的黄金宝地，是经营者梦寐以求之事。那么酒吧经营的位置确定何处为佳呢？

（1）繁华商业区，商业中心、购物中心、娱乐中心和文化中心等处。

（2）车站、码头，这些人流量大、人群聚集的地方。

（3）高校附近，但尽量避免与其他酒吧门对门经营。

（4）同行密集区，选择酒吧比较多的地方，反而使得整个地区酒吧生意兴隆，使得人们不约而同地光顾。例如，北京的三里屯酒吧一条街、后海酒吧一条街等。

选好酒吧地址后，与房主协商租赁房价等事宜，要注意三个方面的问题：

（1）辨别真假房主。租赁房屋的时候，要查证房主的身份证和房产证，以免上当受骗。

（2）谈判房屋租金。经营者要了解这一地区普遍的租金情况，做到心中有数。

（3）检查房屋的水、电、气等情况；是否需要添加设备；是否存在拆迁的可能等。

作为小酒吧的经营者需要事先拟定好投资计划，做到心中有数，运筹帷幄。

（1）创办什么档次和规模的酒吧，酒吧的规模和档次决定了资金的投入多少。

（2）对酒吧投资的总资金与回收期进行预测。

然后，经营者可根据自身条件，选择筹措资金的方式：

（1）自有资金，一些投资者不愿意负债经营，通常是自力更生储蓄到一定资金后才开业。

（2）利用融资，在投资者自有资金不足的情况下，可向银行贷款或者借助别人的资金来完成资金的融资。

（3）与他人合股投资，要慎重选择合伙人，了解对方的实力与信用，以免日后发生不必要的纠葛。同时，一定不要忘记到工商注册。

酒吧的规划与布置

酒吧的设计要最大限度地突出酒吧的特点，充满诱惑，才能吸引消费者光顾。因而，酒吧的规划及布置尤为重要。

（1）酒吧门面。对于有窗户的酒吧来说，敞开窗户临街而坐，或者透明的玻璃窗，外面的风景一览无遗，顾客也可以通过窗户来了解酒吧的情况，进而产生进去看看的兴趣。对于没有窗户的酒吧来说，门面的设计极为重要。一定要突出和醒目，比如，有的酒吧的门面装修成童话里的房子的样式；有的外观像一艘陈旧的木船；有的则像装满葡萄酒的橡皮桶；或突出另类不一样的风情，如"单眼皮酒吧"。

（2）酒吧的招牌。酒吧的招牌形式有很多种，有文字型、文图型、灯光型、形象型（如在酒吧外放几只木桶）等。只要酒吧的招牌能在整体外观设计上相得益彰，能够有新意，不过于复杂，又有自然休闲的韵味，能招揽顾客，就是好的招牌。正所谓"众里寻它千百度，蓦然回首，那吧就在，灯火阑珊处。"

（3）酒吧的门厅。门厅是接待客人的场所，因而其布置必须有令人感觉温暖、热烈深情的氛围。要求美观、高雅大方的同时，不宜过于复杂。同时，根据酒吧的大小、格局和色彩，选用合适的植物和其他装饰品做装饰。门厅中的主要家具是沙发，根据需要在休息区域内排列组合。同时，门厅是重要的"交通枢纽"，人流频繁，来去匆匆，不宜让客人过多停留，所以厅内的陈设宜采用观赏性的艺术陈设，一些技艺精湛、精雕细刻且内容丰富需要细加欣赏的艺术品不宜在此处陈设。

（4）吧台的设计。一般说来，吧台主要有3种基本形式，常见的是两端封闭的直线形吧台。直线吧台的长度没有固定尺寸，一般认为，一个服务人员能有效控制的最长吧台是3米。如果吧台太长，就要增加服务人员。另一种吧台形式是马蹄形也称U形吧台。一般安排3个或更多的操作点，U形吧台的中间可设置岛形储藏室用于存入用品和冰箱。第三种吧台类型是环形吧台或中空的方形吧台。吧台的中部可做供陈列酒类和储存物品的展柜，可充分展示酒类，但它的缺点是服务难度增加，一个服务人员需照看四个区域。

（5）确定酒吧主题。只有确定主题，才能根据所确定的主题来装修与装饰酒吧，突出酒吧的特色，装饰不能简单地模仿。另外，酒吧还要与周围的环境及消费档次相协调。装修包括墙壁、地板、天花板、照明及窗户设计。

（6）灯光设计。如吧台内外局部面积的照明，这是为了便于调酒师工作，同时新颖、柔和的灯光也吸引客人对吧台的注意力。酒吧的门面或吧台的霓虹灯，可以吸引过往行人的注意。特别需要提醒的是，酒吧的全部灯具应是亮度可调的灯具。因为光线系统能够决定酒吧的氛围与情调，不同性质的环境需要不同的光线设计，不同的光源可以为酒吧营造出有不同的效果。例如，白炽灯在暗的环境中，容易营造一种幽静、沉思和闭目养神的静雅气氛；烛光宜于营造亲切和其乐融融的气氛，比较适用于朋友聚会、恋人约会、节日盛会等。

（7）色彩设计。酒吧选配色彩时，应利用互补调配法，显得高雅而有情趣。应注意选配好墙面、地面、天花板、家具以及窗帘几大要素的色彩组合，尽可能做到色调和谐。一般酒吧宜宁静、温暖，而不失活泼、轻松，避免大面积强烈的对比色。另外，色彩设计也可以改变空间的视觉，酒吧较小，可选用一面墙采用茶色来"扩大"房间的面积；酒吧面积较大时，用一块较完整、光线较好的墙面作为布景突出的装饰面，等等。至于灯的布置，也要与酒吧的色彩相协调、统一。

（8）音乐配备。通常的酒吧音乐形式有歌手、乐队演唱、乐手演奏和背景音乐等。有的酒吧还会针对球迷播放各种体育赛事，以吸引更多的顾客。

当然，不同类型酒吧，需要选择与之相适应的音乐来营造氛围。例如，爵士音乐在欧美酒吧中具有独特地位，人们可以边欣赏音乐边随节奏共舞；轻音乐充满生活气息，反映健康的娱乐生活和爱情生活，表现朝气蓬勃的乐观情绪；另外还有摇滚乐，摇滚乐是爵士乐的一种，根据不同的表演形式，摇滚乐又可分为硬式摇滚、朋克摇滚、雷鬼音乐、迪斯科舞曲以及饶舌歌等。

酒吧的运营与管理

　　酒吧在经营上也离不开娱乐项目的设置，除了经营单纯饮品，无论是哪种类型的娱乐酒吧都需要考虑娱乐设施的配套。酒吧在设计娱乐项目时，要充分考虑场所和设施条件，尽可能有效地设计配套娱乐项目。如舞厅与卡拉OK、KTV，在娱乐项目设计中要满足单项需求的客人，更要满足系列客人服务的需要。只有娱乐项目相互配套，才能使整个酒吧娱乐设施达到充分。配套齐全才能使设施得到综合利用。

　　尽管娱乐是酒吧经营的基础，但酒吧在娱乐项目的选择和设计上，应根据自身的条件因地制宜。娱乐项目设计应适应目标客人的需求。娱乐项目种类很多，而且不同客人对不同娱乐项目的选择也不尽相同，但任何一个酒吧都不可能也没有必要拥有全部设备，所以酒吧要根据客源对象的层次、喜好、习惯、消费水平等多方面具体情况来设置娱乐项目。同时娱乐设施选择应符合酒吧的经济能力，在设计上要尽可能符合规范、标准的要求，但在材料、设施等的使用上应根据酒吧自身的经济能力。

　　酒吧娱乐设施设置也有以下几点原则：

　　（1）追求经营特色。确定的娱乐项目在本地区具有独特风格，以此来吸引顾客，并增大自身的竞争力。

　　（2）发挥中心优势。任何酒吧都有自己的优势，有的在项目众多，有的在设备先进，有的则在规模上体现，有的在价格上有优势，有的则在服务上占优势，等等。

（3）适应社会发展趋势。酒吧在设立娱乐项目时，要考虑这个项目是新兴的，还是未来将要兴起的。如果是新兴的，经营效果好，能很快收回投资；如果是将要兴起的，需要一段开拓市场的时间；但如果项目是市场上已经饱和的，则对资本回收不利。

娱乐项目的设施是酒吧经营的依托，酒吧通过娱乐活动来创造出特殊情境和氛围，吸引客人到酒吧娱乐、放松、休闲。另外，娱乐项目有助于提高酒吧经济效益。

创办小酒吧之前，要做一个全面的经营规划，可以细致地提醒经营者应该怎样做，而且还能使经营的各方面情况清清楚楚，做到运筹帷幄。

小酒吧经营规划的内容主要包括以下几个方面：

（1）经营成本。小酒吧的经营成本包括直接成本和间接成本两部分。直接成本包括设备、酒水、器具等的直接费用。而间接成本则包括员工薪水、房屋租金、水电费用、营业费用等。这些内容都要一一列出，安排在经营规划之中。

（2）经营环境。经营环境的规划是非常重要的，它直接影响着小酒吧的经营状况。所以，在酒吧环境的设计方面，要力求创新，有特色，迎合顾客的口味。

（3）经营项目。现在酒吧已逐渐被人们所接受，"泡吧"已成为时尚。在酒吧的经营项目规划时，可适当尝试一下新奇的东西，如歌手演唱会、小游戏等活动，以招揽顾客。

（4）经营收入。小酒吧的经营收入主要来自酒水、饮品、小食品、果盘等，经营者要根据经营成本和预期回报制订出各种饮食的合理售价，从中得到经营收入。

（5）服务质量。小酒吧无论档次高低都要提供相关合理的优质服务，这也是同行之间竞争的关键。服务质量是酒吧的软环境建设，经营者对此要特别重视。

（6）座位数。根据经营规划的人数指标，来设计酒吧所能容纳的座位数，并能及时增加的座位数。

（7）营业时间。受地区、季节、环境、顾客情况等制约，营业时间规划可灵活因势调整。

酒吧经营的主要内容就是控制好各种经营行为，没有控制就没有利润。控制包括控制成本、控制员工行为以及顾客的行为，否则收益就会受影响。提高酒吧毛利率是酒吧经营中的重点，因而要在酒水采购渠道上降低酒的成本，使酒店在酒类的开发与采购上有很强实力。

除了外在采购通路与品牌开发的突破外，对于内部管理方面，在存量的有效调节与损耗的控制掌握外，更要拥有一套完整的营业计划与变价计划，并随时注意气候因素、竞争状况与需求动态进行综合的考虑与判断，以便有效地掌握酒水毛利润。

小酒吧的理财也是非常重要的工作内容。如何理财、理好财对小酒吧的生存和发展具有相当重要的意义。要依据酒吧资金运作的规律，对酒吧资金来源和资金运用进行合理的安排，并对酒吧经营过程中的物资、劳动消耗和经营成果进行监督、计划、分析、核算。在小酒吧的理财过程中，经营者和会计必须通力合作，共同降低经营成本，节约费用，增加营业收入，使小酒吧在激烈的同行业竞争中获得有利地位。

案例：微薄之盐

在北京极负盛名的SOHO尚都，与世贸天阶毗邻的尚都北塔，有一家"微薄之盐"，也是北京最负盛名的民谣演出场所。

说起这个小酒吧创始人乔小刀，简直是个有着传奇色彩的跨界艺人。12年前，他还是个漂泊在北京的电焊工，更早些时间，他还在东北与父亲捡破烂为生。一个没学过绘画，却靠着捡垃圾，办起了画展的人；没学过设计，却成为创意市集上最受欢迎的人；初中没毕业，却在全国十几所高校做巡回讲座，场场爆满。他还拥有乐队主唱、设计师、展览策划人、丝网印刷专家、杂志主编、文化传媒公司执行总裁等多重身份。

2006年，他还曾与一个小女孩组合成"大乔小乔"，给乐坛注入了无穷新意，而专辑《消失的光年》，更使得他从非靠谱音乐爱好者变成了明星人物。他红了，可他见好就收，有唱片公司想签下他们，他拒绝了。2008年，"大乔小乔"不再演出。也就是这一年，乔小刀开始经营"微薄之盐"。乔小刀说："微薄代表微小，盐代表力量，微薄之盐就是微薄之力，我没有太多的力量，但我能联合起所有的微薄之力去帮助别人。但是，一定是在我自己吃饱了的前提下去帮助别人。"

如今的"微薄之盐"不仅是一个文化传媒公司，也是一份关于音乐和梦想的计划——给所有想表演的原创乐队提供平台，帮原创音乐人低成本制作唱片，但对于更多的音乐爱好者来说，"微博之盐"更是一个听民谣的特色小酒吧。也许乔小刀的经历不可复制，但足以鼓舞人心。在他的酒吧里，他的助手小林，这个20出头的年轻人听了乔小刀的演讲后，一毕业就跑到北京，来酒吧调酒，调音响，还招呼客人。

"坚持挖鼻孔，就一定会挖出鼻屎来。"这是乔小刀的名言，话糙理不糙。正是这种坚持，才让"微薄之盐"以一种音乐酒吧的形式，将酒吧与民谣结合成一种特色，从而吸引着更多有梦想的人来到这里开始梦的起航。

13 蛋糕店：用心制作一份甜蜜

蛋糕店的选址与筹备

蛋糕店要选在市区的休闲步行街、商业圈、写字楼密集区等繁华地段，或者选择人气较旺的住宅小区、学校附近或者超市。店面可大可小，可以是80平方米的两开间店面，也可以是30~50平方米的小店。毕竟对于小店来说，繁华地段的租金太高。

在评估店面地点的好坏前，应考虑以下几个因素：

（1）人潮流量。人流量愈大，店面生意就会愈好。一般地区人流量在上下班时最多，但闹市区与夜市，下班的时间及晚上，生意最好。

（2）可发展性。店址所在区域的未来发展如何，发展越快，则生意的前景就越好。如附近有马路或地下铁等兴建，都会为以后带来更多的客流量。

（3）竞争程度。所选的地址内如果同性质店面越多，则生意竞争越激烈。如果与食品有关的西式速食店类店面愈少，则糕点店的生意就愈好。

（4）住户性质。附近商圈内住户的基本背景，如教育、收入、职业、年龄等都是影响购买行为的因素。职业会影响购买意愿，较稳定、上班时间较固定的职业，如公务员、教师等，在外吃饭或购买面包、糕点的机会可能较少。住户收入愈高，消费能力愈强，则生意会愈好。学校密集区生意也会较好，因为年轻学生是西式点心主要消费群体。住宅小区，这里要特别说明，有很多新建小区，虽然很高档，但人员入住率并不高，在这样的小区开店要小心。

（5）便利性。交通非常便利，公车路线很多，公车站牌越多，则等车、上下车的人就越多。再加上停车位置足够使用的话，生意自然就好了。

选址首先应该看人流量大小，且要留得住人。有的地方人流量挺大，但人们往往没有停下的习惯，只是经过而已。比如在主要的交通干道路边，人流量是很大，可周围没有超市，没有让其他人需要停下来的理由。因而，我们可以在大超市或者市场附近选择房子。在居民区人多的地方也可以，最好是居民区主要的进出口，或者在大的单位、公司、学校附近也可以。

是不是只要在人流量大的地方或者居民区选一家店面就可以了呢？显然没有那么简单。门面的选择也要有一定的讲究，门前不要有电线杆之类的阻挡物，周边不要有与食品相抵触的物体，比如垃圾站、厕所等。门面店的台阶最好不要超过5级，否则顾客会因为感觉累而放弃购物。

其次，要有"傍大款"意识。即把店铺开在著名连锁店或品牌店附近，甚至可以开在它的旁边。与超市、商厦、饭店、24小时药店、咖啡店、茶艺馆、酒吧、洗衣店、冲印店、社区服务中心、社区文化体育活动中心等这些品牌门店和公共场所相邻。又或者，把店开在麦当劳、肯德基的周围。这些著名的洋快餐在选择店址前已做过大量细致的市场调查，挨着它们开店，不仅可省去考察场地的时间和精力，还可以借助它们的品牌效应"捡"些顾客。

当然了，开店少不了要到几个部门办理证件：到工商局办理营业执照，到卫生局办理食品卫生许可证，到税务部门登记缴税领发票，工作人员到防疫站办理健康证。

蛋糕店的规划与布置

在店铺装修方面，加盟蛋糕店会安排统一装修和设计，协助门店进行店址的选择、门店的装修设计、施工等工作。对自办的蛋糕店来说，这一切都要自己去做，建议在装修时注意以下几点：外墙可用采光较好的玻璃，这样顾客一眼能望到店里的蛋糕等食品，无疑做了一次形象广告。另外，玻璃外墙也易于清洗和保洁。室内装修的色彩以淡雅为主，粉红色或淡黄色的装潢就给人温馨的感觉，不要采用黑色等较深沉的色彩。

店面形象是产品营销的"脸面"，它的表情和气质很大程度上决定了消费者对店铺的认知。一个好的店面形象应该是有亲和力的，具有"聚客力"。合理的空间规划，光线的优化，色彩的协调搭配等吸引顾客，刺激其购买欲望，从而达到增加营业额的目的。

可以根据蛋糕店所处环境，来布置店面。

（1）居住小区。中低档居住小区中的蛋糕店大多数以产品外卖为主，消费者关注的是产品的种类和价钱，对店内环境没有太多要求，只需干净、整洁、明亮就行。在此情况下，店的功能布局不能太复杂。简洁方便又美观的造型布局，是能达到有效触动顾客的最佳设计效果。

（2）卖场经营。一个好的蛋糕店卖场重要的是能持续保持一种活力，即通过经常对卖场某些方面如店面、陈列、色彩、商品结构等进行合适的调整变更，达到顾客常来常新的效果。应随着季节、节庆日及消费者偏好等更替变换，灵活变化卖场的"装束"，使它更人性化、更蓬勃亲切。比如，在冬季采用暖色调的背景，给人以温暖如春的感受；夏季则换用冷色调，给人以清爽、阴凉之感。因而，这也要求蛋糕店卖场设计要讲究经济性。一开始就尽量选择能随时变化、可变性高的设计、材料、设施，就能在改造时避免许多不必要的浪费。吸引人的卖场并不都意味着投入高，相信有心人都可以在力所能及的范围内创造出既经济又受欢迎的蛋糕店卖场。

在蛋糕店的装修设计上也需要多花一点心思。

（1）格局合理。任何一个室内设计首先是功能的划分和空间的布局，即实用和艺术的结合。蛋糕店的功能区一般划分为吧台、产品展示区、裱花间、操作区、休闲区等。产品展示是提高营业额的关键，所以一定要设在消费者入门即可看见的位置。产品展示区与吧台应紧密相连，这样既方便消费者的挑选和结账，又便于蛋糕店的管理。裱花点展示可区别于其他产品展示，应安排一个相对独立的空间。

（2）风格运用。蛋糕店在设计装饰上如能确立一个主题风格，增加其文化韵味，则蛋糕店在消费者心目中的形象就能提高一个层次。在风格定位上，既可以是质朴高雅的欧式风格，也可以是简洁明快的现代风格，甚至还可以将中国文化当作一种元素融入设计中。投资者和设计师有多少对蛋糕文化的理解，蛋糕店风格就有多少种可能。

（3）色彩运用。根据每个店的主题风格定位，可选用2~3种颜色为店面的主色调。如北欧风格的蛋糕店，可用原木色和砖色做主色调；现代感的蛋糕店，可采用玻璃、金属等材料；有中国文化韵味的蛋糕店，可尝试将吧台背景墙刷成中国红，凸显一些民族韵味。总之，色彩运用要温馨明亮、醒目突出。

（4）灯光照明。蛋糕店照明主要分为环境照明和展示照明。环境照明主要包括吧台、休闲区，通常采用暖光源。为了突出展示产品，可选用各类射灯来提供重点照明，在光源上则冷暖两种都可以选用，需要依据具体情况来定。

（5）橱窗设计。橱窗作为商品陈列宣传的重要手段，对于店铺展示的经营类别、推销商品、吸引消费者购买具有重大意义。可运用橱窗综合展示，将不同种类的蛋糕同时摆放在一个橱窗里，如生日蛋糕、婚礼蛋糕等，通过巧妙搭配设计，组成一个完整的橱窗广告。或者以一个特定专题，做一个专题式橱窗，例如以情人节为主题，用玫瑰花和蛋糕进行组合陈列，将烘托出浓郁的浪漫氛围。或依据四季变化，在橱窗摆放相应的季节的蛋糕，如在夏季展示清凉水果蛋糕，在冬季展示奶油慕斯蛋糕，等等。

（6）招牌设计。门面设计一体化，招牌的造型和整个店面的风格要相吻合，这样会让人觉得舒服。标志含义应该深刻，能够体现出店铺的个性特点、独特品质、经营理念、经营范围等。内容表达要做到简洁突出，让消费者容易记住，这样才能达到良好交流的目的。

（7）外观设计。主要包括建筑物结构、招牌标志、橱窗、入口等。外部形象是静止的街头广告，也是吸引顾客的一种促销手段。好的外观设计对方便消费者有效地识别、对美化卖场的环境起着重要作用。

总之，在规划蛋糕店装修的同时，经营者要本着以投资最小、产生最大回报效益为规划最高原则。店铺整体风格集合图案、文字、字形、色彩或造型，搭配设计成一个独特的商标，将蛋糕店的经营理念、整体管理文化、产品定位、产品特色及服务宗旨概念，借由规划的软硬件形象标准，彰显出店铺经营个性与精神，促使顾客在视觉上取得愉悦、鲜明的效果，这也是美化蛋糕店整体营业风格的必要措施。

蛋糕店的运营与管理

如果是选择加盟连锁的蛋糕店，那么做好店铺的管理就是店长的主要工作。作为店铺的负责人，需和其地区的各个关系者、顾客、商业伙伴培养良好的关系。因为连锁店一方面是在满足目标顾客群体的日常消费，另一方面还要引导顾客的潮流购物，这样做不仅会提高店铺的销售额，还是稳定自己的顾客群体的方法之一。店铺的店长只有具备丰富的生活体验，才会了解到顾客需要什么，顾客在什么情况下购买什么东西，并且应当如何使用它。

当店铺有问题发生时，店长应在第一时间，以店长的身份，尽快加以协调，使其恢复顺畅。店主本身也是店铺的一名销售人员，应当了解顾客购物的心理和需求，这样才能保证店铺商品的适销对路而使之长盛不衰。同时，店铺的店主应当及时将所在其地域的情况和消费动态向公司进行反馈，以便公司对于市场的变化做出应有的举措。

店长还要具有诚实的品德、丰富的爱心和同情心。诚实的品德是一切能力的基础，而关心员工是激发他们工作热情、维护店长权威的最有效手段。具有一定组织领导能力的店长才能承担起管理店铺日常运营的职责，团结所有店铺员工共同完成各项经济指标。

店长个人还应具有很强的自学能力和人际沟通能力。对于自学能力的要求是因为行业发展越来越快，有很多新兴的理念、方法和设备需要了解和学习，不然就会被时代淘汰。店长具有较强的人际沟通能力，是为了更快地处理好对内对外、对上对下的种种关系，同时店长还要将自己的管理知识和经验毫无保留地传授给店铺的其他员工，以推动店铺的整体素质和服务水平的提升。

最后，店长还要具有良好的身体素质。这一点看似好笑，怎么当店长还需要身体好？其实，店长的工作是一项辛苦的工作，需要能承受长期疲劳、满负荷的紧张工作，所以没有健康的体魄是绝对不行的。

如果是自己单开蛋糕店，则还需要采购员。蛋糕店内几乎大部分有形的物品，都是经由采购员购入的。采购员需要掌握生产的产品以及使用的物料、物料的市场价格及供货商、店铺规定的采购程序、采购契约、供应商交货的期限，购买原材料的数量、品质、价格以及服务。采购员在人品方面要求较高，能够拒绝外界的利诱，工作主动积极，勤于动脑，做事勤快，尽职尽责，具有使命感。能力方面要具备商业谈判的经验和能力。

俗话说，只有内行、懂行才能干好这一行。想开一家蛋糕店，如果是个体经营，首先最重要的就是技术问题，只有掌握了足够的相关知识和技术，全面系统地了解蛋糕房，才能开好蛋糕房，并把它经营好。专业知识和技术是做好产品的前提，而好的产品又是蛋糕店成败的关键。

生产技术问题的解决可以有不同的途径。现阶段最直接、速成的方式莫过于到烘焙培训班参加学习。在培训班里，老师会毫无保留地讲授各种流行面包、蛋糕、小西点的制作技术，让你在短时间内成为一名合格的面点师。同时你还可以了解很多关于设备、原料方面的知识，让你全方位了解所要开展的事业。

专业知识的缺乏会造成生产成本的提高以及产品质量的不确定，进而增加经营风险。如果你没有掌握足够多的知识，就不知道需要什么样的设备，用什么样的工具，出什么样的产品；如果你掌握了这些，那么也不需要过分地依赖糕点师傅们出谋划策，也可以对糕点师傅们做出的产品是否合格有自己的评定标准。以前有许多开蛋糕店的人，因为不懂专业知识，完全听从糕点师傅们的建议，而导致失败。很多蛋糕店的失败，或多或少是由于经营者对专业知识的缺乏造成的。

因此，你如果想开一家蛋糕店，就一定要有足够的专业知识储备才行。除了学校学习，你还需要及时掌握行业动向，保证自己站在技术、产品、营销的前沿。订购一些书籍、杂志是不错的选择，也可以定期参加一些学校或原料经销商主办的各种演示会、展示会、展览会，来丰富自己的知识。只有掌握了知识，才能掌握事业，成就事业。

案例：醇果工房

开家甜蜜蛋糕店，不是光说不练——假把式，如何迈出开店第一步呢？下面来看看"醇果工房"蛋糕店女老板景菁是怎样做到的。

2007年从象牙塔里出来的景菁，现在已经是一家名为"醇果工房"的蛋糕店老板。站在16平方米小店里的景菁显得很自信。

景菁很早就有了想自己创业的念头，她说，自己开店完全不是因为就业的压力。她的理由就是希望每天为父母烤一份好吃的蛋糕。对于景菁的就业抉择，颇有经商意识的父母没怎么反对，在财力物力方面给予她极大的支持。

刚开始酝酿和筹备自己的小店时，景菁先到附近几家蛋糕店"刺探情报"，摸清了不同种类和尺寸蛋糕的成本价，默默地记下了商家经营的小妙招。等开业资金筹备齐后，景菁开始在各大蛋糕店"挖角"。她不敢明目张胆地挖，每次就趁店里人少时，偷偷跑过去和店里师傅商量。

经过反复比较，景菁请回了苏师傅。苏师傅在糕点店干过7年，很有经验，但每月的工资包吃住2000多元。景菁心想如果请个本地师傅会比这少很多，但开蛋糕店，糕点师傅很重要，所以这笔钱一定不能省，要请就请最好的。

开张初期，景菁采用最古老也最有效的促销手段——打折，并同时印了很多宣传单。但效果并不好，很多顾客往往不会因为一点折扣就改变自己喜好的口味。随后她又发现：永远没有最便宜的价钱，今天你能降低几元钱，明天可能就有同行竞争者以更低的价钱与你竞争顾客。开业的前三个月，生意并非景菁当初想的那么好。慢慢地，景菁比当初少了些幻想，多了些实在。无论如何，景菁毕竟迈出了第一步。最终，她也体会到产品市场的竞争策略：唯有以最好的材料制作出最高品质的蛋糕，才能吸引顾客，留住顾客。

14 面包店：在都市中感受麦香

面包店的选址与筹备

面包店的选址，有一定的特殊性，最好是在以下一些地区：区域内的商业中心，交通枢纽，人流量大，学校密集区。因为西式点心主要消费群体是年轻人和学生，因而，店址应选在方便食客的学校区、商业区、居民区。

（1）位于商业中心街道。东西走向街道最好坐北朝南；南北走向街道最好坐西朝东，尽可能位于十字路口的西北拐角或三岔路口。

（2）独立店面。有的店面没有独立门面，店门前自然就失去独立的广告空间。

（3）有潜力的区位。与其选择现在被商家看好的位置，不如选择不远的将来由冷变热、目前未被看好的街道或市区。

街头面包房一家挨着一家，量贩、超市内的烘焙食品琳琅满目。竞争如此激烈，要想令顾客看中你，那你还真要有特色之处。没有特色，只有死路一条！杂七杂八、胡乱经营是得不到"上帝"青睐的。

小小的面包房也要有品牌意识，那就是你的店名或某个名称，在顾客购买你产品的整个过程中都能在顾客的潜意识里构成一个印象。假如你的产品质量好、味道好、品种多、服务好，又有特色，在某种方面又有特别的创意，并且能保持下去，那将会收到意想不到的效果。因为顾客下次再准备买这些食品时，他立即就会想到哪一家店的好，哪一个牌子的好，会将你所有的服务质量等都浓缩到这个店名或牌子上，其实留在顾客记忆中的这种印象就是创造品牌的根源。

品牌的经营和塑造也要明确定位，你的产品目标市场、客户群在哪儿，你的品牌定位是高、中或是低档，重点是在社区还是街头流动顾客？一定要有准确的定位，否则将会失去方向，要知道什么都想要的结果是什么都要不到！有了准确的定位，你就有了方向和目标，以后你就可以有针对性地做宣传和促销，这样你的品牌则会很快变成名牌！

想开好一家面包店，还需要有一定的专业知识储备才行。隔行如隔山，要想开好小面包店必须自己懂行，如果买设备、进原料、制作面包都依靠别人，成本会大大增加。

有了专业技术支撑后，开店的第二个准备是资金，要有一定的资金支持。一般在不计房租的情况下，一间30~50平方米的店面均需5万元左右的资金。其中包括设备投入如烤箱、醒发箱、冰箱、大小搅拌器、操作台等约1万元左右；工用具投入如烤盘、各种模具、刀具需2000元左右；货架、展示柜5000元左右；其余原料、办营业执照流动资金等约1万元。稍大一点100平方米左右的店，则需要约10万~15万元，主要投入除上述投入数量增加外，装修费用也会增大。购买设备要注意，如果自己不会维修，也不认识会维修的朋友，最好不要买二手设备，买设备一定要考虑所需电压与店铺电压是否匹配。如果资金不足，设备可分批购买。

当您有了合适的店面，就要考虑如何装修，购置设备。装修时，一些设备可能需要提前"进店"。因此购买设备时，需要精确地知道设备尺寸，避免装修完成，却发现买回的大型设备无法就位。面包店的装修不用太华丽，应尽量显得明亮、整洁。光线要柔和，色彩要适合。如果您的店面够大，可设置一些休闲座位，提供少量饮品，这样既有情调，又有温馨浪漫的氛围，方便客人休息和用餐。每个人对面包店的理解不同，您可以发挥您的聪明才智，来布置您的小店，或温馨、或优雅、或浪漫，但一定有您的构想和特色，这样才能吸引一些欣赏您独到风格的忠实顾客。

面包店的规划与布置

谁都不想遭遇"开店创业"失败的命运，但是为何多数面包店在开业后的几个月，尚能维持预期的业绩指标；但随后就开始出现卖场冷清、业绩逐步滑落的现象呢？我们知道"开业失败"元素很多，是否推动"试营业"并不是主要原因，但是我们可以从"面包店还在装修，就急于开张营业"的经营角度来探讨一番。

似乎有一部分面包店经营者习惯在店铺完成装修的第二天就开始营业，而很少考虑"试营业"的必要性。有些经营者一旦找到"店址"，就开始"抢时间"装修店铺，其目的不外乎是试图缩短装修工期、降低房租负担，总希望能在第一时间开业增加获利商机。而一般仓促开业的面包店在运营方面往往会出现下列"事倍功半"现象。

（1）店铺内部还有水电工程或设备尚不符合原来规划标准，以至于产生卖场装修遗留物和上门购物顾客混杂在一起的"脏乱印象"。

（2）每天预定各烘焙产品出炉时间混乱，陈列架上总是显得冷清，致使顾客无法了解自己喜爱的烘焙食品究竟何时能买到。

（3）对于产品的定价、价格卡、外形包装，店员接待技巧、收银台包装等服务标准不顺畅，例如服务员"不知如何响应"顾客临时提问某些产品价格、特色等问题；或是服务员为顾客购买的"生日蛋糕"打包，却在顾客面前显得笨手笨脚，令顾客对本店没有信心。可以想象开业期间，一旦顾客群相继汹涌上门的盛况出现，试问有几位经营者能在"仓促开业"时，在有限空间的卖场有效维持购物秩序，并且达到预期销货的经营指标呢？

开店业务程序的筹备，除非由很熟悉面包店的专业人士操作；否则一般外行人若没有通过"试营业"的磨炼，利用"试营业"期间做好各项烘焙产品与卖场接待顾客之间的整合，尽量使自己对于整体店务的运作技巧更加娴熟，就急于开张营业，那么，面包店在"开业日"期间，固然能吸引很多人潮上门，但是可能由于经营者对整体运作面包店技术不够熟练，在突然面对庞大人潮上门的阵仗时，必然出现产品供需失衡，服务员手忙脚乱的现象，甚至自己如何得罪了顾客都不知道，这种情况比比皆是。

若从面包店营业功能区分，一般小面积面包店受限于空间狭小，较多采取"交货立即收钱"外卖方式。一般说来，较大营业面积的面包店卖场与顾客直接发生接触的服务区域，大致可以区分为：面包/蛋糕陈列区、生日蛋糕陈列/订货区、顾客休息区、收银区和外卖区等五个区域。

假设我们将面包店营业功能区分如上述"五个区域"，那么在规划面包店整体布局设计时，就需要适当考虑将各项服务功能纳入每个区域的营业功能当中。例如：当我们在卖场规划"生日蛋糕陈列/订货区"时，是否考虑货架与提供顾客服务之间的顺畅？生日蛋糕成品或模型陈列架的造型、层架数量及货架位置是否合理；根据现场面积大小不同格式，规划生日蛋糕"裱花车间"与生日蛋糕成品或模型陈列架相对位置是否顺畅；"生日蛋糕订货区"空间可同一时间方便更多顾客订购生日蛋糕的需要，也是一种体现尊重顾客的方式（例如许多面包店大都利用"卖场"不特定位置，随意接待顾客订购生日蛋糕）；取得生日蛋糕成品与"收银台"结账的相对的位置是否顺畅；服务员取得生日蛋糕成品与提供打包服务的相对位置是否顺畅。

面包店的运营与管理

经营面包店是一项比较细致的工作，需要你把管理、服务做得很好，因为从事这个专业的人员素质相对还不是很高，你需要有足够的思想准备，要有严格的规章制度。如严格的卫生制度，因为面包房提供的是直接入口的食品。因此，卫生是最为关键的管理问题，开店后你需要用制度去约束每一名员工，而不是事无巨细地用嘴去管理每个人。对员工的服务用语做出较细致的规定，也是管理的重要内容。客人进来后既不能置之不理，又不能紧追不舍，要有度，要能给客人提供随时服务。这就要培训店里工作人员有客人进店后的服务意识和眼力。

说起来容易做起来难，开店后的营销，对于面包店来说是一个长期的任务，不能时断时续，要坚持不懈。这里指的营销除店内销售外，还可以走出去服务。比如，有些小面包店，与周边工厂、企事业单位工会联系，当这些单位员工过生日时，低价为他们制作生日蛋糕，建立起周边的销售网络，电话预订等。总之，做什么都有竞争，关键要有自己的特色。

如今信息、知识、资源已经共享，各种技术交流越来越频繁，互联网上配方工艺样样皆有，你能干的别人不需要多长时间，很快就能做到，在这种新的形势下，我们只能靠质量、靠管理、靠品牌来求生存，同样的产品比质量、比品牌，同样的企业比管理、比经营。谁的质量好，谁的品牌好，那才能继续生存。在面包店的经营当中，要注意做到以下几点：

（1）产品的原料。没有好的原料肯定难以做出好的产品。要严把进料关，根据产品的需要购买合适、优质的原料。

（2）生产工艺。生产工艺的每个环节都需要严格监督跟踪。良好的生产管理制度、高素质的师傅和工人，才能保证良好的质量，当然工艺的好坏也跟师傅的手艺密切相关，但是有很好的师傅，却并不等于有很好的工艺，还是需要在整个生产过程中有严格的程序和制度来约束把关。

（3）计算产量。根据销量计算产量，即使生意很好，也不要一下子增加太多。做初步的估算，看看哪类产品是畅销的，可以适当调整货源结构。

（4）面包款式。新颖而富有特色的面包，才能引起食客购买欲望。在味道上也可以多下功夫，多种多样，如甜味、咸味、淡味等都有。条件许可的话可加些果酱、奶油、色拉油等，应以过后饱而不腻为好，或者每天推出新鲜出炉面包，也会颇受欢迎。

（5）面包摆放。可分门别类排放整齐，让顾客一目了然，方便挑选。当然售货方式以自选为主，店员不要代客挑选。

（6）质量保证。应当在面包上醒目的地方标明食用保鲜期限。质量是企业的生命，切不可将过期霉变的面包售给顾客。

（7）花样推新。常常推出新品种，才能长期吸引客人。在节假日可进行一定的促销优惠活动，这样更利于店铺生意长期运转。

（8）其他附加产品。面包店还可以配备些冷热饮品，供食客选用。面包的主要消费者是孩子和青少年，以及回头客，因此，服务态度至关重要。

面包店的整体服务功能要给顾客提供至少包括如下"五易"：易进、易看、易选、易取、易结的服务标准。

（1）易进。指面包店如何提供顾客容易辨识、进门购物的服务设施（例如店铺竖立明显招牌）。

（2）易看。指面包店如何在产品陈列架上标志明显"价格卡"或产品相关海报（POP），方便顾客选购参考。

（3）易选。指卖场产品陈列具有层次感，方便顾客查看比较，帮助顾客营造可以自由选择目标产品的环境。

（4）易取。指方便顾客或服务员容易取得需要的产品或是某些小件存放处，为服务员在提供顾客服务时，能很快取得相应附件（例如服务员打包生日蛋糕的绳子、剪刀）。

（5）易结。即是面包店提供顾客购物后的结账点（收银台），需要提供快速安全的设施（例如配备帮助服务员防止假钞的验钞机等）。

另外，面包店的各类烘焙产品、货量的生产计划，要满足门店货架陈列的需求；否则顾客就会误以为店里没有其他更多好吃的面包或者蛋糕呢！因此，要列出未来每日/每周或每月的营业额目标及生产部门实际供应各类烘焙品种数量的计划，以作为每天生产部门排产依据，是每家面包店经营者（或生产部门主管）不可避免的任务与挑战。

我们也许很容易换算出该店每个阶段（每日/每周/每月）的营业额，也知道根据卖场规划的货架陈列数量及目前能掌握的烘焙品种，制作适当的数量供应前厅卖场每天陈列销售的需要。那么，一般面包店要如何计划上述每天货量的供应，才能满足陈列销售的需求呢？

实际上，若要将面包店的陈列架空间对比每天营业额目标所换算的烘焙产品数量，那么，一般陈列架的面积显然是远远不够的。因此，我们不妨将以下两点假设的原则，作为实际规划面包店"货架陈列空间"的参考：

首先，估计每天"生日蛋糕类"产品，约占全部营业额的销售比例。一般国内面包店都会在卖场规划一处制作"生日蛋糕裱花工艺"的空间，作为供应顾客订购生日蛋糕的工作场所,如果裱花空间越大,裱花师傅人数越多,也就表示这家面包店的生日蛋糕生意越好。从以往经验看,国内面包店生日蛋糕类销售,一般大约占月营业额的10%~40%之间,甚至有多于40%以上。

其次,重新划分不属于"生日蛋糕类"烘焙产品的销售比例。我们若初步假设上述生日蛋糕类销售,占本店日营业额大约40%比例,则其他烘焙产品类的销售目标自然是约60%。究竟要如何将上述60%日销售营业额目标比例进行适当调整,才能顺利在陈列架完成销售任务呢?建议经营者依据下列各项因素的判断来调整平常各品类的生产比例:了解哪些产品平常比较能迎合特定消费群体;每周统计畅销品与滞销品前10名的记录与分析;平常供应烘焙品种的口味;依据各类烘焙品种不同竞争力,重新制订价格策略;分析平常各类品种销售量及贡献毛利率的高低。

案例:自产自销的"面包"

在深圳市宝安区的创业二村有这么一位大叔,他制作的"面包"及面食全部"自产自销",颇受人们的喜爱。这位大叔,人称侯伯,广东梅州人,原是一名企业工人,每月的工资仅为300多元。"为了维持生计,照顾家庭,一定得做些小买卖。"侯伯说。考虑到面包成本较低,利润颇高,侯伯就在一个面包批发厂里学习制作面包的相关流程。

20世纪90年代初,侯伯用500元在梅州市场开了第一家属于自己的"面包店"。"面积不大,但却是真材实料。"回忆起自己当年"创业"的情景,侯伯自豪地说,那不是吹牛,自己卖面包的档口排起了长龙,吃过的人都竖起了大拇指。

逐渐地,侯伯制作面包的名气更大了,周围的邻居干脆围堵到侯伯家里去购买"面包"。之所以在面包上加上引号,是因为侯伯所说的"面包",不同于市场上所购买的面包,而是类似北方人口中所说的黄色"发糕",四四方方,蓬蓬松松,色香味俱佳。

如今，侯伯同儿子一家住在新安街道创业二村，自家的"面包"和馒头等面食都由侯伯一人包办，简直是"自产自销"。两个小时左右，儿子、孙子和儿媳就能够吃到可口的面包。"还是那句话，真材实料。"侯伯自豪地说，吃自己做的面包，心里感到很踏实。当听到孙子对"面包"赞不绝口时，更是开心万分。

15 奶茶店：捧在手中的香浓幸福

奶茶店的选址与筹备

开一家奶茶店，筹备工作最重要。这也是目前想进入这个行业的人们的最大难关。找店面要按自己的投资能力和竞争能力来选择，要看到现在的铺位情况，也要对以后发展情况做估算。对铺位消费水平进行评估，低消费的地方不宜大投资，同样高消费的地方不宜低投资。开店前你可以先去了解一下当地的批发商，问清楚需要哪些产品，哪些原料，这些原料多少钱一克！每杯需要多少克，需要多少成本，定多少钱的价。还有旁边或是周边有无同行，他们的价格和质量怎样，等等。另一方面，奶茶又属于一种快速消费的休闲饮品，可有可无。因此，如果选址不好，那就没有人会"不远万里"地跑去专门喝你一杯奶茶，哪里才是最佳的奶茶店址呢？

（1）学校周边。最好开在中小学、大学周边。奶茶或者自制饮料针对的消费群体是年轻人，特别是学生，你要看看你选的店址周边有多少学生，特别是有多少女学生！一般说来，男生比较喜欢抽烟喝酒，很少喝这东西。

（2）商场附近。逛街的人流量大的商场附近，开一家奶茶店也是一个不错的选择。找到店面后就可以确定产品菜单了。根据店面的消费水平及消费习惯和消费文化进行店面产品菜单的定位。确定好菜单的同时可以进行宣传资料的策划和设计。

（3）其他。网吧，院校周边，商业步行街，商场超市门口，酒店，小吃店，夜市摊点，KTV，影院，集会，大型体育比赛，会议，等等。

投资一家奶茶店，当然少不了必备的设备，经营者可根据需要选购以下设备：

（1）双缸冷饮机与圆筒冷饮机。双缸饮料机与单缸饮料机可以将调配好的奶茶放入机器容器中进行销售，包含制冷功能。特点是占地面积小、操作简便、能够制作单一或两种口味奶茶。

（2）奶茶咖啡机。特点是占地面积小，一般适合商务办公地点或小量经营奶茶咖啡使用，该设备可以实现3~4种口味的奶茶咖啡制作。可销售出任意三种不同口味的热饮料和一种茶包热饮料及热水，以及三种冰饮、冰水。

（3）保温桶。主要用于将制作好的奶茶放入桶中进行销售，一般不建议使用，因为奶茶调配好后放置1小时后或产生分层沉淀现象。

（4）制冰机。制冰机可以制作冰块，在夏季制作奶茶时如果没有冷水制冷设备，就需要添置该设备进行冰块制作，在奶茶销售的时候加入杯中进行奶茶冷却。

（5）饮水机。饮水机是传统制作奶茶配备的水源。

（6）奶茶封口机。将灌装好的奶茶杯子进行封口。

（7）其他。奶昔机、吸管、密封罐等。

至于奶茶的原料，一般批发市场通常都能买到。通常用到的原料有植脂末、果粉、椰果、黑珍珠、白糖、奶精、奶茶粉等。果粉类有西瓜粉、草莓粉、百香果粉、青苹果粉、菠萝粉、巧克力粉、木瓜粉、巴西情人粉、芋香粉、花生粉、哈密瓜粉、芒果粉、绿豆粉、薄荷粉、水蜜桃粉等。果汁类有菠萝汁、荔枝汁、黑加仑汁、巴西情人汁。茶类有红茶、绿茶、大麦茶等。椰果则有葡萄味椰果、菠萝味椰果、西瓜味椰果、青苹果味椰果等。

奶茶店的规划与布置

店面装修也要按照自己的投资额度及消费水平来进行，装修的风格要舒服、卫生、简洁、大方。要注意吧台的流水设计，要根据产品需求和设备配备情况进行程序设计，操作流畅的同时尽可能考虑产品的质量更先进和设备的添加所需空间。同时，店内也包含水电的布局和水力、电力要求。

奶茶店招人一般不多，但招人可马虎不得，需要找一些诚实勤奋的人，建议尽量少用亲人，至于人员数量，可根据工作量确定。

设备也要按产品菜单来采购。高质量的设备就能做出更多的上品质的产品，而且能提高速度和效率。奶茶口碑好，设备也占有一部分原因。以下是必备的材料和设备：

（1）电饭煲、开水器、冰柜、封口机。

（2）大大小小的盆子、器皿、勺子。

（3）装茶的不锈钢桶、过滤式的饮水机、搅拌棒。

（4）带手柄的不锈钢杯、剪刀、水果刀、冰沙机、大的冷藏柜。

制作间做成厨房那样最好，有案板台子、洗手池、储藏柜子等。制作间不用太漂亮，但是要干净。外卖的柜台则一定要做得漂亮，可以再加点轻柔的音乐、柔和的灯光。如果资金比较充裕，可以装修得比较有气氛比较豪华，类似于咖啡厅的感觉。可以多用玻璃制品，比如落地玻璃窗、玻璃桌椅、玻璃水墙等。可以设计一些适合情侣的角落，如秋千、小木船的座椅等。如果资金比较有限，可以装修得符合消费者心理，不一定要耗费很多。可以在墙壁上绘画卡通图案，墙体彩绘非常符合女孩子的口味。也可以多用一些毛绒玩具来装饰。颜色的搭配可以是粉白或者蓝白为主，突出清新的感觉！墙上可以留出让大家留言的地方，怕把墙壁弄脏的话，可以用随意贴。

装修进行到差不多时，就可以进原料了。原料包括各种果粉、椰果、珍珠、麦香红茶；各种浓缩果汁、袋装红茶、绿茶，等等。原料全部到位时也是装修完毕之时，这时人员招聘也基本到位，即可进行产品调试和操作培训。一般的操作是傻瓜型的，就是将已经成为半成品的产品进行拼配；技术则是半成品的前期炮制工作，主要由老板或是老板亲信来掌控。如果是加盟的店也需要这样去实施这一步骤。

奶茶店的运营与管理

你的店既然是奶茶店,就要有独特的奶茶,学会做好奶茶。每一家做奶茶的方法和原料都不一样,你要自己去试试,慢慢地做出好奶茶。一般制作珍珠奶茶的步骤如下:

(1)泡茶:用80℃~100℃开水泡茶,茶用60克红茶包或茉香绿茶包等,泡5~30分钟。

(2)煮珍珠:每天上午和下午各煮一次。用特大的电饭煲把水烧开100℃以后,放入珍珠,煮15分钟,然后盖上锅盖焖20~30分钟。捞出后用滤网上在冰水或冷水下冲凉,装入容器里,放入热糖水里泡着,每隔一小时搅拌一下,备用。

(3)兑奶茶:10克奶精,一匙果粉,一匙糖浆,倒入杯中,加热水调匀,用搅拌棒调匀加入茶水300~400毫升,可以另加冰块3~4块(冰块找专门卖冰块的厂家订购),最后加适量的珍珠,封口,摇匀给客人,一杯360毫升的奶茶就出炉了!

如果还有什么不懂的,可以去问你进货的批发商怎么做,或者去食品综合批发大市场里找卖原料的批发商。再或者上网,网络上的资源也比较多。别忘了去所在辖区的工商所申请,填表核实店名,办证,带上身份证复印件1张、照片2张、租房合同复印件等。之后拿着申请表去办卫生许可证,以后每个月要交工商所几十块钱,每年交一次卫生费用。做好这些,下一步就是用心管理了。

开家奶茶店不是一件简单的事情,不只是冲调牛奶这么简单,经营一个能获利的店面,要考虑很多很多问题。现在我们说一说经营奶茶店需要注意的几个问题,以便大家参考。

(1)奶茶技术。首先要知道怎样才是真正的奶茶技术。如奶茶调味手法,原料、成分、配方;设备的应用与调味火候;奶茶的保存;奶茶的包装要求;奶茶的变化,包括形式的变化,比如拉花等。自从奶茶从台湾传入大陆后,现如今已经发展出很多种奶茶的花样做法,在技术上也分成很多流派。广州的一些奶茶调味技术甚至已经结合调酒工艺要求来操作,这也的确是一种质的飞跃，也是一种艺术享受。

（2）学会品奶茶。要了解真正的所谓奶茶，先从其配方上分析它的主要成分：奶粉、茶叶、糖、水（或冰）、香料（珍珠等）。不要小看其中的学问。就拿水来说，不同的水做的奶茶味道相差很远！你用的是自来水？还是矿泉水？还是过滤水？几道过滤？这些都会影响到奶茶的品质。当你对这些成分所需原料了如指掌，并懂得其中的原理及变化应用时，那你就算是真正地开始懂得奶茶技术了。

想得到真正的奶茶技术，可选择加盟公司的连锁方式，但需要弄清楚它有没有提供以上的技术方法，会不会带你去认识它的同行对手的奶茶的味道和构成。如果你遇到某些所谓的免费奶茶技术培训，你要知道它会不会教你做奶茶最基础的技术，还是它只想卖些原料给你糊弄你一下。如果你遇到是收费的奶茶技术培训，你更要弄清楚，它的技术达到哪个层级了？

案例：格日勒阿妈奶茶馆

在内蒙古首府呼和浩特，说到喝正宗的蒙古族奶茶，很多人都会提到格日勒阿妈奶茶馆。走进格日勒阿妈奶茶馆，就仿佛走进了蓝天白云的大草原，连四周的空气都飘着一股特殊的奶香味。极富民族特色的高顶金墙和装饰物彰显出蒙古族文化的博大精深。这里的服务员全部为蒙古族，热情纯朴，她们用蒙古语向每一位客人问好道安。最值得称道的当然是这里的奶茶。这个始创于2000年、以经营正宗锡林郭勒盟蒙古族奶茶为主的奶茶馆，10多年来吸引了大量的区内外消费者。

在呼和浩特，格日勒阿妈奶茶妇孺皆知。能在竞争激烈的蒙餐市场站稳脚跟并打响品牌，格日勒阿妈奶茶馆创始人刘国向自有一套经营理念。"我想让客人进了格日勒阿妈奶茶馆后的感觉，一定要和别的餐馆不一样。格日勒阿妈奶茶之所以有别于其他奶茶，关键是用料更纯、更精，这也直接造成了成本的增加。当时我们卖3块钱一暖壶的奶茶，成本却达到了3块1毛，根本不赚钱。"刘国向说。但是为了打品牌,刘国向没有对价格做调整。"经济学里有一个'消费领导人群'概念,我当时就是想抓住'消费领导人群',抓住那些懂得正宗锡林郭勒盟奶茶的消费者的心,让他们有'这么好的奶茶居然这么便宜'的感觉。虽然我们的奶茶不赚钱,但是店里经营的其他蒙餐如手把肉、蒙古馅饼等却是赚钱的,我的目的就是要使'格日勒阿妈奶茶'这个品牌深入人心。"他的策略很快收到效果,以很多从小生活在草原对正宗奶茶念念不忘的离退休蒙古族老人为主的顾客开始光临,口口相传,"格日勒阿妈奶茶"深入人心,刘国向的目的达到了。

现在,格日勒阿妈奶茶馆在呼和浩特已经有7家大型分店,由于规模扩大,用料增多,必然带来产品品质能否得到保证的问题。对此,刘国向表示,做品牌的根本就是品质始终如一,就拿羊肉来说,我们用的都是锡林郭勒盟的自产羊,绝对让消费者品尝到纯正的滋味。用料纯正、品质如一是格日勒阿妈奶茶馆最基本的保障。

格日勒阿妈奶茶熬制过程分泡、熬、扬、澄、炒、兑、烧7道工序,熬出的奶茶特别香浓,这里的奶制品全部来自牧区原产地,食用油和酱油坚持采用名牌产品。这一切都为格日勒阿妈赢得了极好的口碑。内蒙古餐饮文化中最离不开奶茶,而奶茶做得最好的已当属格日勒阿妈,其实在格日勒阿妈奶茶馆,不仅奶茶是用最原生态的7道工序精心熬制,而且锡林郭勒盟草地羊手把肉、西乌旗王爷府酸奶饼、蓝旗奶食都让顾客竖大拇指。因为这闻名的7道工序奶茶,格日勒阿妈奶茶还被选送全国范围内选拔地方最闻名的饮食节目——中央电视台《天天美食》,在央视1套、4套、7套表演了做奶茶的技艺。格日勒阿妈奶茶大师说品奶茶要三样:一想,心里想着奶茶要有三香(茶香、奶香、米香);二闻,端起碗闻,看能否闻到三香,缺一香就不是好奶茶;三尝,让奶茶在口里转圈,看是否尝到三香,缺一香就不是好奶茶。三香中茶香最为重要,有茶香缺了奶香、米香,这茶还能将就喝。如果没有茶香,奶再香、米再香,这茶也难喝极了,蒙古族是不喝这种奶茶的。

如今,格日勒阿妈已把小店淘汰,现在大都已是500平方米以上的星级店。在呼市吃玩有特色又有档次的早点非格日勒阿妈奶茶馆莫属。

16 粥店：谷米的四季养生之道

粥店的选址与筹备

虽然各种粥店的规模、档次会因投资的不同而有高有低，但与经营其他餐饮店比，粥店的投资相对较少。由于粥品制作对厨师的技术水平要求没有其他餐饮店高，因此比较容易形成标准化、集约化的经营模式。但这不代表粥店就不需要选址与筹备。没有精心的筹划，没有周密的考虑，没有详细的市场调研，便仓促开店，无疑事倍功半。开店前，应尽可能多地收集信息，做到知己知彼，才能百战百胜。

（1）对手的信息。关注对手的情况，了解对手的策略和想法，才能在激烈的市场竞争中发展壮大，做大自己的事业。

（2）市场信息。经营者应了解本市场、本地区、本行业最新情况。如什么原料最缺，什么原料有降价趋势，等等。早一步了解并利用这些信息，就能在竞争中取得主动。

（3）其他信息。如相关产业的动向，原材料、运输、合作伙伴的情况等。注意各种资料的储备整理，有利于经营者在适当的时候抓住机会。正所谓，机会是留给有准备的人。

面对千变万化的市场，投资者必须保持清醒和警惕，掌握各种信息，才可能做到见微知著，有应变之道。在信息频繁变化的时代，任何一条看似无关紧要的信息都有可能带来投资上的跃进或退步。

完成市场信息收集与整理后，投资者的工作转向最为关注的是把粥店开在哪儿？详尽的选址调查和分析，是粥店确立自己的经营方针、规划管理路线的必要条件。开店前的选址要分析未来粥店所在地的人口分布情况、周边聚集的单位性质、区域消费能力和饮食习惯及同类粥店的经营状况等。一般说来，选址时应该思考到以下几点。

（1）周围环境如何。一般在车站附近、商业区域人口密度高的地区或同行集中的街道上，粥店的经营比较有优势。恶劣的环境绝对要避免，例如公共厕所附近或噪声、污染比较明显的工厂旁。

（2）交通条件是否方便。要充分考虑到交通条件的问题，例如顾客停车是否方便；顾客乘公交车是否方便；进货时，货物运输是否方便等。

（3）周围的公共设施如何。选址时要充分注意周围公共设施的位置，如果粥店开设在临街的干道旁，而街道的快车道、自行车道和人行道被栏杆隔开，在这种相对封闭的交通方式下，就会使生意大受影响。

（4）区域人口情况。一般来讲，开店位置附近的人口越多、越密集越好。目前，很多大、中城市都相对集中地形成了各种区域，比如商业区、旅游区、大学区等，在不同区域开店应注意分析不同情况。

以上分析的是大环境，具体的位置有以下几处：

（1）写字楼附近。方便快捷、大众化，白领群体是为主力客源。

（2）居民区附近。但不要开在小区内，一是小区内的客流可能有限，二是小区的保安可能会限制外人进出，影响生意。

另外，在选址过程中，还要提防一点，对转让的粥店切勿轻易接手。有的人一看见某粥店转让，觉得这个门面不错，价格也不贵，便贸然接手，开店后才发现市场太小，甚至"门可罗雀"，但为时已晚。若你细心观察，便会发现某些店上经常写着"转租"二字，老板换了一个又一个，这说明他们都没赚到钱。

在开始阶段，粥店的投资主要包括以下几部分。

（1）初期规划费用。包括前期市场开发的费用、电话费、交通费以及用于会计核算、法律事务之类的费用。

（2）装修费和设备购置费用。用于建造或租赁店铺，购置必要设备和首批原材料等。

（3）开办费及营运资金。包括营销费、广告费、雇用和培训员工的费用等，还要备用一些准备金。

一般说来，要准备比上述资金预算更为宽裕的资金，才能在发生意外成本时从容不迫地应付。如果你的资金有限，那么就必须在资金的限度之内对粥店的规模、档次及从筹建到正常运作的时间进行严格控制，尽量避免资金浪费。如果资金比较雄厚，可以考虑粥店的经营模式和附属功能，从一开始就着手制订比较长远的经营战略，充分利用资金。

现实中，粥店投资的利润率通常能保持在40%左右。100平方米左右的店，以每天营业额2000元、毛利率40%计算，每月就有20000元左右的收入。生意好的话，一般不到一年就可以收回投资。心理预期毕竟是纸上谈兵的事，市场是无常的，心理预期与市场现实总会或多或少地存在差距，这一点投资者要有心理准备。

粥店的规划与布置

粥店装修时的注意事项：

（1）装修风格。粥店装修宜以朴素精细取胜，太过豪华的装修会让顾客望而却步。店内整洁、明亮，建议采用木桌、木椅，显得简洁素雅。一些有实力的经营者在装修粥店前，总想将粥店设计得更豪华、更现代，希望在激烈的商海竞争中赢得消费者，但结果往往事与愿违。因为广大工薪阶层依然是粥店的消费主体，所以粥店的装修既要有文化品位，又要符合大众化的特点，过分强调豪华，而忽视了文化品位和大众化的构思，是不会收到好的效果的。例如，某大专院校周边的一家粥店，店面描金画银、飞檐斗拱、朱红圆柱；两位身穿旗袍，打扮得花枝招展的小姐临门相迎、相送；室内更是装修典雅华丽，古色古香；还有保安人员身穿制服，来回踱步巡视。这样的粥店且不说投资昂贵，成本居高不下，还会引起顾客"店大欺客"的疑虑，甚至望而却步。

（2）店面橱窗。可采用落地玻璃，让路过的人能一眼看到店堂里的粥食，坐店客吃得津津有味，引起潜在顾客的食欲，进而产生消费欲望。

此外，粥店装潢设计还需要特别注意以下几点：

（1）色彩要和谐统一。店内外的色彩要和谐统一，但不是说让自家粥店和周围的店铺色彩完全一致，而是让人一眼就能看出整个店的主色调与其他店铺有所对比，更显眼。

（2）合理划分功能区。无论开设什么规模的粥店，在划分各部分功能区时都应遵循相应的标准。例如厨房及附属设施与前厅的面积比例应为多少，等等。一般粥店的厨房与前厅的面积比一般为1:2。

（3）厨房的设计。厨房里垃圾量较大，气味也大，垃圾桶应加盖并放在方便倾倒又隐蔽的地方。中小粥店要充分利用厨房空间。吊柜与操作平台之间的间隙一般都可以利用起来，放置一些烹饪中所需的用具。

（4）通道的设计。尽量考虑前厅通道的设计，避免客人与客人之间的拥挤，以及服务员为顾客服务的便利性，等等。

（5）室内照明。粥店大厅多安装吊灯，因为吊灯能使店内环境变得高雅，既经济又耐用，光线柔和适中，使顾客感觉舒适。另外，室内灯光的明暗强弱也会对就餐顾客有不同的影响。一般在光线较为昏暗的地方用餐，会使人缺乏精神，并使就餐时间加长；而在光线较为明亮的地方用餐，则令人精神大振，可减少用餐时间。

（6）室外照明。粥店的室外照明，可以使消费者对粥店的字号、经营的主要内容及其特色一目了然。商场上有句俗语叫作："日看幌子夜看灯"，意思是白天招揽顾客靠招牌，晚上招揽顾客要靠灯的亮度，这也是一种做生意的手段和经验之谈。一般室外照明包括射灯照明、图案灯、霓虹灯以及各式灯笼等。总之，粥店在室外进行合理的照明，不但能显示出粥店的标志，而且能使粥店的档次提高，更重要的是能增强顾客对粥店的注意，从而创造更好的经济效益。

总而言之，精心设计好每一个环节，方能使您的粥店顺利开张。

粥店的运营与管理

经营粥店要想成功,首先要做好自身定位,突破单纯的"卖吃食"的局限,要让顾客喜欢上自己的特色风味和地方风情。全球快餐连锁霸主麦当劳的主打产品也只不过是两片面包夹肉片的汉堡,它能够做大的关键就在于它所包含的那种浓郁的美国风味和异域风情。

粥店也要定位。定位,就是用消费者的眼光看商家和商品在消费者心目中的地位。商家的自身定位就是决定要执行什么样的总战略,赢得什么样的消费群体。你的商品在消费者心目中占据的位置越重要、越确定,那么你的定位也就越有生命力,越有竞争力。

除了提供丰富的粥品及菜品、菜量大、上菜快、经济实惠,装修风格朴实大方,使得顾客乐于接受外,在经营上也要坚持雅俗共赏的特点。经营品种可以以粥为主,配以各种饼点、小吃和凉热菜,具有大众化的特点,且经营模式多为快餐。因为粥品的优势不仅在于其味道鲜美、滋补身体,更在于它所包含着的浓郁文化氛围,粥店定位时要充分利用这个优势。例如一家老北京风味的粥店,则以北京单弦、京韵大鼓等做背景音乐,满足顾客的心理需求;一家农家风情的粥店,在店堂里奏评剧《小二黑结婚》《刘巧儿》等,让喜爱乡土气息的顾客感到满意;一些岭南粥店,则让由乐队弹拨《紫竹调》《步步高》等广东音乐,突显轻松快活的南粤风情。有的粥店则实行物美价廉的特色经营,如北京的孟记粥铺,早餐实行2.5元不限量喝粥的销售法,这给周边的很多想吃粥的居民和白领提供了很好的去处,自然也带动店内其他小菜和餐点的销量。

总之,在粥店中增设一些声像设备,可以在顾客用餐过程中调剂情趣、调和气氛、增加顾客的食欲。根据不同的经营内容、风味,适当配备或优雅或流行的音乐和图像,来营造就餐的文化氛围,是粥店经营的举措之一。如果粥店能进一步做出自己的品牌,加强管理,效益是可观的。

案例：嘉和一品粥

　　成立于1999年的北京嘉和一品企业管理有限公司，从业十多年来，以"嘉和如家，和贵天下"为核心文化，以"良心品质，诚信为重"为经营理念，以"创新最适合的大众口味，打造最健康的品牌餐饮"为发展宗旨，"按中国人自身的膳食结构，做中国人自家的营养快餐"，倡导传统行业与高科技应用相结合，是一家"引领时尚、风格独特、连锁发展"的现代化企业！

　　店内提供热菜、凉菜、面点、粥品高效高质的半成品配送及标准化出品，加上良好的服务，很快得到市场的认可，如今，已发展了数十家粥店，成为京城顾客放心就餐、开心用餐的首选品牌餐饮之一。另外，嘉和一品粥还成为"中国食文化协会"理事会员、"中国烹饪协会"会员、"中国连锁经营协会"会员、"中国餐饮连锁委员会"会员等，所取得的业绩，曾被北京电视台各个栏目及《北京晚报》《法制晚报》《北京青年报》《精品购物报》《信报》《消费者导报》《京华时报》，以及北京交通台、北京文艺台、中央人民广播电台等各大主流媒体专访报道，在京城享有较高的知名度！

17 水饺店：花样繁多美食天下

水饺店的选址与筹备

什么样的场所适合开水饺店？水饺店可开在乡镇繁华地段，也可开在城市，最好能在车站、大型超市或卖场、商业中心等客流量充足的繁华地段。

如果经营者要开水饺店，也要考虑是自己经营，还是加盟连锁。如今，像"大娘水饺"等已遍地开花。一般加盟期限为5年，一个加盟周期结束后，如果双方需要继续合作则必须按公司届时的加盟条件和加盟方式重新签订加盟协议。如果是加盟连锁，则由加盟商负责申领营业证照。但是需要注意的是，不是所有地区和城市都可以加盟。例如"大娘水饺"，目前只在一些地市级城市或省会城市，或者像江浙沪一些消费水平较高的县级城市考虑开设。一般说来，加盟店具有以下几点好处：

（1）加盟商不一定要有餐饮管理经验，因为所有的内部的经营活动都由公司负责管理。

（2）加盟商承担前期的投资（投资项目和数量参见预算表）、广告宣传、房租、税务和政府部门的规费。公司承担营运过程中所需的原辅材料的费用、水电气的费用、人工支出。

（3）加盟公司提供经营管理系统和授予加盟商使用店名、商标、服务标记。

（4）加盟店内部经营管理由公司全权负责，外部关系协调由加盟商负责。加盟商不参与内部经营管理活动。

（5）加盟商可另行聘请财务人员对加盟店的销售额进行监督，加盟商聘请的人员工资由加盟商负责承担。

（6）加盟商不需要负责招聘培训员工。公司可提供完善的人力资源支撑，加盟店所有工作人员都由公司负责招聘、培训、派遣、使用和工资的发放。

最后，需要说明的一点是，加盟店需要返给加盟公司一定的销售额，每月结算一次。

开饺子店，盘、碗、碟、筷、桌椅是必备的，再加上冰柜、绞肉机，还有调味品。其实不单单是饺子馅有秘诀，面也很有讲究，一流的馅儿，加上一流的面才够得上迷人，现在还流行吃健康，配料十分讲究，面也实行多色彩。开店要开就开出特色，要不很难长久。

水饺的馅儿可选用新鲜的猪、羊、牛、鸡、鱼肉为原料，并配以新鲜蔬菜加工而成，品种可多达30多种。风味独特，而且让顾客有充分选择的余地，生意会非常红火。在主营饺子的同时，可附带做酒水、卤菜、小菜、甜点、冷饮、各种粥汤等生意，也可卖一些其他风味独特的面食，增加营业收入。店内店外一定要注意干净卫生。水饺可采取现做、现煮、现卖的方式，水饺制作间可以让顾客看得见，让顾客吃得放心。还可以配备一些辣椒、醋、蒜泥等调料，让顾客随用随取。

下面是一家水饺店的项目投资预算，仅供参考：

加工水饺设备：绞肉机、制馅机、面机约6000元

先期装潢：6000元（可根据个人需求做调整）

设备器具：餐桌、椅子、空调、厨房用具、面桌等约15000元

房租：每月3000元（根据地势不同有变化）

流动资金：5000元

合计投资35000元

效益分析：

以营业面积100平方米20位座，人均消费10元计，营业额为：

周一至周五：20×6人次×10元/人=1200元

周六至周日：20×8人次×10元/人=1600元

月营业额：1200元/天×22天+1600元/天×8天=39200元

营业费用为：

原材料成本费：39200元×60%=23520元

水电费：约为39200元×2%=784元/月

税金：2000元/月

管理费：约为39200元×1%=392元/月

工人工资：3000元/月（若自家人兼做，可省减此费用）

装潢及设备折旧：39200元×1.5%=588元/月

月利润：39200元-23520元-784元-2000元-392元-3000元-588元-3000元（房租）=5916元，约6000元

水饺店的规划与布置

　　饺子是中国的传统美食，装修的时候可偏向中式风格，重要的是门头和招牌的设计突出浓郁的中国风。例如，招牌上可出现灯笼和镏金字等。顶部可用豆胆灯装饰。墙面可不用太多的装饰，但要有形象墙，墙上悬挂一幅大型字画，配合点射灯就很好。收银台要在侧面，正对着入户门的话，进出不太方便，感觉也不够亲和。地面用简洁明快的瓷砖就可以了，不需要用什么大理石、仿古砖之类的，避免喧宾夺主。

　　饺子是中国人喜爱的传统食物，所以饺子馆可以采用暗红色桌子和明亮的大厅色彩的装修设计，红色装修表示喜庆，也是为了吸引客人的注意，使就餐人心情愉快。

　　如今城市中的餐厅很多，形式多样，装修设计都着眼于细节，简洁精致。本案以饺子馆形式分布功能，将有效的营业面积最大化，同时还根据定位，让该饺子馆主要适合家庭用餐或者朋友聚餐及商务就餐，就餐形式只能以个餐为主，形成会议的氛围。桌子要尽量多，但是要有规矩，可以错开摆放。

　　装修的重点可突出的风格有：

　　（1）农家特色：突出农村的田园特点、农家的民俗、民风的气息。

　　（2）文化气氛：历史底蕴、资料、图片的装饰。

（3）饺子特色：各种饺子、馅心特点等与众不同的方面。

（4）简约风格：现代人生活忙碌，一种简约的现代化风格，也是不错的选择。

（5）其他你所能想到能带来效益的好的创意，等等。

水饺店的运营与管理

人常说，开店容易，守店难，要想做好饺子店，可以从以下方面着手：

（1）手艺过硬，保证饺子的原汁原味。从原料的进货、各种馅料的配制、揉面的松软度、煮的火候、起锅的时间，都有一套专门的要求。有些窍门往往是"只可意会，难以言传"的多年经验。皮太薄很容易煮烂、糊汤；太厚则让顾客吃不出饺子的味道来。

（2）面要细，馅要精。馅料的配制，要有肥瘦搭配，咸淡适宜。汤要保持原汁，这样才能让饺子吃起来滑润爽口。超市里卖的多是速冻饺子，在口感上，机器生产的饺子自然比手工包的饺子逊色许多。

（3）品种要多，满足不同顾客的要求。饺子馅儿品种多，才能满足不同口味儿的人群，有荤素之分。素的有白菜馅、韭菜馅、香菇馅之类；荤的有鲜肉馅、海鲜馅、火腿馅等。

（4）经营手段多变灵活。可提供一些特色凉拌菜，如拌海带丝、拍黄瓜、酱牛肉等。

另一方面，在经营上也可有的放矢，做出新意，如推出因人而异的不同类别的饺子。如：

（1）早点型。特点是容易煮、起锅快，为上班的白领人节约时间，也给店内多添一点生意。

（2）夜宵型。特点是可选择各种馅类混搭，给吃夜宵的人充分选择的余地，多一点口味。

（3）女士型。做工可比较精细，素馅为主，个个显得小巧玲珑，满足女士想多吃又怕胖的心愿。

（4）打工族型。特点是实沉，量足油水大，满足那些讲究实惠的人，如农民工兄弟等。

（5）光包不煮型。有的家庭想吃饺子，但是做起来比较麻烦，又不想吃速冻饺子，因而为这些顾客可提供现包的饺子，他们可以带回家煮了再吃，避免煮好带回家饺子已坨成一团的麻烦。

饺子店的管理相对比较容易，如果服务周到，延长营业时间，送外卖都可以纳入小店的经营范围。饺子虽然利薄，但"薄利多销"，吃的人多一样可以赚钱。要能拢住回头客，让别人吃了愿意再来，这是成功的关键。

案例：大娘水饺

1996年4月的常州，一家融合了西式快餐理念，以水饺为主打产品的饮食快餐店——大娘水饺店悄然开业了。它致力于价格平民化、品质标准化、管理现代化，并以这样的优势迅速将自己的品牌推广出去，一跃成为国际化中式快餐连锁企业。经过全体员工十多年的共同努力和开拓创新，大娘水饺先后在苏、沪、皖、浙等地区开设了连锁店，甚至在印尼雅加达与澳大利亚悉尼也成功开办连锁店。

2004年，它获得中国百强餐饮连锁企业第45名，被中国烹饪协会快餐委员会列为"中国快餐连锁十大著名品牌企业"；"吴大娘"商标被授予江苏省著名商标、江苏省文明单位、江苏省诚信单位、江苏服务名牌企业、亚洲十大最具潜力品牌等荣誉。

2008年的北京奥运会上，大娘水饺还获得推荐菜品资格，松仁三鲜饺、三菇饺、香菇青菜包分别荣获2008北京奥运会推荐食谱菜品展金、银奖；松仁三鲜饺、三菇饺、素三鲜饺被评为中国名点。《全球商业经典》杂志以"大娘水饺靠中央厨房创造6亿只水饺传奇"为题，对"大娘水饺"的成功模式进行了分析和研究，中央电视台、中国新闻网、《环球时报》《人民日报海外版》等媒体也曾将"大娘水饺"作为中式快餐的成功典范进行了追踪报道。

如今,"大娘水饺"已在南京、上海、北京等上百个城市开设了300多家连锁店,"大娘水饺"正如其名一样以亲切而友爱的形象悄然地步入很多人的生活当中,而且有理由相信这样的水饺店还会更多。

18 主题餐厅：趣味刺激宾客如云

主题餐厅的选址与筹备

　　引入主题餐厅美食广场这个概念最早是从百货公司开始的，因而，大家可以在很多的美食广场看到不同主题的店铺。一个规划设计匠心独具、装修别具风格的美食广场，加上洁净的就餐环境、品种繁多的美味佳肴，会吸引很多人来此用餐。据此，也为经营者提供了选址的依据，美食广场汇聚了天下精美小吃，客流量也比较大，经营者可以进入美食广场，也可根据周边环境和当地人的饮食习惯来选择经营品种，力求做出本地的特色，以此吸引消费者。另外基于美食广场的条件，可减少一定的风险。

　　如果是自己独立经营，首先，要确定经营什么路线？家常菜？商务宴？快餐？西餐？选定后，在选址上，除了考虑商圈的稳定度和成熟度、人流量、车流量、人流活动路线的测算等通常要注意的事项外，还要针对定位的不同，充分考虑一些具体细节。例如，如果做家常菜，选址要考虑步行的便利；做快餐的话，要考虑此地段是否能带来翻台次数；而商务宴请则是讲究面子，选的地段要很有面子，那你就成功了一半。此外，靠近地铁出口一边的地段人流也会比较多，如体育场、公园前等，这些都是旺地。

　　想好了自己做什么类型的餐厅，什么主题的餐厅，接下来就是要找合适这种类型的餐厅的生存之地。如果是以爱情为主题的餐厅，那么就需要找到情侣常出现的地方，例如：影院、影楼、大商场等；如果是以动画片人物喜羊羊为主题的餐厅，那么就需要找到诸如文化宫、学校等地；如果是想做法式乡村为主题的餐厅，以北京为例，就得需要找到外国人聚集的地方，如三里屯、后海等地。总而言之，首先要明确主题，根据主题来选址。因为主题的不同，选址要求有不同，因而也没有十拿九稳的通用法则。有人的地方就会有饮食需求，没有什么样的地段是绝对的好，绝对的不好，关键是要看有没有人来。因此，定位时不要贪心做遍天下所有的，清楚你想要什么，你的顾客想要什么，自己口袋有多少钱，核心竞争力来自哪里？定位的前提，如果都不明白自己想要什么，而盲目"跟风"，其自然胜算无多。总的来说，以店址为中心，若3~5公里半径内有20万以上的消费人口，那投资就有了赚钱的保证。不过在店铺租金的计算上，心里要有个提醒：多合适的地段也要和你手头的资金相对应，切记店租成本无论如何也不能超过预期营业额的20%，不然肯定没钱挣。

选定店址后，经营者必须明确自己的主打核心产品是什么、目标消费群的消费特性、出品路线、价位等。顾客来消费的终极目的，就是为了吃饭，而厨房是出核心产品的地方，因而厨师的选用非常重要，可采用包厨、入位招聘等方式，但是包厨利弊各半。要找一个会炒菜的师傅容易，但找一个既通烹技，又善管理，且善吸收各地饮食文化的厨师，就相对困难。业界的厨师选择，多靠经营者的人脉关系、行业介绍、上门试菜挖角等方式。

主题餐厅的规划与布置

正如一篇好的文艺作品需要有一个明确的主题，步入新时代的餐厅，也必须创设一个鲜明、独特的主题，才能在众多的同行中脱颖而出。那么，什么是主题餐厅，主题餐厅的基本内涵是什么，如何从本质上来把握主题餐厅，这些都是餐厅在创设主题时首先应解决的基本问题。在文艺创作中，主题是一个非常核心的概念，也叫主题思想，是文艺作品内容的灵魂，也是文艺作品中通过具体的艺术形象表现出来的中心思想。任何一篇优秀的文艺作品都必须具备鲜明的主题，并且题材的选择，人物的塑造，情节的安排，结构的组合，语言的锤炼都应服从表达主题的需要。作品的主题集中反映了作者对所描绘的生活的认识和评价，反映了作者的阶级立场和世界观。主题餐厅也是一样，围绕一个风格，定位一个主题，去规划与布置。比如适合年轻人的休闲吧，适合商务人士洽谈氛围的简约餐厅，这个定位基本上取决于你的餐厅所处的位置，比如所处风景区，可以定位为家的氛围，让人感觉轻松、随意。在设计装修上，也要突出主题与细节方面的应用。比如，知青餐厅，在设计上和细节布置上，就要展现那个年代的代表性的物品；再如下文中说到的大灰狼主题餐厅，也是体现了狼的生活习惯等特点。因而，在主题餐厅的规划与布置上，首先是想好你的主题，接下来的工作就是围绕这个主题展开，越细致越到位越趋向成功。

主题餐厅的运营与管理

怎样经营主题餐厅，让自己经营的小店发达起来呢？

主题餐厅，顾名思义就是有主题的餐厅。与一般餐厅相比，主题餐厅要针对特定的消费群体，不单提供饮食，还提供以某种特别文化为主题的服务。因而，餐厅除了在环境上围绕着这个主题进行装修装饰外，菜品也要与之相匹配，营造出一种特殊的氛围，让顾客在某种情景体验中找到进餐的全新感觉。一般而言，越接近顾客心灵的餐厅，成功的机会就越大。让你的主题餐厅以定制化、个性化、特色化的产品和服务来感动诸多"上帝"，顾客在其巨大的魅力影响下，欣然就餐。

主题餐厅的差异化，使自己的产品与服务优于竞争对手。独具匠心的设施设备、精心制作的菜肴、服务员独特的着装是主题餐厅的有力武器。"吃"自古以来是人生不变的主题。人们经历了从吃饱到吃好的阶段后，吃正逐渐演变成一种文化消费，在品尝美味佳肴的时候，人们开始注重用餐环境的文化氛围与个性化。主题餐厅本来是盛行于欧美国家的，与一般餐厅相比，主题餐厅给人印象深刻的是它的用餐环境。它为顾客营造出一种或温馨、或神秘、或怀旧、或热烈的气氛，千姿百态主题纷呈，前来就餐的顾客既可以品尝到美味佳肴，同时又能体会到某种文化氛围，顾客很容易就与餐厅融为一体了。餐厅形式和用餐环境的与众不同使主题餐厅与一般餐厅区别开来，这样就能有效避开与一般餐厅的正面竞争，以己之长比其短，优势肯定很明显。

怎样经营主题餐厅才能立于不败之地呢？玩时尚、玩个性、玩文化。这是经营主题餐厅的三张王牌。掌握了其中一张王牌，生意便能经营起来。

例如，深圳有一家大灰狼主题餐厅，店内装修得像个窑洞。门口服务生一声招呼"请问几匹狼"的时候，你可能还会以为是自己听错了，不过紧接着声如洪钟的吆喝："哇，原来是一只大灰狼，两只色狼啊。""大侠里面请""给色狼上盘卧底""青山不改绿水长流"——这些角色扮演中的俏皮台词代替了一成不变的"欢迎光临""谢谢惠顾""请问要点什么菜"的刻板模式。大灰狼的菜谱也很有特色，比如肉夹馍叫比萨他爹。当你试图调侃一句，"比萨他爹上得好快啊"，服务员便会自如应答，"是啊，他爹比他妈走得快"。接下来的一顿饭时间里，每隔5分钟就会听到"色狼试试'心太软'吧""我来给大灰狼加点水"，也许你听着这些话都忍不住要借着昏暗的灯光脸红呢。你当然可以批驳这些主题扮演式餐厅在玩噱头，走的不是正路，但毫无疑问，作为一个生活多元的城市，深圳也需要这样有娱乐精神的餐厅，这也正是特色餐厅的魅力所在。

总之，主题餐厅重在突出主题上，无论在布置上，还是在菜谱、服务方式、语言上都紧扣主题，由此展开。另外，主题式餐厅大多的问题总是"成也新奇败也新奇"，第一次去，看到扮演野兽、侠客或女仆，还觉得有趣，第二次去，看到店员载歌载舞也觉得好玩，等到第十次的时候，还是野兽、侠客、女仆，还是载歌载舞，就显得乏味了。北京、上海的主题餐厅也一样要解决这个问题，但客人新陈代谢速度快，还是一派人气鼎盛之象。因此，主题餐厅要做到极致才不会失宠。

案例：80后餐厅

北京市西城区灵境胡同东口南侧，也就是新建胡同甲8号，有一家传奇的饭馆，听说那里的会员都是80后，不是70后、90后不愿意去那儿吃饭，而是人家店主只允许80后就餐，这样的餐馆您去过吗？在这家80后为主的概念餐厅，会员要1980.1.1—1989.12.31日之间出生的。进门要检查身份证，答对问题就送可乐，经过一系列小测验可以得到一份很有纪念意义的会员卡——一本类似于学生证一样的会员证，凭证就餐。

店内的环境布置得也很独特，整体布局是学校课堂风格的，环境方面装饰得简单而怀旧：

（1）收银台是一个大黑板，上面有校规、课程安排（营业时间），还插了面小国旗；

（2）黑板报上花花绿绿的，大标题是"开学啦"；

（3）餐桌是课桌的模样，中间挖空了放电磁锅；

（4）椅子也是课桌椅的那种；

（5）"课桌"上面都有一个课程，比如历史、化学、数学、语文；

（6）餐具是80后小时候的那些搪瓷缸、搪瓷盘；

（7）烟灰缸是变形金刚模样的；

（8）墙上贴的都是小时候看过的动画片图片，或者名人照片，比如雷锋；

（9）餐厅整体布局也是课堂的风格，白墙绿漆。

办学生证过程，要做一张"考试卷子"，上面的题目非常的简单，遇到不会的题目直接写"不会"就可以了。大多数问题都是有关个人联系方式和店里发展意见的，填完交钱，拿证——正宗的学生证，里面夹着中小学生守则，上的班级是统一的"一年级二班"。这是你的会员卡了，会员卡可以用来订位、积分。在这里，叫服务员要叫老师，服务员都是大队长、中队长。黑板上面有问题，答对一道奖励一瓶小可乐！三道都正确可以得大可乐一瓶。

受到80后们的热爱，这家店又在后海开出了分店，当然，这是后话了。

19 冰激凌店：浪漫冰雪多元经营

冰激凌店的选址与筹备

冰激凌店入行门槛比较低，如果加盟一家冰激凌连锁店，规模可大可小，最低资金门槛约2万元，5万元即可以开一家几平方米的专营店，特别适合刚涉足冰激凌业的小本创业者。倘若投资者进入及时，经营得当，就会得到丰厚的回报。但也不是百分之百地赚钱，尤其是在市场竞争激烈的情况下，很多投资者蜂拥而上，纷纷开设冰激凌店，再加上在某些地区冰激凌销售存在明显的季节性，销售淡季对店铺的生存影响很大。很多投资者受各种因素的限制，投资决策显得轻率和不够理智，盲目投资的现象十分普遍，这为最终的经营失败埋下了伏笔。

当你有开冰激凌店这个想法的时候，说明你是个有理想的人，但是理想需要变成现实，才有可能获得成功。走出第一步很艰难，但只要你努力了，用心地去做了，或许加上一点点的运气和智慧，相信把理想变成现实的人就是你了。不管是多大的店，只要投资就是有风险的，没有绝对赚钱那么一说，那些告诉你投资千元万元可以月赚多少多少钱的，八成都是骗子，不然他们自己为什么不做？他们不早就发家致富了吗？

言归正传，开家冰激凌店，都需要注意什么呢？需要准备什么呢？

（1）资金问题。投资经营一家冰激凌店，光靠热情远远不够，资金不足很容易把你逼上绝路。

（2）定位。简单地说就是要知道你所服务的对象是谁，你服务于哪些顾客，比如永和豆浆服务于华人快餐顾客（广告语——让全世界有华人的地方都能喝到永和豆浆），肯德基服务于西式快餐顾客等。你开的店要服务于哪些顾客呢？回答了这个问题之后，就可以进一步开展下面的工作了。

（3）经营地点。当你确定了主要的目标顾客群体后，你就要根据你所服务的这类顾客的特点和习惯等有针对性地确定经营地点，例如，商场、超市、车站、居民小区、码头、飞机场、学校、医院、步行街，还是其他的什么地方，最好周围500米距离之内不要有类似的冰品店。在中国各个城市，冰激凌的主要销售渠道还是超市、商场、副食品店、便利店、街头冷饮摊点等。

（4）售卖方式。是外卖还是堂卖，还是两者兼而有之。

（5）服务方式。是点餐式还是自助式，还是两者都设置。

冰激凌店的规划与布置

开一个冰激凌店，规模可大可小。对于小额投资来说，经营者自己积累的资金就可满足投资和经营的需要。但是，对于投资额比较大的冰激凌店来说，在估算出需要投资的资金数额后，除了自己积累的资金以外，还需要通过其他渠道筹集资金。下面是常见的三种规模的冰激凌店：

（1）高档店。店面面积一般在60~80平方米，选址大多在高档写字楼、文化街、步行街或美食街等位置，最好是临街近商场、美容院等处，因为高档冰激凌店的目标消费群体是高收入的女性，她们追求冰激凌的风味和口感，所以对店面的装修品位有很高的要求。店内需要营造高贵典雅的氛围。经营者还可以开发其他休闲食品，如果冷饮系列、西点系列。

（2）中档店。店面10~50平方米，员工1~5名。装修、人工、房租、管理、设备都比较低廉，员工培训也比较简单，但是原材料价格较高，一个月大约需要18000元，每月开支大约3万元。

（3）微型店。只需要大约2~4平方米能放置设备即可，员工1~2名。以北京的赛美味饮食连锁店为例，总共投入资金2万~6万元，其中包括加盟费、设备费、培训费等。

确定你开什么规模的店后，再确定店面的装修风格、样式，以及内部灯光、店内布置等。如果不知道如何装修的朋友，可以去请教专业人士，不要自己想当然地去做，结果搞来搞去钱不但没有省下来，还弄得一团糟。

如何装修？装修要花多少钱？装修就像不用最贵的化妆品但也能把人化妆得漂亮一样，只有豪华的装修也不一定会经营得很好。但是装修不可忽视，该节省的不能浪费，该付出的一定不要吝惜。装修店铺的目的是为了引起顾客关注，招揽顾客进店消费，因此店铺外观设计要以醒目为原则。一般情况下，店铺外观要设计出清晰、独特的店铺标志和招牌。

一般的卖口式门店的装修比较简单，一个是门面，一个是操作间。

（1）门面要醒目，灯光要引人注目，如果需要，可以设置吧台。吧台高度一般在1.2~1.5米左右，台面宽度30厘米，内置操作台高度80厘米，操作台的宽度50~60厘米。有条件的最好使用不锈钢保鲜操作台，可以放置并保鲜部分原料，存取方便，节省保鲜柜的占地空间。

（2）操作间要干净整洁，因为顾客可以看到卖口的任何操作。操作间要求通风良好，有独立的上下水管。店堂内销售的装修分两部分，一部分是外场部分，就是通常所说的顾客区；另一部分是内场，就是吧台和后厨。一般外场和内场面积的比例为3:1，操作间面积不得小于5平方米。

无论你的冰激凌店是西式装修还是中式装修，都必须有统一的风格。风格统一才能彰显出店铺的品位和内涵，风格不统一，店铺就会显得不伦不类。如果店铺整体风格是现代的，那么装修效果就应该简洁明快，尽量采用现代装修材料，简洁而不单调，表现出轻松愉快的休闲格调。

（1）外场装修。根据确定的整体风格使用装修材料和桌椅、食物器皿等。一般店堂内经营要配备背景音乐，可备有一台DVD或CD机和几个扬声器，平和的音乐可以让人们的心情平静下来，这种音乐十分适合冰激凌店使用。如果不是在商场和超市等公共场所内，还要配备独立的卫生间。

（2）灯光设计。可以根据你的喜好而定，但是要与整个店的装修风格一致。不要让你的店弄得很昏暗，像酒吧一样。像肯德基和麦当劳的那种风格可以借鉴。关于装修的费用问题，你可以先找人按你的思路设计装修图纸，让施工的人给你估算大概需要多少原料和人工。

有些冰激凌店还经营西式甜点、咖啡、果汁等产品，这类店铺在装修时应该考虑到在店铺外观设计上要表现出这些经营内容。比如，在临街的墙壁上开出大面积的橱窗，橱窗不用来展示冰激凌柜里的各式冰激凌，而是临窗摆上几张桌椅，布置出咖啡馆和酒吧的感觉，让过往行人通过玻璃橱窗知晓这家店铺不仅仅只出售冰激凌，还可以在店内消费其他饮品和甜点。

根据定位，还可以确定你的冰激凌的价格范围、人均点餐的消费额和你的产品利润率，这些一定要在你选择原料和设备前确定，因为这些也会影响到你的选址。接下来你需要在选址的同时确定所经营的产品所需要的设备、工具、原料、包装器皿以及它们的进货价格。现在我们来了解一下冰激凌都有哪些，以帮助你确定设备的购买。

目前，市场上的冰激凌有两种：一种是软冰激凌，另一种是硬冰激凌。

（1）软冰激凌，如肯德基的甜筒，做这个冰激凌需要一台软冰激凌机加上冰激凌粉或者奶浆就可以了。机器一般是按产量和压缩机等性能不同价格有所差异，一般国产软冰激凌机的价格在6000~15000元之间，进口的冰激凌机一般的小店就不用考虑了，没有必要投资那么多钱在设备上，除非你开很大的店面。目前，像肯德基等用的都是泰勒的机器，价格在10万~20万元左右，最便宜的进口机器也要4万~5万元。国产冰激凌机推荐使用东贝的，东贝集团下属的东贝制冷企业本身是生产制冷压缩机的，因此在冰激凌机/冷饮机方面有着领先的优势。而一般的小厂家都没有能力自己生产压缩机，只是买别的厂家的压缩机然后组装贴牌再出售，机器无论是品质还是稳定性都得不到很好的保障。同时，购买机器大家也要看重售后服务。

（2）硬冰激凌。这里特指冰激凌店里自制的冰激凌，说到硬冰激凌前先说一下花式冰激凌，我们在很多冰激凌店包括网上的图片中看见的很漂亮的那种冰激凌，就是花式冰激凌，它并非是用机器做出来的，当然冰激凌本身是冰激凌机做的，但那些各式各样的花式和造型是用各种新鲜水果、酱汁、甜点、饼干、罐头、奶油、巧克力等搭配组合而成的。因此，硬冰激凌不等同于花式冰激凌，但是绝大多数花式冰激凌里面用的冰激凌都是硬冰激凌，也有部分产品用的是软冰激凌。制作硬冰激凌需要一台硬冰激凌机以及相应的制作配方里面所需要的辅助材料，比如朗姆酒、杏仁、水果、蔬菜、果醋等。同时要卖硬冰激凌的话，还需要一台硬冰激凌展示柜，这样的话你的各种口味的冰激凌都可以放在柜子里让顾客挑选。专业冰激凌店购置的硬冰激凌机要带有巴氏灭菌机，以便能将冰激凌原料加温至85℃，灭菌后自动降温至4℃并保持。硬冰激凌机一般都由电脑程序控制，自动化生产程度高，可自动或人工调节搅拌器转速、制冷温度和灭菌加热温度。但用硬冰激凌机制作冰激凌时间要稍微长一些，因为需要对加温后的原料进行较长时间的制冷、凝冻。经营者可以根据店内制作和提供的冰激凌种类购买以上的一种或两种。设备采购是投资冰激凌店的一笔不小支出，开业后的原料采购更是日常性的大支出。做好采购工作，既可以保证制作出高质量的冰激凌产品，又可以节约支出，避免浪费。

冰激凌店的运营与管理

开冰激凌店还要有一定的经营能力和管理技巧。有许多人经营冰激凌店是受朋友或家人的影响。需要提醒的是，朋友的怂恿和来自家庭成员的压力是一种错误的驱动力，除非你真正想投资经营一家冰激凌店，并掌握了很多冰激凌店的经营管理技巧，如定价技巧、促销技巧、市场开发技巧等，否则就不要轻易涉足这一领域。另外，冰激凌店的日常经营管理工作琐碎庞杂，开业之初，许多事情并非都如人们所想象的那样顺利，每天都有许多变故发生，在这种情况下，你需要有较强的经营管理能力，去应付那些不断出现的变化。

一旦投资开办冰激凌店，你就要亲自经营管理店铺。一般说来，开业后将店铺交由其他人打理是很不明智的，除非你选用的店长和店员非常优秀，而且他们对你非常忠诚，否则，你别期望别人能比你经营得更好。如果你的家人不支持你开店，一旦"后院起火"，最直接后果就是你无心顾及店面经营。家和万事兴，得到家人的支持，冰激凌店的稳定经营才会更有保障。

作为一名经营者，同时也是一名管理者，需要实施人性化管理。一位管理专家说过这样一句话："一把手跟下级员工之间的关系，就是大发动机跟小发动机的关系，老板所带动的不是齿轮，不是螺丝钉。员工也可以成为一个发动机，而且能跟你同步。如果能做到这样，企业的活力就大。"经营冰激凌店也是如此。在日常经营过程中，经营者难免会遇到种种问题，这些问题能不能够顺利解决，要看经营者能否得到店员的积极支持。经营者对店员给予充分的尊重和足够的信任，是经营者获得店员支持的重要基础。

要做好员工管理工作，发挥店员在经营中的积极性，经营者要做到以下几个方面。

1. 尊重店员

店员是冰激凌店中在最前沿的战士，他们知道哪些冰激凌畅销哪些不畅销，他们了解顾客需求的变化，因此，店员的工作态度和积极性，对冰激凌店的经营具有关键作用。

2. 要做好卫生管理

作为冰激凌店的经营者，必须树立"卫生是冰激凌店的生命线"的经营理念，努力为消费者提供卫生、安全的冰激凌产品和洁净、舒适的消费环境。为了做好日常卫生工作，冰激凌店应制订卫生管理制度。在制订卫生管理制度时，经营者需要注意到以下几点。

（1）实行专人责任制。卫生工作落实到每个员工身上，不漏掉任何一个环节和死角。

（2）保洁工作规划。每一个需清洁的项目用序号列出，包括每日清洁工作内容及月度、季度、年度清洁工作内容。例如，门窗应该保持每周清洗一次，店面招牌每季度或半年清洁一次等。

（3）明确卫生工作标准。比如清洁后的橱窗要求干净透明，门脸及招牌不积灰尘；桌椅凳每日擦洗得光洁如新；桌椅如有损坏，立即更换，以免出现伤害事故等。

冰激凌店属于食品零售行业，员工良好的卫生习惯可以获得顾客的信任，因此培养员工个人良好的卫生习惯也非常重要。员工需要持健康证上岗，即使员工没有传染性疾病，但患有皮肤病、狐臭、慢性呼吸道或口腔疾病以及体质虚弱者等，也不能做冰激凌店的员工。参与制作冰激凌的员工，应按规定统一穿工作服、戴口罩及帽子，养成良好的卫生习惯。店员仪容要有统一规范，如男店员不可蓄须及长发，女店员不可留长指甲、不化浓妆等。店员在工作时严禁接触不洁物品，大小便后需认真洗手；店员在取食品和原料时，应用干净的夹子或其他器具，等等。

另外，由于冰品的牛奶含量很高，牛奶这个产品很容易引来细菌繁殖，所以做好卫生工作是特别重要的。跟冰激凌接触的器皿或者冰激凌勺都必须勤加清洁，以及店里面的清洁卫生都必须时时注意。冰激凌的温度必须达到-22℃，必须时时注意冰激凌柜的电源是否到位。因为冰激凌柜温度上升以后，会影响整个冰激凌的卫生程度。

3. 要做好财务管理工作

无论冰激凌店规模大小，财务管理都是一个不可忽视的环节。事实上，冰激凌店的所有管理活动，基本上都是建立在财务管理之上的。重视财务管理，可使表面上杂乱无章、千头万绪的店铺生意变得条理清晰，同时还可以防止店铺经营中出现的各种问题。

案例：和路雪

和路雪（英文：Wall's）为英国著名冰激凌企业，总部设在英国，在全球拥有多家分公司，是联合利华旗下的企业。其在中国生产的冰激凌品牌是"和路雪"。1993年，和路雪（中国）有限公司成立。

联合利华收购了多家冰激凌制造企业，包括法国的MIKO。MIKO的历史开始于1905年，当时只有15岁的年轻的路易·奥尔蒂兹，离开西班牙来到了法国，贩卖他的冰激凌和热栗子，他希望在法国能过上更美好的生活。他带着他在帕斯河（Río pas）农庄学到的做美味奶油冰激凌的技术上路了。视察了法国整个东部，几年后路易·奥尔蒂兹一家终于在圣地泽尔安定下来，他发现这里没有同行的竞争。一直到今天，和路雪的一部分冰激凌还是在这生产的。

　　为了发掘客户，路易奥尔蒂兹拉着他的流动小推车奔走在各个公共场所，所有的节日集市、游戏乐园，带着他的热栗子和美味的冰激凌。路易是个坚韧的人，他一直教育5个儿子要团结，要有自我牺牲精神，后来，他的5个儿子把和路雪发展成了一家大公司。

　　第二次世界大战期间，由于缺少糖料，已经接管了和路雪的路易·奥尔蒂兹的儿子们突发奇想，用果肉来代替，以适应需求。这也是为什么和路雪的冰激凌在那个时代有无花果味道的原因。和路雪的正式诞生是在几年后。1951年，路易·奥尔蒂兹家的冰激凌有了正式的名字：MIKO。MI代表牛奶，即英语里的Milk；KO代表巧克力，即Chocolate。为了适应更大的需求，MIKO在1954年购进了一台每小时能生产4000根冰棍的机器。这是工业生产的开始，后来为了向全世界销售，冰激凌产量达到了每年几百万升。

　　自1936年，MIKO开始给品牌注入大众娱乐的形象，尤其是与电影的联系。20世纪50年代电影的盛行标志着MIKO与电影业合作的故事的开端。在幕间休息时，观众就会发现MIKO的身影。和其他众多法国人一样，MIKO也对体育产生了浓厚的兴趣。1971年，MIKO成为环法自行车大赛的独家黄衫赞助商，那时的电视已经可以转播赛事！1991年，MIKO又介入花样滑冰项目，它组织了MIKO贝西世界大师赛，每年我们都能看到国际最有名的选手。1994年，MIKO正式加入联合利华。

20 巧克力 DIY 吧：尽享动手的乐趣

巧克力 DIY 吧的选址与筹备

　　DIY小店无须挑繁华地段，因为一般DIY小店的顾客都是些熟客或者回头客，而不是路过店面走马观花的顾客。另外，高校社团和婚庆公司是DIY巧克力的主要合作者。高校社团通常有各种各样的活动，他们会自己找上门来预约定做巧克力。有些婚庆公司通常会找DIY巧克力店合作，给新人定做各种个性化的巧克力糖，通常每次会定做几百颗，形成该店的大宗收入。因而，店址可以选在高校附近，或者商场人流量大的地方。

　　在欧洲，巧克力被称作"甜蜜梦幻"。时尚男孩在情人节送给女友的往往不是玫瑰，而是个性十足的香醇巧克力。巧克力几乎成了浪漫的代名词。要做巧克力DIY，自然少不了很多的原材料。

　　（1）DIY的模具。例如，心型、玫瑰型、手掌型、动物型和卡通型，等等。关于模具的购买，可以在淘宝网上淘得。

　　（2）存储罐。可采用玻璃瓶罐，用于盛放果仁、炼乳之类的食品原料，透明而干净。

　　（3）巧克力浆的原料。可选用巴西的"老巴布"可可豆，或西班牙老牌COCOA等原料。

　　（4）磨粉机。将原料磨成粉状，用于制作巧克力浆。

　　（5）大大小小的容器和勺子。用于盛放与调和巧克力浆。

　　在店面的选择上，空间可以不用太大，但在装修上要体现风格。例如，有一家巧克力DIY吧的装修风格与北京三里屯有名的"卡萨布兰卡"主题酒吧相同，墙上贴满了《卡萨布兰卡》的海报和剧照，小小的吧台上方悬挂着一架螺旋桨飞机的模型，和电影里的一模一样。早晨，《时光流逝》的钢琴曲准时响起："叹息一瞬间，甜吻驻心田；任时光流逝，真情永不变……"马上就让人联想到了大西洋彼岸边摩洛哥温暖的海风、深蓝的海水和一排排高大的棕榈树。这一切都显得高雅、浪漫而又充满异国情调。

创意毕竟是一个大胆的想法和行动，一个创业项目投资后，生产出来的产品或者提供的服务，遭遇到危机和挫折，甚至没有人去购买和消费，无疑是最大的失败，因此创业必须要有市场价值、利润价值。因此，经营者一定要做好应急公关准备，出现问题后，及时分析，及时处理。

巧克力DIY吧的规划与布置

因为巧克力本身制作精美，包装颜色鲜艳，店面不用进行大量的装修，只要给人以干净的感觉就好。如果是加盟店，总店会要求统一风格装修。店内的海报等物可以向总店索取模板，因为找专人设计海报起码每张在百元以上。

（1）展柜区。可采用透明的橱柜里陈列着各种巧克力做的食品，又或者如漫画卡通肖像、动植物花卉，甚至还有可以放照片的镜框。

（2）吧台。可以用大大小小的玻璃瓶罐里盛着果仁、炼乳之类的食品原料，逐一有序地排列着，显得工作台干净、可爱与灵气。

（3）工作区。在工作区里可随意摆放着几张木质桌椅，体现简约而质朴的风格。

（4）照明光线。可以采用数重柔和的光线从不同的角度斜斜地投射下来，营造出一片温馨的休息活动区域。

（5）展示区。可以选择一面墙，将顾客做成的DIY巧克力成品拍照留念，或者留给顾客留言。

巧克力 DIY 吧的运营与管理

　　DIY店开了不少，但能持续发展的不多。开DIY巧克力店，最主要是原料、模具、口味等都要与众不同，做别人没有的。比如巧克力原料中添加了草莓等水果味，模具做出麻将、Hello Kitty、象棋等市场上没有的造型，有一家店里共有200多种造型的模板供顾客挑选，每套模具还都有大中小三种型号。

　　DIY巧克力用的都是纯巧克力，没有添加过多的糖分，从口感、光泽以及巧克力纯度方面都可以与名牌巧克力媲美，但价格要低得多，按照每颗巧克力10克5元计算，20颗也才100元，而在外面卖场买通常都要100多元。

　　另外，首期投入用于保鲜的冷柜、冰箱的设备，还有专门用于冷却原料的大理石柜台，还有制作巧克力的模板都是必不可少的，费用比较大。冷柜5000元一个，冰箱1000多元到2000元，大理石专柜5000元，巧克力的模具价格也不低，少则四五十元一块，多则300多元一块，一家店200多块模板大概要花费20000元左右。

　　刚开始经营的一两年内几乎没有收入，所以很多人便因为经不起产品市场"导入期"的煎熬而放弃。不过，只要坚持到一定的时间，累积有固定的客户群，进入"成长期"则生意自然可以慢慢好起来。现在，一个DIY小店大概每月有9000元左右的营业额，圣诞节、情人节、七夕节生意非常红火，那几个节日前后，可以补回半年的租金。现在的节日非常多，隔三岔五就有一个节日，就算没有这些传统节日，每天都有人过生日，不怕没有市场需求。

　　"刚开张生意就不错，80后和90后的小女生和小男生们都对DIY巧克力非常感兴趣，在这段时间里，他们年轻、开朗、热情的笑脸深深地感染了我。"一家开巧克力DIY吧的张小姐高兴地说，"除此之外，很多成双成对的情侣也是我店里的常客，看到他们亲密无间，自己也替他们感到高兴。为了随时了解顾客的感受以及需求，很多人都留下了自己的祝福和鼓励，让我觉得温暖，并逐渐找到了自己开店的价值所在。"由于张小姐的店内销售额提高，DIY巧克力店已经开了一家分店，而且还增加了很多新的巧克力品种。虽然这里的租金比较贵，但是纯利润仍然达到了1.5万元/月。后来老公也辞职到店里来跟她一起经营了。

她的店中，除了出售成品DIY巧克力，顾客自己DIY外，为迎合夏季顾客的需求，还推出了巧克力系列的饮品、冰可可饮料，这种饮料比普通的饮料稍微贵一点，但是从目前的情况来看，价格完全不是问题，比普通饮料的销量好很多。

案例：可可芭蕾巧克力艺术沙龙

在北京城的烟袋斜街有一家巧克力吧——可可芭蕾巧克力艺术沙龙。说起这个沙龙的创始人傅小攀，她可是一个土生土长的北京丫头。2003年，毕业于电影学院，之后在影视广告公司从事创意指导工作。2006年，傅小攀在淘宝网上开了她的第一家巧克力网店。那年的情人节，傅小攀和男友穿梭于北京市的各个犄角旮旯，仅一天就送出去了近百份儿的订单。那时候压根儿还没有叫快递这个概念，每份儿订单都是傅小攀亲自送，跑了几十个地方，也不觉得累。

慢慢地，可可芭蕾巧克力艺术沙龙开始走上正道儿了。"可可芭蕾"里最有创意和特色的莫过于巧克力CD了，这种巧克力不仅看上去跟真的CD一模一样，而且中间还可以随意嵌一张照片。慢慢地，"可可芭蕾"火遍了半个京城，傅小攀也开始绞尽脑汁，考虑着如何趁热打铁，将巧克力事业进行到底，她开始精心设计店标、签名，推出不同样式的巧克力，并为她的宝贝儿们拍摄精美的图片，拍摄得既温馨又诱人。

2006年11月，傅小攀把实体店开在了烟袋斜街胡同。随后，"可可芭蕾"又陆续推出了五粮液巧克力、朗姆酒巧克力、太妃巧克力、松露巧克力以及最受老外追捧的茶巧克力，等等。到如今，由于人气越来越旺盛，在国贸、西直门等地又增添了实体店。身为一名电影艺术爱好者的傅小攀还打算待店铺扩展到一定规模，有了足够的资金，就为心爱的巧克力拍一部电影，借助电影将每一块巧克力注入灵魂，让巧克力的醇香美味、如丝般润滑、沁人心脾的特点展现在银幕上，让观众看电影的同时能感受到巧克力的香甜，吃巧克力的时候如同品味别样人生。同时，她也考虑在北京建造可可芭蕾巧克力工厂，听上去是不是有点像《查理和巧克力工厂》呢？有人说，吃巧克力会带来恋爱的感觉，傅小攀说，这个世界不仅仅只有爱情，空气与水都是恩赐，让我们享受生活，赞美人生。

PART5

有特色的服饰小店

21 女士内衣店：魅力女人由"内"开始

女士内衣店的选址与筹备

哪些地方适合开内衣店？俗话说，店铺生意是位置的生意，越是大路货，越是做大众生意，越值得在店址上投资。不要被较高的房租吓倒，而应该认真分析投入这笔资金能够带来多大效益。很多时候，只要开店不出现重大失误，往往是高投入带来高回报。

下面是不同区域和消费者关系的一些分类，可作参考：

（1）居民区的内衣店。因人口比较集中，人口密度较高，人口流动量大，人们到店里的频率也相对较高，生意好做。下岗女工、普通家庭主妇、无收入学生等各年龄层和社会阶级的人都有，固定客流较多，容易掌握每天的销售额，因此销售额不会骤起骤落。但是要注意尽量接近顾客，如以顾客步行的距离计算，一般选择半径在300米之内，步行10~20分钟的辐射范围为宜。

（2）人们聚集或聚会的场所。女士内衣店如开设在剧院、电影院等娱乐场所附近，会吸引那些休闲娱乐的人到店里闲逛，而且来这类娱乐场所的大都是年轻人，她们追求时尚美丽的心理很强。所以，在这些地方开一家时尚的女士内衣店，会吸引大批追赶潮流的年轻女性。

（3）商店街的内衣店。这里的顾客来自四面八方，而且目的性很强，就是休闲购物。所以在这类地域开家女士内衣店，会赢得众多女性的驻足消费。

（4）客流量多的街道。女性内衣店开在这类街道上，因客流量大，光顾内衣店的顾客就相对较多，但要考虑街道哪边客流量大，还要考虑地形或交通的影响，以选择最优地点。一些地方虽然客流量大，但因为是交通要道，客流都是匆忙的上班族，则不是女士内衣店地址的最佳选择。

（5）选择商业活动频繁程度高的商业中心。这样的店址就是所谓的"寸金之地"。所以商业活动频繁的地区对女士内衣店址的选择来说是绝佳的目标。另外，也可利用"借光"意识，即著名连锁店或品牌内衣店旁边或附近。

店址的选择，是女士内衣经营者的一项长期投资，关系内衣店未来的经济效益和发展前景。店址一旦选定，一般就不会轻易迁移，否则要付出巨大代价，所以我们在选址时，要慎重了解和考虑，以避免造成不必要的损失。以下几种区域是不宜用来开女士内衣店的。

（1）周围居民少而且人口增长慢的地区。因为在缺乏流动人口的情况下，有限的固定消费总量不会因新开内衣店而增加。

（2）快速车道的两边。高速公路一般都设有隔离设施，两边无法穿越，也较少有停车设施。女人一般不会为购买一件小小的内衣而跑到高速路旁违章停车。

（3）人流少的小巷内。不管开什么店，最讲究的都是人气，而人流少的小巷缺少的就是人气，在这样的地方开家女士内衣店，你还能指望生意兴隆吗？

（4）靠近菜市场旁。很难想象有人会将时尚美丽的女士内衣店开在杂乱的菜市场旁，即便有的话，相信生意也是冷冷清清。

（5）店铺门前的台阶超过五级以上。不仅层高不方便顾客购买，而且内衣的补货也不方便。

（6）门前有障碍物。店门前有树木、建筑物等障碍物，有可能影响内衣店的能见度，进而影响客流。

店名的生僻拗口是起名的一大忌讳，错误地使用自以为很有个性的名字，反而是放弃了宣传的机会。因为，生僻字很少有人会认识。店名是顾客对内衣店的第一印象，如果你的店名不能吸引她，她是不会自动上门的。所以，为内衣店起个好名字，是引发顾客兴趣和好奇心的关键。那么到底如何起一个富有吸引力的好店名呢？作为经营者，你必须把握下面几个原则：

（1）简洁。简洁明快的店名易于消费者记忆，尽量使用简化字，容易理解，且读起来响亮畅达，朗朗上口。店名越短，越有可能引起顾客的遐想，含义越丰富。对于销售女性贴身隐秘消费品的内衣店,名称更应该符合这个特点。例如,女性内衣品牌"曼妮芬""帝梦诗"等,不仅符合店名简洁的原则,且具有独特的性感、美丽、梦幻之美。

(2)独特。店名应具备独特的创意,避免与其他店名混淆,这样才能在公众心目中留下鲜明的印象。如内衣加盟业的"都市女人心""女人海"等都能让顾客一看便知道其所针对的消费群体是女人,并且是有关女人的贴身用品,加以店外的橱窗陈列便知经营的内容是女性内衣。

(3)新颖。响亮、有气魄、具有冲击力的店名能给人震撼的感觉,使顾客在口、脑、眼中都能感受到"美名"的冲击力和浓厚的感情色彩,或者激发顾客对于物美价廉的内衣产品及周到的服务、整洁而优美的环境的向往。

女士内衣店的规划与布置

门头、橱窗、货架、道具、陈列组成了内衣店的全部。门头与货架等属于品牌形象的硬件部分,而陈列则属于品牌形象的软件部分。综观每个品牌,都希望在硬件与软件的要求上达到高度的统一,以树立起品牌形象,追求市场利润的最大化。

陈列是以商品为主题,利用不同商品的品种、款式、颜色、面料、特性等,通过综合运用艺术手法展示出来,突出货品的特色及卖点以吸引顾客的注意,提高和加强顾客对商品的进一步了解、记忆和信赖的程度,从而最大限度地引起购买欲望。这是陈列的文字定义,也是陈列向消费者展示的功能。

1. 陈列原则

从陈列的整体考虑,一般来说,陈列有按颜色陈列的,也有按款式陈列的,这些需要根据内衣店的面积与主推风格来定,两种方法各有各的好处,也各有各的不足,视具体情况而定。但是,不管采用何种方式,都必须考虑以下几点基本要素。采用这些原则会帮助你从整体角度安排各系列产品,给予特色产品最显著的位置。形式精练、内涵丰富的整体展示目的只有一个,就是促使销售的达成。

（1）以焦点来形成吸引力。每一个展示面上，率先吸引注意力的视点即焦点。比如整个内衣店中的焦点即收银台后的形象标志牌。焦点通常位于视平线或视平线的上方，常为色彩对比强烈的POP宣传画或产品的组合，它可有序引导消费者的注意力。因此，内衣店应该重点塑造形象标志牌，这种直观的宣传，能传达品牌的商品信息，促进销售，宣传品牌。

（2）以色彩渲染氛围。色彩的运用，对于陈列来说，起着主导的作用。有序的色彩主题赋予了整个内衣店主题鲜明、井井有条的视觉效果和强烈的冲击力。陈列中较多运用色彩对比，或营造货品陈列的色彩渐变效果，可使顾客产生购物的冲动，并轻易锁定目标商品。

（3）营造视觉效果。重复效应可营造视觉趣味，突出连续和整块效果，注重统一和对比，同时高效利用空间，形成强烈视觉冲击力，此原则适用于焦点产品或新款产品的展示。尤其应注重实际操作中的多样重复效应，比如，同一款服饰采用不同出样方式，如模特展示、正挂和配搭法同时运用，可以突出重点，最大限度地强化自身形象。

2. 陈列技巧

随着内衣生产厂家和各地内衣专营店、内衣店的增多，内衣的竞争已呈现白热化状态。如何在激烈的竞争中立于不败之地，除了要选对品牌、选好内衣店位置、搞好内衣店管理及导购员的培训工作外，店内产品的陈列也相当重要。以下是内衣卖场陈列的若干技巧，供大家参考。

（1）主题陈列。所谓主题陈列，就是给品牌设置一个主题的陈列方法，即在内衣店内创造出一个生活场景，使顾客产生一种宾至如归的感觉，可以自由地进行选择或欣赏。主题应经常变换，以适应季节或特殊事件的需要。它能给你的内衣店创造独特的气氛，吸引顾客的注意力，进而起到促进商品销售的作用。比如在新产品刚上市的时候，可以做个小牌子——新品上市！在确定主题时，应进行多方面的研究和思考，一方面要反映内衣店的宗旨和特征；另一方面要迎合时代潮流。例如，在几个大型节假日或店庆等到来的时候，可以针对这些特殊的日子制作些宣传资料，比如"迎'三八'，部分产品38元起",等等,主要目的就是让顾客一目了然。

(2)整体陈列。将整套商品完整地向顾客展示。比如将一整套内衣作为一个整体,用人体模特从头至脚完整地进行陈列。整体陈列形式能为顾客作整体设想,对于夏季的泳衣、秋冬季的无缝美体套装以及保暖套装更加适合。整套的产品在模特身上展示,可以让顾客一看就产生购买的欲望。

(3)整齐陈列。按货架的尺寸,将商品整齐地排列在货架上。它可以突出商品的量感,从而给顾客一种刺激。整齐陈列的商品通常是内衣店想大量推销给顾客的商品,或因季节性因素顾客购买量大、购买频率高的商品。比如秋冬季的无缝美体套装、保暖套装以及一些盒装的内裤、水袋文胸等就比较适合很整齐地摆放在货架上。

(4)随机陈列。将商品随机堆积起来,显得比较杂乱的感觉。它主要是适用于陈列特价商品,它是为了给顾客一种"特卖品即便宜品"的印象。采用随机陈列法所使用的陈列用具常为花车,同时还要在花车前边或上面设置标示着特价销售的提示牌。随机陈列给人以杂乱的感觉,但也会给人以好生意的印象。

(5)关联陈列。将不同种类但相互补充的内衣产品陈列在一起。运用商品之间的互补性,可以使顾客在购买某商品后顺便购买旁边的商品。它可以使得女士内衣店的整体陈列多样化,也增加了顾客购买商品的概率。它的运用原则是商品必须互补,要打破产品类别,表现消费者生活实际需求。比如文胸与家居服等可运用这种方式来进行陈列。所谓分类排列,就是根据商品质量、性能、特点和使用对象进行分类,向顾客展示。它可以方便顾客在不同的花色、质量、价格之间挑选比较。

女士内衣店的运营与管理

内衣店的开张只是走出第一步,后期门店的推广与整体策划更为重要。所以,一个好的品牌如果没有一个强有力的管理团队支持的话,开店后的你可能会面临灭顶之灾。那么面对国内外琳琅满目的品牌,到底该选哪个或哪些品牌呢?

首先,如果你选择女士内衣加盟店的话,还是要考虑当地的消费水平,选择相应的品牌。一般二三线品牌内衣的总部都有很多优惠政策,如果选择加盟开店的话,则省去了很多开店麻烦,不失为一个明智之举,尤其是总部的自由调换货政策,有利于经营者适时把握内衣市场走向和内衣流行趋势,赚取最大限度的利润。

其次,如果你选择自己进货经营的话,那么品牌的选择余地就大多了,而且还有加盟店没有的优势,那就是你店里的品牌多样,组合经营,顾客的选择范围会很大。总结起来,这样的经营方式有以下几方面特有的优势:第一,自主进货可以将一、二、三线品牌尽收店中,扩大店里的消费群体范围。第二,自主进货可以吸纳各品牌的主流款式,取其精华,去其糟粕。第三,自主进货对品牌的选择很灵活。你在实际的经营中,可以了解到什么样的品牌、什么样的款式比较受欢迎,从而更好地把握品牌优劣,这种自主进货的经营方式适合在中小城市使用。

接下来的问题是进货,女士内衣店进货的数量、质量、种类及进货资金和流动资金的比例等环节中,每个环节都关系生意的成败。做生意,说白了就是买卖商品并从中赚取差价的过程,但里面也有很多学问,作为经营者的你应该了解。下面,我们就把这些商业中常用的基本知识介绍给大家,希望能对一些刚入门的小本经营者有所启发。

(1)进货的选择。开店初期,很多内衣店的经营者为了避免积压太多的货物,选择了每种款式和风格的内衣只进一小部分,通过这些样品去了解广大女性的消费需求,如果发现该款式的内衣需求量很大,就再去补货。这种做法相对稳定、风险较小,所以不失为一个好的办法。但这种方式有一个缺点,就是当你向批发商提出购买单件内衣时,要么没有人愿意给你货,要么即使有人给你出货,价格也要比批发的价格高出很多。这样一来,由于进货价格比较高,必然会导致你的内衣没有竞争力,很多顾客都会放弃购买,无形中干扰了你对这个内衣款式的市场前景的判断。所以当你进货之前需要深入了解顾客的需求，对自己的选货眼光有绝对的信心，进货过程中给予批发商足够的诚意和信心，以此为自己争取到好的批发价格。

（2）进货的数量。进货数量包括多个方面，如进货金额、进货商品种类、单个商品种类及数量等。确定进货金额有个比较简单的方法，即把整个内衣店的单月经营成本（包括店租、人工水电、税、管理费用等）加起来，然后除以利润率，得出的数据就是你每月要进货的金额。比如，你的全部经营成本为5000元，产品卖出的平均利润在200%，那你最起码就需要进2500元的货了，因为5000÷200%=2500元。这样的话你刚好能够平衡收支。如果你只是进了2000元的货，那你即使把这些货在一个月内卖完，你的利润也只有4000元，是不够应付你的支出的。

要获得内衣批发商对你的支持有两个关键因素：第一个是你的首次进货金额，如果你首次进货金额人少，批发商就会认为你没有实力，或者你对他的产品信心不足；第二个是补货的频率，如果你经常到批发商那里去补货，即使数量不多，但批发商还是会认为你的货物周转快，能够为他带来长期的效益。批发商对你的支持表现在一旦有新货会尽快通知你，而且下次进货的时候他会自动把价格调整下来。还有就是批发商如果认为你是重要客户，一般都会向你透露近期哪类内衣热销，了解这些行情会让你对市场和客户判断得更准确。

经常与老顾客培养感情、拉近距离是开好店的一门必修课。可以经常给老顾客提供一些独到的服务，如赠送促销礼品，生日或节日时送个贺卡或做些问候，有促销信息及时通知，定期组织一些老顾客时尚沙龙等活动，这些不失为留住顾客的好方法，但是也得依你自身的实力和当地顾客群的特点而定。留住老顾客就会带来新顾客，人际关系网是店主们要致力于培养的。但是如何才能长久地留住老顾客呢？这让很多经营者感到棘手。方法其实很简单：

（1）温馨的会员制。让顾客上门一次并不是什么艰巨的任务，然而想要顾客再次上门就要店主多花心思了。如果内衣店采用温馨的会员制的话，可以让顾客觉得有归属感，从而增加内衣店的固定顾客。会员制是留住固定老顾客的有效形式，通常由店主规定，顾客在内衣店一次性购买或者累积购买一定数额的内衣商品之后，可以获得一张会员卡，以这张会员卡为凭证，享受一定的优惠待遇。比如，持有此卡者在内衣店购物享受9折、8.8折或8折的优惠，或享受一定的优先购买权。你还可以根据具体情况，对会员进行分级，一般是根据顾客购买内衣数额的多少来划分等级，最为常见的是划分成普通会员与贵宾会员。

值得一提的是，会员卡的发放、会员权利的使用情况等应该有专门的记载，这既保护了顾客的个人隐私，又方便你管理。而且，会员卡的专门管理会为你带来许多不容易获得的顾客个人资料，如顾客的姓名、生日、电话等，人们一般不太喜欢将个人情况轻易地告知他人，但是会员卡却能保护顾客个人信息不被轻易泄露，从而使得你能更好地为顾客服务。

（2）积分制。也是留住老顾客的一种不错的选择。积分制与会员制的不同之处在于，尽管都在积累顾客在店内购物的金额，但是采用积分制的办法不会在内衣价格上有特别优惠，而是在顾客的购物金额累积到一定程度的时候，免费赠送或者是低价换购一些内衣，其实也就是变相的折扣行为，但由于没有明确地表现出可以折扣的优惠，所以你选择赠送或者低价换购的内衣必须让顾客心动，比如说限量销售的文胸、丁字裤等。当然积分制也可以像会员制一样分出等级，比如积累到500分就能获得精美的套装内衣，而积累到1000分的时候就能获得塑身内衣一套。需要记住的一点是，在实行积分制的时候要注意将积分规则制订清楚，切忌出现歧义。

选择会员卡还是积分卡，取决于来内衣店顾客的实际情况。尽管采用积分卡的形式看起来更有利于店铺，但由于没有折扣，要在原价购买内衣到较大数额之后才会有东西赠送，此举不会很受那些关注价格的顾客的欢迎；而会员卡更偏重打折，帮顾客节省开销，店铺表面的收入会少一些，但会受到那些注重价格的顾客的广泛支持。你还可以将两种方式一起使用，例如可以先使用积分卡，当购物累积到一定程度之后，就可以获得一张会员卡，享受会员的待遇。

内衣因为其私密性所以显得很特殊，好的导购关系着营业额。有经验的导购见到顾客就能判断她们的杯罩大小，给顾客准确的建议。导购的年龄最好在28~40岁之间，太年轻的女孩推荐内衣会让人觉得缺少权威性。而且作为贴身的衣物，即使尺码相同也会有所差异，外形、功用上的差别更大。因此导购还要说服顾客试穿。第一次买内衣的女孩往往比较害羞，导购要消除她们的紧张心理，给予正确的讲解，才能给顾客留下良好的印象。

开家女士内衣店，作为店主的你，该操心的事情一样都少不了。但是有些问题往往被你忽视，从而导致内衣店的经营失败。因此，你需要要求自己和导购做到两不要。

（1）不要在店里面存放私人物品。你和导购从早到晚在店里工作，难免会需要一些私人用品，比如皮包、证件、钥匙、化妆品、水杯、衣服等。因此，内衣店里有一些店内工作人员的私人物品的存在，也是无可厚非的，但应搁置在顾客不会发现的固定地方，如专门设置导购专用储物柜。还有，你不要忘了顾客来店也会携带一些私人物品，比如背包、雨伞、先前购买的商品等，如果条件允许的话，你也要为顾客的私人物品提供搁置的地方，如果条件有限，也要帮忙看管顾客的私人物品，防止顾客私人物品的丢失和遗忘，影响内衣店在顾客心目中的形象。

（2）不要疏于记账。经营一家女士内衣店，每天都会涉及金钱往来的财务问题，比如，店主与银行之间的有关存款、贷款、转账结算、还款等方面的资金往来；商品进货、损耗的费用；导购工作和福利费用的支付；内衣店每天销售内衣的所得以及花销。财务问题涉及女士内衣店的全部经济活动，是保证内衣店经营活动顺利进行的必要手段。你的财务工作如果做好了，就会节约开支，增加积累，加速资金周转，促进内衣店的发展。正是由于内衣店的财务问题极为重要，所以你一般都会兼任内衣店的会计工作，来管理自己店内的账目。但是在现实当中，由于缺乏专业的会计知识，一般内衣店的财务都是不清晰的，大体上来讲，如果你感到自己的资金紧张，就说明内衣店已经陷入危机之中了。实际上，这种危机是可以避免的，正所谓"千里之堤，溃于蚁穴"。

案例：80后男生开女士内衣专卖店

在某服装批发城内一个特别的角落，有一道奇特的风景，奇特之处不是那间挂满了女性内衣的店铺，而是这间店铺的主人——阿辉，一个80后的男生。大男人卖女士内衣成了批发城内的一道"奇观"。

"女人穿内衣也是给男人看的，有时候我会从男人的角度给她们意见。这一点是其他女销售员无法给予的。"阿辉自信地说。

当了近10年的汽车维修工后，阿辉毅然转行，汽车维修与卖女性内衣两个风马牛不相及的行业，阿辉却先后涉足。创业当起老板的他如今拥有了属于自己的店铺，不过店内琳琅满目的商品竟全是女性内衣。"虽然经济环境差，但是女性都需要穿内衣。"阿辉认为，女性内衣行业受经济环境的影响应该不大，于是开始选择店铺。

所谓隔行如隔山，在开店之初，他连ABCD罩杯这些胸罩最基本的知识都不知道。经过恶补，阿辉说，从布料到款式再到罩杯的大小，只要是自己店内的内衣，无论是哪款或是哪个尺寸，阿辉一拿上手就滔滔不绝地讲解起来。

"记得刚入行的时候，有女的走进来问A杯是哪个，我自己都会脸红。"阿辉说，"有时候觉得男人卖文胸比女人做苦力还惨。可想想如果连自己都接受不了，让女性顾客接受就难上加难了，所以起初的日子，很多时候店内明明有客人，一见到我这个大男人卖文胸就赶紧离开了。"

如今，阿辉的店面已经成为一道特殊的风景，有的人不是为了买内衣而来，而是为了一睹奇景，生意自然也好了起来。

22 男士饰品店：型男的品味生活

男士饰品店的选址与筹备

年轻的男性追求一种时尚的感觉，而一些商务人士戴首饰则体现了男人的一种内在品质；对于成功男士来说，他们追求一种身份的象征；而对于成熟的男性来说，他们一般不会到开在小街里的店中购买用品。因而综合以上男士们的心理特点，男性饰品的经营场所最好选址在珠宝首饰店集中的街面或繁华的商业区、服饰专卖集中区。店面设计布置上应气派、不奢华，但要高雅大方，显示出男士饰品的特色和底蕴。

尤以珠宝首饰店或高档服饰专卖集中区域为佳。经营面积不能太小，否则，显得小里小气，也难以吸引男性顾客，一般在20~30平方米为宜。布置上不必太奢华，但应显气派、高雅、大方一些，即具有男性独特的饰品文化意蕴，以此凸显男士饰品的特色和底蕴，这样才能使男性顾客更愿意光顾。

开家男士饰品店的设备有储物柜、玻璃展柜、挂饰品的孔板、挂饰品的丁字钩、射灯灯具、镜子、饰品筐等、包装纸、包装盒。

进的货物有戒指、领带夹、胸针、腰带、臂箍、西服吊带、钱夹等传统饰品，及一些新近流行，以重金属造型、品牌配饰、沙滩休闲风格等为主要潮流的男士首饰。

一般来说，男式饰品的利润保持在50%~200%以上。

以中等城市为例，开一家20平方米左右的店面，总投资为6.6万元。

以房租每月4000元为例，交付三个月房租，外加押金4000元，共16000元；装修费用10000元，包括货柜、收银机、POS机等；首次进货大约需

40000元。饰品的进货价格在五六十元的商品，定价大概在一两百元甚至更高。那么，日营业额一般可达500~1000元，以平均800元计算，则月营业额为24000元，以利润为100%计算，则总利润达12000万元。扣除月租金4000元、人力成本2000元（店员1~2名）、水电加杂费1000元，尚有5000元盈余。

男士饰品店的规划与布置

男士饰品店的装修不用像酒店那样豪华，但必须尽显时尚潮流，饰品本身而言就是一种潮流，在装修时一定要注意格调，规范、显眼，强化品牌的情感性、时代性，让店面设计和招牌也成为自己的免费广告，具体装修费用根据各地消费水平。

店面看上去整齐、美观是店面陈列最基本的要求。地面要始终保持整洁，玻璃要一尘不染，只有达到了这些最起码的要求，才谈得上利用相关策略进一步吸引消费者。

首先，要讲求"量"的概念。俗话说："货卖堆山"，商品陈列要有量感才能引起顾客的足够的注意与兴趣，同时量感的陈列也是使门店形象生动化的一个重要条件。比如说，当你看到一串水晶项链时，你只会觉得还不错，但是当你看到一片水晶项链时，你就会觉得它太漂亮了，忍不住想要买一条。这就是"量"在起作用。因此，在店面陈列上，尽可能把相同商品按类别予以分类，然后陈列在一起，以产生"量"的概念。

同类别商品集中陈列。一方面，将用途相同、相关或类似的商品集中陈列，以凸显出饰品群的气势，也符合"量感陈列"的原则；另一方面，可以让顾客按照集中的类别更容易找到自己想要的饰品。当然，在一些小细节上，也可以有意采用以下不规则的陈列法，如将一些特价饰品凸显出来，让顾客产生购买的冲动。各系列饰品之间还可通过腰线形成自然的视觉上的过渡，造成对消费者较强的视觉冲击力，以吸引他们的注意，激发其购买欲。

在此基础上，还可以专门辟出一处作为整体陈列区：将领带、打火机、指环等搭配成套，为消费者提供完美的、成套的搭配与展示，免去了消费者自己搭配之苦，也节省了消费者多次、反复挑选的时间，加快消费者的购买速度。同时，根据不同的饰品流行趋势或不同的节日，还可以推出一些主题陈列。比如在圣诞节的时候，将圣诞树、圣诞老人等装饰品融入店面的陈列中，推出"圣诞party，我是焦点"等一系列适用于在圣诞节装扮的饰品，为饰品店打造出节日的气氛，吸引消费者的注意力，进而起到促销饰品的作用。

充分利用饰品店面的灯光，将饰品衬托得更加耀眼夺目。首先，要将饰品陈列在光线较好、视觉效果好、亮度足够的位置，以保证饰品的易见易找；其次，要合理利用射灯，将饰品的优点放大，而不应该打在地板上或其他无意义的地方。当饰品周围充满柔和明亮的灯光时，会使得消费者不由自主地喜欢上那么一两件。

合理设置饰品店收银台的位置。有时候，顾客其实已经选好了饰品，准备去交款，但是在去往收银台的那几步路上，往往又看到了一些心仪的东西，产生了购买欲。让顾客尽可能地将小店逛一圈，往往能增加很多销售的机会。因而收银台的位置就显得极其重要了。另外，将一些特价的饰品摆放在收银台附近也是很好的促销手段。很多顾客在等待交款的时候，仍喜欢左顾右盼，此时，顺便捎上一两件特价饰品，也是理所当然的了。

男士饰品店的运营与管理

目前，男性饰品的最大消费群体是18~35岁之间的年轻人，变化新颖的首饰是他们的首选。一个有品位的男人，除了注意服装的款式、质地的选择以及自身的保养以外，必定会对手表、眼镜、皮带甚至打火机、皮夹等进行仔细选购。虽然这都是细节，但却是男人必需的随身品，对塑造男人的形象有着不可忽视的作用。因此，男性饰品店的经营内容主要是男士特有并能衬托出个性与气质的装饰性用品，比如戒指、项链、领带夹、胸针、皮带、笔、手表、打火机、烟嘴、烟盒、西服吊带、钱包、纽扣等。此外，柜台、自选架上还可依次摆上笔挺的西服、锃亮的皮鞋、华贵的领带、各款香水、保健品等各类商品。

男性饰品店的开业是对传统商业分类的一种有力冲击，所以要大力宣传，对男性进行积极引导。要想运营和管理好店铺，你可以从以下几个方面着手：

（1）聘请女营业员。用真挚的微笑、温柔的表情、欣赏的目光、恰当的捧场，形成本店的一种优势，形成本店独有的特色，而男士们也能摆脱逛商场陪女人购物的传统生活方式，在店内走停自如。

（2）印制精美手册。手册内容可以涵盖男士饰品的起源与发展、流行品种、佩戴以及饰品文化等方面的常识，可体现对男人深切关怀般的浓浓情谊。还可以附带介绍一下专卖店的经营理念，搭配一些促销广告等。

（3）适当引导顾客。例如，生意场上的男士偏爱金首饰，可建议他们在戒指上面刻上自己的名字，这样在谈生意签合同时，刻有名字的戒指便可当作印章用，既有个性又实用。经营者要时常追踪男性饰品的趋势并揣摩男性在饰品方面的消费心理，例如，男人注重品位，商品必须是做工上好的正宗品牌，因而所经营的商品必须经过你的精心选择。

（4）举办公关活动。男性饰品店的开业是对传统商业分类的一种有力冲击，你要注意利用它的新闻效应，使前期开业不花或少花广告费便能广为人知。例如，可考虑与一些高校联合举办小型的"男人最佳衣着奖赛""男人风采评选赛""男模时装表演赛"，评委可全由女人担当，这一招想必会引起不小的轰动。

（5）穿插女性饰品。如果害怕开业初期消费者对男性饰品的接受程度不够，你也可先进一些女性饰品穿插其中。可直接从中档饰物零售商手里批货，只要参照高档饰品的热销样式，进货精致就可事半功倍。当女孩子们带着她们的男朋友前来光顾时，店里的男性饰品销量一定会水涨船高。

案例：TRUEMAN

在温州素有男人街之称的府学巷有一家男性饰品专卖店，名叫"TRUEMAN"，是店主陈小姐从香港加盟的，主要经营钨金材质的项链、戒指和手链，售价在100元以上。

说起经营男性饰品的缘由，其实是陈小姐无意间在报上读到的一则新闻。该文提到美国珠宝商组织称，美国全年珠宝与手表的零售额为450亿美元，其中50亿美元即2000万多件珠宝首饰，均为男性顾客购买，其购买意图包括馈赠与自行佩戴，显示出男性饰品是一个巨大的待开发市场。看完新闻，陈小姐脑中灵光一闪：从目前状况看，现在国内首饰市场主要还是以女性顾客为主，既然那么多商家都把目光齐聚女性饰品，自己何不到男性饰品市场去试一试，说不定还能获得意想不到的收获。

于是，陈小姐从网上找到一个香港品牌。因为走的是精品路线，开这家店不算房租和3万元的加盟费，陈小姐还投入了十几万元。陈小姐从加盟商那里进来的男饰用品，除了戒指、领带夹、胸针、腰带、臂箍、西服吊带、钱夹等传统饰品外，还有一些新近流行，以重金属造型、品牌配饰、沙滩休闲风格等为主要潮流的男士首饰。不出所料，这些商品上架后销售情况非常好。开业的第一个月里，小店就已积累了一些20~40岁的男性固定顾客。除了男性顾客外，一些女性顾客也经常为选购礼物而来店里。

有了成功经验后，陈小姐信心很足，接下来她打算物色一个适合的商场，再开一个专柜，毕竟这个领域现在做的人不多。

23 儿童时装店：缤纷时装花样选择

儿童时装店的选址与筹备

儿童时装店的选址不一定是繁华的闹市区，但一定得是家长和孩子会经常一起出没的地方！或者是在服装店较为集中的地带！现在的城市家庭几乎都是独生子女，随着经济的发展，家庭收入及生活质量都在提高，所以家长对孩子的穿着及打扮都十分讲究，逢年过节更是会大量采购童装，所以开家童装店选好地点最重要！

童装店最佳选址地点有：

（1）学校、幼儿园、少年宫附近。

（2）妇幼保健院、儿童医院附近。

（3）游乐园、麦当劳、肯德基附近。

（4）大型住宅区附近。

（5）童装一条街或儿童用品一条街。

童装店所选择的门面在3~5年之内不会被拆迁；所选址商场最好是当地经营情况较好的老商场。所选地方要有足够人流和目标群体，做专柜要想法获得其他品牌童装的销售数据。新开商场要慎重选择。

开家儿童时装店，要根据自己的经济能力做好定位，以及主营什么方向的服装。一般来说，儿童时装店可分为高、中、低三档。卖低档时装的店内只需有店牌，店内需用普通涂料装饰墙面、普通瓷砖装饰地面即可，不必考虑灯光强弱；中高档时装店则应铺设木地板，墙面要用合成板装饰，可用射灯装饰店内，但不能让有色彩的灯光出现，以免顾客对服装色彩的误判；店内环境设计必须具有时尚性,可以在墙壁上粘贴一些模特、明星的时装广告画;可以用一些模特造型来展示最流行的服装。不论什么样的服装店,试衣镜都是装修定位时不可缺少的。更重要的一点就是要保持店内的清洁、卫生。

儿童时装店的规划与布置

有一些服装店经营的种类比较多,从几十种到几百种不等,经营者通常按某种理性逻辑来分类,如按年纪秩序排放,进门是少年装,中心是儿童装,最里是婴幼儿服装;或者左边是中档价位的服装,右边是高档价位的服装,最里边是供给售后服务的场所。如此分类给主顾选购和店铺管理都带来了方便。因而,在儿童时装的布景上,也要讲究一些花样才行。

(1)收银台设计。收银台附近要摆放价位较低的商品,如袜子或小玩具,单价10元左右,这些商品利于顾客交款时顺便购买。

(2)条幅。挂条幅似乎有点落后,但实际它有独到的魅力。特点是字大,特别是红底黄字,非常抢眼,成本也低,能帮我们把客户从远处吸引过来。

(3)吊牌。如果一个或几个专柜的童装价位一样,是99、79、19元的那类最好,可做吊牌,在天花板上悬吊。吊牌挂好后,顾客从外边一眼就能看到价格,价位有冲击力,就会吸引客户。

(4)设宣传栏。店内备有数码相机,随时抓拍店内激动人心场面。可经其本人同意,将其在店内购物的场景拍下来,照片洗出来贴在宣传栏上,无疑做了广告。

(5)店面陈列。服装店经营的是时尚商品,每刮过一阵流行风,时装店的面貌就应焕然一新。如果商品没有太大的变更,则可以在安排、扮饰上做一些转变,在服装店商品陈设上多花心思。最好经常更换商品,给人耳目一新的感觉,从而吸引顾客前去,才能提高服装店商品周转率。

(6)组合搭配。每一个季节,把服装换着搭配。如将秋冬外衣与围巾等摆放在一起,将经常搭配的格局放在一起,也可以方便顾客成套购置。可以把模特穿戴打扮一番，当人们看到俊俏美丽或帅气调皮的展示后，就会以为自己穿上也是如此俊俏美丽或帅气调皮，这是一种无法抗拒的心理作用。

（7）效果烘托。店内可配有电脑、音响等设备，可播放儿童歌曲、讲故事、儿童VCD等，还可播放家长喜欢听的曲子。播放一些比较激情的音乐，顾客的情绪高涨，也容易达成购买行为。还有一招可以尝试，分别找一名男童和女童，播放他们朗读品牌或专卖店介绍的录音；也可播放不同方言店员录制的品牌或店面介绍的录音。以上内容可以穿插进行。

（8）货物摆放。要布置出让人舒适的购物环境，大到整个营业大厅的整体格调和布局，小到每样服装店商品如何摆放，都要切合顾客购物心理。如小朋友喜欢的玩具等可放在货架底部，以便于小朋友选取。相信很多人逛商场的时候，都有因为服装店商品的标价不明而遇到麻烦的经历，因而店内的每一件服装一定要明码标价，而且能让顾客一目了然，做好"预算"。如果有条件，可以设置橱窗展示，尽可能吸引顾客。

（9）优化店内环境。有关理论研究表明，顾客70%以上的购买行为都是在卖场临时决定的。优化购物环境不仅可以吸引更多的顾客，还可以刺激顾客购买，是提升人气的有效途径。

（10）设立顾客休息处。有的购物大厦开辟专门场地并设专职人员，搞起"宝宝娱乐圈"和"男士休息厅"。前者免费为购物者照顾儿童，后者则为具有购物癖的女士照顾她们的陪同者。一般小商店没有实力提供专门的场地，但一张椅子或者一杯开水应是必不可少的。

儿童时装店的运营与管理

价格是顾客购买产品最敏感的话题。一般而言，人们总是希望花最少的钱办更多的事，不少商店因为产品价位的不合理而失去了大批的顾客。利用人们购物心理进行定价是避免顾客流失的一个不错的办法。人们常说"开店不难，守店难"。要想把一家童装店开好，也不是件容易的事，经营者在经营的时候也需要花费一番策略和技巧。

（1）打动妈妈，触动大童。童装首先应该打动的人是孩子的妈妈，原因很简单，孩子在3岁之前也没有主观消费意识，童装消费，消费者是孩子，但决策者是父母。所以，幼童装是直接卖给妈妈、间接卖给孩子的。而大童装则是要打动孩子，并且也需要妈妈的认可。因为，稍大的孩子已经有了自主消费的能力，但是仍需要家长买单，因此两者都要讨好。所以在童装经营上一些策略要针对妈妈的思维去考虑，比如语言习惯、消费心理等，这样才能获得销售的成功。

（2）吸引孩子眼球，诱导妈妈心理。一般都是妈妈带着孩子去童装店买衣服，因为要试穿。孩子愿不愿来此购物，有大部分决定权在孩子，这个童装店能否有足够的吸引力来吸引孩子，也就决定能吸引到多少孩子的妈妈，所以在经营童装时就要注意，让店铺的装修更符合孩子的想象、兴趣和游戏，即增加和孩子的互动性；当我们把店铺的环境做到能够吸引孩子的视线，把产品做到足够多款式的时候，那肯定会吸引更多的孩子和妈妈的到来，然后做成生意。国外的一些快餐，在寸土寸金的地方依然用很大的面积装上儿童游玩区，就是这个道理。其实很多时候，不是因为爸爸妈妈爱吃洋快餐，主要是因为孩子喜欢这里的游戏场所，所以开童装的加盟店要注意自己的儿童游戏区增加互动性。

（3）低价策略。作为经营者，无论采取什么样的定价策略，最终目的都是赚钱，这就要求价格的制订必须以成本为基础，不可能低于成本去销售。所以要保持价格竞争的优势，就要从源头做起，大批量直接采购，减少中间环节，提高经营效率，争取厂家让利等措施，千方百计降低成本，实行薄利多销，以低价取胜。

（4）生日促销。中国人很多，每天都有好多过生日的儿童，我们可规定在本店为儿童购买生日礼物，购物满一定金额，可享受价值一定金额的生日蛋糕一个。有些家长不需要蛋糕，就直接打折，必须在现有折扣上打折。或者可以在这一天开展以旧换新活动，旧衣或旧儿童用品可在购买新童装时折价。

（5）举行书画、作文比赛及漂亮宝贝评选。动员家长将穿着本店童装的儿童照片交给童装店，照片贴在店内展示栏，下面附评选项目，购买本店童装的客户可评选出自己喜欢的漂亮宝贝，得票最多者胜出。

（6）名片营销。店内一定要印名片，一盒名片10元钱，100张，见客户就发，0.1元的成本必然会带来几十倍的销售。随时随地发名片，童装顾问外出买饭、上厕所时候带上名片或宣传单，随时发放，随时推销，举手之劳就可获一个准客户，让推销成为一种生活习惯。

（7）DM宣传单。把服装图片印刷在DM宣传单上，坚持每天发几百份。宣传单上图片一定要标价位、货号、尺码、颜色。

（8）季节折扣。根据夏装或秋装不同季节的产品淡旺季，可以结合消费者购买的数量，来决定是否给予折扣，折扣多少的定价策略。许多商店推出的"换季大甩卖"就属于这种类型。这种定价运用得当不仅可以吸引消费者，还可以有效调节客流淡季过少等情况，使服装店顾客盈门。

（9）其他。服装店商品调价时，可用红笔把原印刷价涂掉，边上用黄色手写新的价格，这种方法其实也是利用顾客心理定价的一种策略。其奥妙在于：首先，原标价是印刷的数字，往往给人一种权威定价的感觉。而手写的新价，会使顾客感到便宜。其次，黄色给人一种特别廉价的感觉，用黄笔标上新价钱，让顾客看起来很有诱惑力。

定好价后，还需要注意怎样才能经营好你的服装店生意？

（1）好的促销员应是优秀的童装顾问。哪种款式适合哪种体型的儿童，哪种颜色适合哪种肤色的儿童，服装的折叠、洗涤、搭配，面料是涤纶还是棉布，pH值和色牢度等，仅凭家长的描述能不能给儿童选出合适的衣服，这些都要清楚。

（2）营造销售气氛。人气旺，店内自然会吸引顾客上门，无人光顾时，也要不时地整理店内商品，调整摆设。千万不要坐在门口跷着二郎腿，使有意上门的顾客产生逆反心理或产生此服装店商品不够档次的感觉。经营要迅速反映流行，开发一些特别服装商品，抓住顾客的心理，让顾客产生"这次不买，下次就买不到"的抢手感觉。

（3）培养顾客忠诚度。尽量抓住每一位上门顾客，最好能记得顾客的喜好，并主动介绍他们可能会喜欢的商品，以优质服务来培养顾客忠诚度。另外，接受顾客的单独订货或调货速度快，也可提高消费者的忠诚度。

（4）累积折扣。例如，可以给第一次上门的顾客发一个会员证；第二次来时，服装店商品可以打9折；第三次来时打8折；第四次打7折，以后的购物均可打7折。如此一来，一次的钱可能会赚得少一些，但是店里人气旺，薄利多销，足以对抗经济不景气所带来的风险。尾数折扣的时候，打折商品一定是4.9折、3.9折等，不是5折或4折；在进行时间折价时，规定一个促销时间段，比如上午12点以前全场7.9折；14点以前全场6.9折，以此类推，21点之前全场3.9折。

（5）促销政策。促销方式合理与否直接关系到促销效果的好坏，在制订促销政策的时候，一定要先对目标顾客进行市场调查，有一个整体上的把握，然后有针对性地制订相关的政策，这样才能收到较好的效果。每季或每隔段时间都要推出几款特价商品；捆绑式销售，一件7.9折，两件6.9折，也可把衣服同玩具捆绑起来；抽奖销售法，人都有赌博心理，人们太渴望在短时间内拥有更多东西，特别是不费吹灰之力获得的。抽奖活动能满足人们的赌博心理，可在人流较多时对购买童装的客户及积分老客户进行抽奖活动。

（6）积点消费。不少商场推出了会员制，发放优惠卡，当顾客在店里购物达到一定数量时就可以得到一定的返利。如累计购满100元减30元，购满200元减50元，以实物或购物券的形式兑现，可以吸引不少的消费者前来购买。利用积点消费的促销方式关键是要讲信誉，承诺的政策一定兑现，让消费者得到切实的好处。

案例：贝贝依依

走进"贝贝依依"，偌大的四个字在一抹靓丽的橘色映衬下显得格外灵动与时尚。不可否认，那是耳熟能详的温州童装品牌之一。

1972年出生的黄时谊，风华正茂的年纪，如今已迎来事业的成熟期。从

2003年至今,"贝贝依依"的办公场所已从租用10余平方米的临时房,发展到拥有2000多平方米的固定资产;营销团队也从几个人发展到100多人;专卖店从3家发展到近500家;年产值也每年翻番。一串串伴随着公司成长的数字,实在令人感慨!这样的"速成",既有偶然的人生机遇,又有必然的人生抉择。

2002年之前,黄时谊还只是温州汽配行业的一员小将。然而,喜欢营销的他,觉得自己还有更为广阔的发展天地。于是,他投入了一场艰辛而激烈的创业之战。第一次站在人生抉择的十字路口,黄时谊仅有一个简单想法:找自己喜欢的事做,最好还能赚点钱养家。当时,夫妻俩常为1岁多的儿子买衣服、买裤子。这给了他不小的启发——做童装生意。很快,他就将视线停留在了温州的童装行业,并接手了温州贝依服饰有限公司。

2002年9月5日,浙江贝贝依依服饰有限公司创立了。回想创业之初,一切从零开始做起的日子。由于人手不够,夫妻俩与合作伙伴总是亲力亲为,连仓库的货物也要自己动手搬运。黄时谊笑言:"仓库就是楼梯口的一个小阁间,仓库门还是我拿三合板做的。当时,我还有些担心门锁不严实,妻子半开玩笑半认真地说,别操心了,即使没有门也无妨,不要浪费这些钱,还是先把生产做起来吧。这话一针见血啊,令我印象深刻。"

"万事开头难"。创立之初,黄时谊面对重重困难,没有人愿意加盟,没有专业服装设计师,但他还是咬紧牙关,继续着贝贝依依的童装事业。当时,黄时谊提出:"没有人才,我们可以培育人才!"即先招人后培养的做法,使广大员工的工作激情高涨。每天除工作外,还增加了学习。很快,员工们的专业知识一天天提高,技术水平也一点点进步。最主要的是,公司培养了一大批忠诚于贝贝依依的核心人员,即使身处逆境也没退缩,不断总结经验教训,迈出了历史性的关键一步。

2006年,在新一轮的行业洗牌中,有几家同期诞生的温州童装公司逐步消退,"贝贝依依"则脱颖而出。随着市场逐步开拓和巩固,目前,"贝贝依依"已在上海、广州设立研发中心,捕捉最迅捷的流行时尚信息;在四川、江西、武汉、重庆设立营销分公司,把连锁专卖店扩展到了意大利、西班牙等国外市场，完善并确定了公司主体销售网络构架；在上海、广东等地的世界知名品牌定牌加工厂生产，打造最高尚的精致品质。

黄时谊说："江苏、湖南、湖北等区域，商品供不应求，毫不夸张地说客户简直在抢货，现在是我们在选择客户。"对于贝贝依依的发展形势，黄时谊说："经过多年的经验积累，我对未来更有信心，更有信念。"

24 情侣服装店：无言的爱情表白

情侣服装店的选址与筹备

情侣服装店开在哪里最合适呢？除了要按照一般的服装店选址要求，选址商业活动率高、客流量大、交通便利地区或者人群聚集地区外，还要注意该地区是否以学生、年轻白领等消费群体居多。

有统计显示，一般来讲，情侣装专卖店的顾客以18~40岁的人群为主，其中尤以热恋中的情侣最多，不少新人为了拍婚纱照还特意过来买情侣装。有的顾客虽暂时没有情侣，但他们为自己买一件，剩下的那件则留给有缘分的人；还有的就是双胞胎父母为自己的孩子选购。

通常来说，满足两个以上条件的地区，那就算好的地点，如果能全部满足，那就更好了。但满足这些条件的地点通常租金都会相当高。店主不要被较高的房租吓倒，而要认真分析投入这笔资金能带来多大效益。通常只要开店构想对了，都是高投入高回报，因此要舍得在店址上投资。

情侣服装店的规划和布置

店内光线要明亮，货品摆设要整齐，地板玻璃窗定期打扫干净，有破损的物品要及时修补，这些小细节会给消费者带来舒适的购物环境。

在店内的摆货上可以体现情侣装专卖店的经营就是注重一个"情"字，每一件商品虽都是生活中的寻常物品，但都应透露出浓情蜜意，既实用又让人备感亲切温馨。实际上,情侣服装的核心价值在于赋予了消费者一种合理的情感联想,经营方式固然重要,更重要的是让消费者感受到店主的情感。"只要你用心,情侣的钱最好赚"。

(1)设计突出"情"字。正如市场所反映的那样,很多人往往把情侣装想得太简单了。他们认为情侣装不过是大小号的区别。而事实上,情侣装绝不是这么简单,它包含着非常丰富的内容,但是也需要设计师用心创意。情侣装上的图案可以做成一件一半,两个人在一起,就可以拼成一个图案了。例如,一颗红心,在两个人分开时,每件衣服上就是半颗心了,合在一起就又变成了一颗心。如此可以挖掘的图案很多,关键是要和恋爱有关。

(2)不同款式的组合。其实,情侣装可挖掘的空间很大。可以根据不同环境和各种活动需求,分为运动装、休闲装、居家服和晚礼服等。在面料选择上,可根据季节变换和各种活动的要求加以选择。

(3)色彩运用。情侣装要用颜色来搭配,使男女恋人或爱人的服装保持在一个整体风格之中。因而色彩的运用和搭配是一个极为重要的环节。情侣装是紧跟时尚的东西,不了解消费者的需求而盲目地自我经营和开发很容易导致货不对路。

(4)情侣配件。开情侣装专卖店,店里必须全是有特色的情侣装,当然,与情侣装相关的配件也是不可缺少的,如鞋、帽、伞、首饰等配饰品、配件的点缀,使情侣装更有魅力。或者也可搞成情侣物品大全:衣服、鞋子、手套、围巾、裤子、腰带、帽子、牙刷、杯子、手机、手表、眼镜、袜子、背包,甚至自行车,等等。

另外,情侣装不一定是一模一样,下面3种类型都是情侣装:

(1)色彩搭配。颜色的搭配是情侣搭配中最基础的一种,也是最容易引起视觉共鸣的一种。色彩的选择以男女都能接受为底线,两人也不一定要色彩完全一样,相近或者互补也是不错的选择。像内白外粉的搭配,甜美又暧昧,很适合初恋的女生与男生。

(2)图案搭配。图案的相互匹配是情侣装出位的一大因素。两件衣服上不一定是印得完全一模一样的花色,可以是两个同类但是不同情节的图案。

比如，男T恤上有个风筝，而拿着线的手却在女装上……风趣可爱又充满了男女间的"小秘密"。

（3）主题搭配。除了颜色与图案这些有型的因素以外，"主题"这种无形因素的搭配才是最高境界。一定要把"爱的主题"体现在服装上。

情侣服装店的运营与管理

情侣服装店，比不得普通女装或男装，消费量大，它归属于小众消费，因而经营者需要有人缘、性格开朗、合群、热情。因为情侣服装店的前期必须靠朋友拉动、口碑相传。另外，虽然"情侣服装"已经算是一种特色，但服装本身还必须有特色，并且当大家都去批发市场进货时，你必须开拓新货源，至少保证你店里的货在本地基本是独一无二的。要让消费者知道并记住你的店，如果服装没有特色，只有实行低价策略。如果一开始价格就与品牌情侣服装相当，前期经营很可能会受阻。那么在经营上需要注意哪几点呢？

（1）进一些高档情侣装。虽然款式新颖是进货标准，但质地的好坏同样影响一件衣服的完美程度，因此，进货时可着重挑选以毛线、绵绸、棉布质地的产品，另外色彩和图案搭配也极为重要。

（2）进一批有设计感、风格相近或颜色反差较大的男女装，自行搭配成情侣装。这类服装可以是外贸货，也可以是普通品牌货，但要保证高质量和款式独特。在北京、广州等大型城市就流行这种情侣装混搭的穿法。因而经营者可以在搭配方面多花心思，多参照时尚杂志。

（3）打造店面形象。货品档次提升之后，由于店铺装修轮廓不能改变，只有从软装饰着手，让店的风格引起消费者的关注度。服装店一定要有橱窗陈列区，且必须每天更新。一是给顾客新鲜感，二是消费者普遍的思维是橱窗陈列区的衣服是热销款，每天更新容易给顾客一种"小店生意火爆"的错觉。

（4）设置活动画板。可以在店外设置小黑板等广告牌，活动内容包括特价产品信息、打折信息、新款上市信息，甚至可以每天罗列一条教人搭配穿衣的小技巧，吸引眼球。

（5）销售技巧。顾客试穿时，经营者或营业员要适时推荐，嘴巴要甜，对待顾客要有耐心。服务态度好，回头客就会愈来愈多。

（6）异业联盟。如果经营者开的情侣服装店的附近还有一些外贸店，而情侣服装与外贸服装基本属于两个消费范畴，那么经营者可以跟外贸店建立良好关系，策划出一套联合销售的方案。比如，凡外贸店会员，均可在你经营的情侣装店享受8折优惠，而你店内的会员也可在外贸店享受9折优惠，等等。异业联盟是很多综合性商场常用的营销模式，目的在于累积并分享共同客户，但前提是异业，才能促进和形成销售。或者寻找附近其他业态的小店，比如影楼、茶餐厅等可能拥有潜在客户的实体店，互放宣传册、实行双方会员优惠制度，当然，每消费一笔，可给予相应"联盟店"5%~8%的利润提成，以此来激发对方的合作兴趣。

（7）开网店。北京一家内衣店，最初生意冷淡，自从开网店后，利润的70%均来源于网店，如今已关闭实体店，专心经营网店。对于有货源、有实物，况且有实体店的网店非常迎合忠于网购的消费者的口味，消费者会认为这家店既然能开实体店，产品必定过关。网店产品相对实体店而言，适当降低，甚至一件衣服只赚10~20元，也是一笔纯收入，同时也可以用低价策略笼络人心，赚取信用度。

新入行的店主为了省事也可选择加盟情侣装品牌，创业者在选择情侣装品牌时需要注意一些细节。加盟的好处是服装品牌可提供从产品到管理的全套服务，缺点是我国情侣装品牌较少，选择范围小，从而导致店中款式不多，但是每款的数量大，可以概括为用销量来赚钱。

具备服装设计功底的店主可以选择个性情侣装服务。例如，手绘情侣装、定制情侣装等。好处是，个性、时尚、与众不同，店面中每款的服装数量很少，但是款式却非常多，因此可以概括为用款式赚钱。缺点是从产品设计研发到店铺管理销售都需要亲力亲为。

案例：从自购情侣装到自己开店

在一保险公司上班的吴小姐，因为喜欢情侣服装，就抓住这甜蜜的商机，利用自己的业余时间，为自己的爱好开家小店，赚点外快。就这样，她在温州开了一家情侣服装店。

喜欢情侣服装的她，曾经为买一套心仪的情侣服装走遍整个温州。当时温州能找到的大多是那些两件款式一模一样，只有大小的分别，却没有性别区分的情侣服装。她有时就只能两件分开买，先买一件喜欢的衣服，再到处找它的"另一半"。后来，她在一本杂志上看到某情侣服饰商寻找加盟代理的消息，顿感自己被"电"住了，意识到自己的兴趣爱好还可以赚钱。经过一个月的筹备，就有了这家40平方米的小店，专门经营情侣服装礼品。

吴小姐的小店生意还不错，老顾客带朋友来的很多。能吸引这些客人的主要原因就是服装有个性，情侣们穿着很和谐，单件穿着也能很有个性。除了服装外，店里还有很多情侣小饰品，如情侣手套、拖鞋等，这些小货品不仅提高人气，还能增加不少营业额。

吴小姐表示，经营最大的困难还是货源。为了追求个性化，她卖的情侣装大部分只有一套。顾客看中款式，大小不合适或两人有一人不适合的遗憾事常有发生。如果没有更多品牌和款式可供选择，就会流失很多生意。现在，吴小姐的小店已经充实了"蓝天麦子""五颜六色"等四五个品牌，往常少见的冬装也有了，这样顾客选择的余地大了很多。

25 胖人服装店：大码人士的时尚选择

胖人服装店的选址与筹备

在我国很多地方，胖人服装店还是一片尚待填补的市场空白，虽然开个胖人服装店困难不小，但是只要肯钻研，就一定会有收获。

1. 实施方案

（1）店面的选址：经营规模不应太大，但空间不能太狭窄，可租一间30~50平方米左右的房子。胖人服装店具有普通服装店没有的优点就是选址并不是特别重要，不用专门开在人群密集的商业圈。因为普通服装店竞争激烈，如果不开在繁盛的商业圈很难吸引顾客；而胖人顾客则比较集中，只要让其知道有这么一家店，以后就可以发展成为固定的顾客群。

（2）店面的装修：店面做一个简单装修，把50平方米的房子一分为二，前面作为招揽顾客、接受订单的门面房，后面作为加工衣物的厂房。店堂摆设不能太过拥挤。

（3）购置设备：缝纫机及有关的其他设备。

（4）市场定位：服务特殊体型的人。除市场定位恰当，还得注意一个"情"字：一是请胖人当服务员，胖人为胖人服务，在心理上容易平衡，增加了沟通感情的机会；二是以不同的花卉名称代表不同的服装型号，避开了"肥胖"二字，照顾了胖人的自尊心，与胖人的消费心理一拍即合。

（5）人员招聘与培训：胖人服装店可招聘4~5名员工，其中2名是服务设计师，要求精通衣服的制作，心灵手巧，有特别丰富的服装设计经验。要制作出各种体型的衣服不是一件容易的事情，必须是在服装设计制作裁剪上有一定经验的人才行。

（6）准备材料：很多人认为胖人能穿的，不是颜色灰暗，就是款式陈旧。一位服装设计师认为，其实用柔软凉爽的麻、丝等面料同样可以做衣服给胖人穿，只是没有人大规模开发这块市场。最好"调"出适合胖人穿的颜色来。

（7）广告宣传：对于这类目标客户群体较为明确且十分固定的生意，宣传并不可少，为了让更多的体态丰满的女性对此有所知，可印刷一批传单在人流量多的地方发放。

（8）建立自己的顾客档案，定期与老顾客们联络，提供一些额外的服务，从而建立固定的消费群体。

（9）业务承接：胖人服装店也可以自己开门面承接业务，然后把业务转包给当地一些有实力的、值得信赖的服装厂。这样可以减少人员及设备的费用，利润更为可观。

（10）制作程序：先为体胖者量尺寸，并且按照肥胖部位的不同分成几大类，再一点一点地按类别抠服装款式。"抠"款式特别费劲，可能衣服领子是这个号，袖子却是那个号，一旦缝错衣料就废了。

2. 投资预算

（1）店面的租金：以每个月3000元估算，交三押一租金12000元左右。

（2）店面的装修：5000元左右。

（3）设备购置：一次性投资5000元~10000元。

（4）进货材料及自制材料：大约需要20000元的流动资金。

（5）人工费：雇用3名员工，员工工资和福利支出每月约为5000元。

（6）其他费用：加上4000元水电、税收等开销。

（7）启动资金60000元左右。

我们是专门为特殊体型、工薪大众的人而服务，这些人手中都有一定资金而且非常渴望能做出适合自己的衣服来，所以在收费上绝不会斤斤计较。来做一个保守的计算，每天有10人前来定做衣服，定做的费用平均为100元每件，每件的平均成本（材料成本、人工费）为40元，则每天的毛利润为60元×10

人=600元，年毛利润为600元×12元×30元=216000元。减去年水电费为3000元，年房租为36000元，交税及其他开支40000元，年纯利为137000元，月利润达10000元以上。

胖人服装店的规划与布置

店铺名称可以突出服务的特点，如崇高胖姐、胖太太，等等，能显示服装店经营特色的名字。在店面的布置上，风格装饰突出目标，把几个模型摆好，人们从外面能够一目了然。商店布局尽可能将墙上的服装与当下季节相联系，空置的货架尽量悬挂衣物。如果一时衣物不多，可以全件展示；如果空间有限无法展示，则可以挂在货架上。

（1）商店的布局。服装店需要灯光效果，一般需要购买两种类型的普通照明：暖灯和射灯。暖灯辐照的灯光给人感觉热情温暖，而且也不会改变衣服的颜色；射灯照耀的灯光比较美丽明亮，但可以使得服装有偏色的可能。以20平方米的店铺为例，需要40瓦的10个暖灯和射灯16个。

（2）员工的招聘。为提高员工的亲和力，胖人服装店还需要注意一点，可以招聘胖人服务人员，胖人与胖人之间，在心理上容易平衡，可以增加沟通感情的机会，也可以照顾胖人的自尊心。

（3）营销的策略。定期与老客户保持联系，当店内有新货到达时主动给他们打电话，还可以通过专门的软件建立自己的顾客档案，提供一些额外的服务，从而建立固定的消费群体。

（4）会员管理。可实行会员制，只要消费便能成为会员，会员能享受7折的优惠。对于老会员而言，只要消费便能获得积分，每销售一元便累积一分，当累积一定分值时就可在消费中抵扣一定现金消费，这样的策略容易增加顾客的忠诚度。

胖人服装店的运营与管理

胖人服务店虽然在一定程度上瞄准市场空白，满足消费者需求，看似简单的市场，经营起来并非那么简单。胖人服装首先在设计上有特殊要求，既要考虑到胖人的身材，又要有特色，方能在市场中脱颖而出。迎合胖人口味和着装要求并不容易。

通常，在经营胖人服装店时常常遇到以下问题：

（1）款式问题。因为针对的是一个比较特殊的人群，所以正规的厂家不容易买到，必须要根据顾客的体型量身定做服装，但穿在胖人身上看起来又比较显瘦，这是个考验设计师本事的活儿。

十个胖人十个样，每个款式都要依据不同需要来设计不同样式。因而，除了经营本身，服装设计的"艰辛"也不可小视。

（2）色彩问题。服装要有型，要透气，完全用普通的面料也不能达到要求，还需定织定染，调出适合胖人穿的颜色来。让胖人穿在身上，不仅好看还显瘦。胖服在款式上，胸、肚、臀以及大腿等部位往往是体态丰满的人赘肉最容易堆积的部位，因此服装的这些部位不能过于花哨，以免吸引观者的注意。

（3）用料问题。给胖人做服装用料多，做一件特大号的短袖衫，用料就是普通服装的好几倍，再加上胖人体态各异，无法在流水线上统一生产，生产上的投入远远大于普通服装厂家。

在用料上，相对更青睐硬挺的面料，以便塑形；在版型上，多有收腰设计，避免"水桶"的视觉效果；在衣长上，会比普通码长10厘米以上，以拉长视觉线条；而在裁剪上则多采用立体裁剪。

（4）定价问题。卖服装也有风险，定价不能太高，面向工薪大众才能立足，全部买断经营，顾客可以因质量问题退货，经销商却不能向厂家退货，风险自担。因而，有时说开胖人服装店是个吃力不讨好的活儿，也就可以理解了。

（5）其他。虽然经营胖人服装需要注意的点很多，但却并不是一个准入门槛很高的行业，因此容易被跟风，一旦进入者增加，风险随之加大是无疑的。

案例："大真大"服装店

几年前，杭州市解放路开了第一家"大真大"服装店，专门出售大号的衣服，给体型肥大的人。到现在，这家"大真大"服装店在杭州已经开了10家分店，营业额每年都在递增。

在讲到创业的时候，创业人虞女士说，当初刚开办的时候，销售情况并没有现在这么好，市场空隙是看准了，但利润比普通服装要低，一来消费群体不大，二来面料耗费多，制作成本高，但售价却相差无几。

现在，市场需求扩大了，销路也打开了，男女老少，都可以是客户，"大真大"服装店中山店的货品主要针对体型较胖的顾客。但为了追求休闲舒适的感觉，很多并不肥胖的年轻人，也很喜欢穿宽大的衣服。所以，该店进货的时候，偏重直筒裤，绝不买短翘的上衣，以花色较多、颜色亮丽的衣服为主。

但是，大一号的衣服也不能永远是单纯的休闲风格。比如，有一位32岁的房产公司的部门经理，3尺5寸的腰围，体重160斤，但他不愿意去卖大号衣服的服装店买衣服，因为那儿基本上都是休闲款式，与他工作时出入的场合不太般配，他常常要出席会议、宴会，需要时尚高档的正装、晚装，价格高无所谓，只要款式好、质量好，关键要合身。因而，"大真大"也开始为这类"职业人群"考虑。

当服装产业中种类日益完善时，也标志着这项产业日趋成熟。

26 孕妇装店：每一个妈妈都很美

孕妇装店的选址与筹备

经营孕妇装品牌专卖店并不一定要选在市中心的闹市区，但最好是临近医院且人流量比较大的街铺，还有一点值得注意的是，店前一定要有停车位。一般来买孕妇装的妇女，不少是老公开车陪着来的，没有停车位客人可能会少一些。

选址的时候店面不能太小，如果只有10多平方米左右，孕妇都转不开身，很容易只匆匆看了两眼就走了，根本留不住客人。如果要想留住客人，店面不能太小，至少要40平方米左右，另外由于孕妇身形臃肿，店堂摆设也不能太过拥挤，且最好能备有休闲桌椅和洗手间，让孕妇在这里选上2~3个小时都不会觉得累，才能把生意做好。

与投资普通品牌时装专卖店相比，投资品牌孕妇装专卖店门槛相对较低，但利润却相对要高一些。若孕妇装店经营的服装比较有特色，且供货渠道与其他店铺不同，比如专供出口的外贸孕妇装、某品牌孕妇装在当地的独家代理等；或者在进货时能取得更高的折扣，在价格上有一定的优势。那么将店开在同类店铺聚集的地方可以提升人气，促进消费。因为在顾客看来，店面多，选择就多。而对于经营者而言，销售业绩的提高根本上还是要靠经营取胜，同业多则说明人气旺，所以经营者不必害怕竞争。若经营的服装和种类与其他孕妇装店区别不大，很难做出个性和特色，则应尽量避免同业集中的地带。

孕妇装店的规划与布置

　　橱窗是孕妇装店的"眼睛",它是顾客与孕妇装店的第一次接触。因而,一个好的橱窗设计,不仅是一幅艺术品和空间气氛的营造,也是商业促销的一个有力手段。橱窗要展示富有代表性的商品,反映孕妇装店的经营特色。因此,橱窗设计的重点,就在于怎样做出创意。橱窗设计的灵感来源其实不需要冥思苦想,它主要来源于两个方面,一方面是孕妇装的产品特色;另一方面是目前流行的款式或店铺主推款式。如今的孕妇装和流行服装一样,融入了更多的时尚元素,还划分出职业孕妇装、居家休闲孕妇装、宴会孕妇装等众多系列与风格。在橱窗设计时要把这些时尚元素表现出来,如职业系列的孕妇装在模特装饰上要突出职业女性的特征,可以搭配职业女性常见的丝巾、时尚包等。展示的服装可以选择剪裁精致、色彩职业化的孕妇装——深中性色,如黑色、海军蓝,可以将其与明亮或轻柔的色彩搭配,装扮出年轻、时尚的准妈妈。

　　孕妇装店当季或近期的营销方案,可以按时间段来划分,其中包括新品上市计划,以及一些重点节假日的营销策略。在这些重点时期,如妇女节、母亲节甚至儿童节期间,店铺应该进行有针对性的设计。在这个时候就要通过应季的橱窗设计,明确地提醒每一位路过的消费者新品的上市和节日的到来。例如有的店铺在妇女节时就在橱窗打出了"某某孕妇装保护宝宝,送妻子三八妇女节礼物首选"的条幅,还推出促销套餐:凡在本店购物者,均可以得到一本育婴手册;消费达到规定金额,还可以获得影楼提供的免费满月照等,都是不错的方案。

　　最后,孕妇装店的橱窗设计还要把握以下几点:橱窗的展示模特要突出孕妇圆肚子的轻巧和讨喜,不要使得年轻的准妈妈们想到要穿孕妇装就有排斥感。橱窗可以多采用封闭式或半封闭式的形式,与店铺整体建筑和店面相适应,既美观,又便于管理展示服装。

　　橱窗艺术效果的营造少不了灯光的设计,灯光的使用,一是越隐蔽越好,二是色彩需要柔和,避免使用过于复杂、鲜艳的灯光。

孕妇装店的运营与管理

顾客在选购孕妇装时，一般表现出两类具有代表性的消费行为：一类顾客在选购孕妇装时，希望自己能够独立挑选和做出购买决定；对导购人员有倾向性的推销极为反感，反对导购人员的推销观点；在选购孕妇装时，更注重服装的个性化。另一类顾客在选购孕妇装时，比较关注导购人员的介绍，认为他们接触的顾客多，提供的意见比较专业；另外在孕妇装的选择上，多会选择热销款式，认为多数人选择的孕妇装比较放心。

通过对顾客消费行为的分析，在制订孕妇装陈列方案时，经营者可以从以下方面入手：

首先，孕妇装的款式要多，但这并不意味着单纯大量增加款式的数量。为了使顾客感受到孕妇装款式的丰富，可以使用我们前面讲过的"场合布局法"和"主题布局法"将孕妇装按照用途和使用场合细化分类，分别加以陈列，这样可以实现款式的丰富。同时，孕妇装店还可适时引进几款独具特色的孕妇装，不求能够带来多大的利润，只为满足顾客个性化的需求。

其次，在给孕妇装定价时应注意，对于雷同孕妇装，如：款式相同但面料不同、面料相同但款式不同，其价格要具有可比性，通过正确地定价来划分货品的档次，从而让顾客有更清晰的选择。

经营孕妇装店的张小姐是这样给服装定价的：对于面料相同但款式不同的孕妇装，热销款式的定价总要高于其他款式30~50元，这使得选购热销款式的顾客会因款式的优势及价格上与其他款式的差距而获得心理上的满足，而注重实用性的顾客也会因选择其他款式得到实惠而安心，不会因价格雷同给顾客的挑选带来困惑。

孕妇装店采取在短期内直接降价促销，以低于平常的销售价来吸引顾客，促进销售的方法。由于特价促销对顾客具有特殊的吸引力和很强的视觉冲击力，在孕妇装店应用得相当普遍，普通服装店其特价促销也是随处可见。因此，很多店铺经营者把它称为"撒手锏"。

一般来说，孕妇装店采取"特价促销"的手段，往往是因为定价过高，致使某些款式的孕妇装销售不畅，同时孕妇装积压库存占用资金过多，孕妇装店急需回笼资金。或者是一些季节性很强的孕妇装面临淡季或旺季，以及针对竞争对手进行的抵制性的促销行动。

首先，孕妇装店的"特价促销"活动，要选择适当的促销时机，活动的时间通常以1~2周为宜。要考虑顾客正常的购买周期，若时间太长，价格可能难以恢复到原位。降价的金额幅度应占孕妇装原售价的15%以上，因此要结合孕妇装店目前的经济实力，以免被自己的促销活动拖垮。

其次，孕妇装店在"特价促销"时，降价要"师出有名"。通过巧立名目找出一个合适的降价理由来，不能让顾客认为是孕妇装卖不出去或质量不好才降价。现实中降价的理由通常有：季节性降价、重大节日降价酬宾、庆典活动降价、新店开张、开业66天、销售突破若干万元等。还有特殊原因降价，如常见的拆迁大甩卖等。

再次，孕妇装店"特价促销"要取信于民。信誉好的孕妇装店降价促销，顾客信得过；信誉不好的孕妇装店，即使降再低的价，顾客还是信不过。另外，知名度高、口碑好的孕妇装品牌，其促销效果要好于知名度低、口碑差的孕妇装品牌；少数几种款式大幅度降价，比很多种款式小幅度降价促销效果要好。所以在现实中，不同的店铺同样搞降价促销，效果会有很大的差别。

最后，即使降价，也应尽量使用"折扣优惠价""孕妇装特卖会""让利酬宾"等给人较好印象的字眼。降价要精心策划，高度保密，防止竞争对手破坏，才能收到出奇制胜的效果。还有一点需要说明，"特价促销"期间，把特价标签直接挂在孕妇装上，最能吸引顾客立即购买。因为顾客不但一眼能看到降价金额、幅度，同时还能看到降价后的孕妇装。两相比较权衡，立刻就能做出买与不买的决定。

在财务管理方面，通过合理的财务管理，可以使杂乱无章、千头万绪的账目变得条理清晰，同时还能有效预防孕妇装店经营过程中各种弊端的产生，加速资金周转、降低成本、提高效益。而在创业之初，往往由于资金有限，店主不可能雇佣专门的财务来打理店铺账目，这就要求店主自己必须掌握一些基本的财务知识。

孕妇装店的财务管理，主要涉及店铺日常经营中流水账的管理，作为店主一定要做到心中有数。不论孕妇装店的销售业绩如何，店主都要坚持记账，养成记账的习惯。可能一开始店铺销量少，每天卖不出去几件，觉得记不记无所谓。但是随着店铺经营的日益巩固，销量会逐渐增加，这个时候记账就显得尤为重要了，如果开始没有养成良好的记账习惯，现在面对一大堆的账目更是毫无头绪，这将阻碍店铺的进一步发展。

案例：王小姐的孕妇装专卖店

王小姐开孕妇装专卖店已有两年多。她说自己2004年准备开孕妇装专卖店时，佛山还很难找到像样的品牌孕妇装专卖店，一般都是在普通的内衣专卖店角落里挂一两件，且还是款式单调难登大雅之堂的"睡衣款"。

"我那时正好怀孕，老公开着车带我到街上兜了好几个圈才买到合身的孕妇装，这让我从中看到了商机与市场。当时我就有了一个想法，我也可以开一家孕妇装品牌专卖店。"王小姐自豪地说。

王小姐的决定遭到了家人的极力反对，但是，王小姐坚持下来了。如今王小姐已在禅城开了两家分店。所以，要用敏锐的眼光看市场，更要有信心坚持做下去。

27 箱包店：打造形象贩卖美丽

箱包店的选址与筹备

无论传统经营还是加盟连锁，都需要前期资金投入。那我们来做一个投资预算，以投资一个中等规模的皮包专柜为例。

（1）装修：2万元左右，包括专柜装修和货架，而且好品牌一般都要求统一货架，一个专柜大约需要7个货架。

（2）店租：不同的商场有所不同，多数商场是直接从销售额中提成。

（3）人工：一个专柜两个人足矣，每人每月3000元左右。

（4）货品：皮具专柜首期进货较多，要5万元左右。

（5）流动资金：保持充足的流动资金很重要，一般要3万元左右。前期投资合计：10万元左右。

对于加盟店来说，投资预算中还要多出加盟费这一块来，有些总部的加盟费会很贵，但是有一些则很便宜。现在一些总部还有免费首次铺货，送装修费等优惠政策。也许有人会问，自己投资一个中等规模的包饰店，经营正常情况下多长时间才能收回成本呢？李先生开了一家中等规模的商场皮包专柜：他每天的日销售额为1000元，商品成本300元，月毛利润为2.1万元，减去房租、员工工资和其他费用大概7000元，则年利润为16万元左右。也就是说，经营如果顺利，一年之内便可收回成本了。

可见，开箱包店还是很有"钱景"，利润也是很可观的。选择怎样的经营模式，还要根据自己的实际情况而定。只要经营得当，就可以像刚才上面的李先生那样，一年之内回本。但也不是想象中那么简单，任何投资都有风险。包店要想生意兴隆，其中大有学问。例如，如何寻找店址与设计店面、如何把好进货关与促销商品、包饰店的员工管理等，都要创业者细心考量、全面策划。这些都关系到开店以后生意的兴衰成败，也是摆在每一个箱包店经营者面前必须解决的问题。

要确定一个商圈，最主要的是看它的聚客点在哪儿。过去古语说"一步差三市"。开店地址差一步就有可能差三成的买卖。这跟人流活动的线路有关，你有没有发现一个现象，在一条不宽的街上，一边的人流显然大于对面的人流。而且人流大的这一面，都是从同一个方向过来的。试问，这个人流大的这一边，是不是也有店铺的好坏之分呢？总的来说，人流方向和走路习惯、周围环境、交通状况等有关。找准人流方向是非常重要的。我们来身临其境感受一下，你觉得是在人流的上游开店好？还是中游或是下游？结论是：下游好于中游，中游好于上游。

举个例子：商场有一层是美食街，我们从电梯上去后，有很多人会先看一遍，再决定吃什么，但这时却懒得再走回去了，所以，下游是最好的聚客点。也可能有人走到这儿该拐弯，则这个地方就是客人到不了的地方，有时位置差不了一个小胡同，但生意差很多。这就说到了地方格局。

所谓地方格局，指的是商场或者广场的店铺布局是否合理，通道有多少，哪些是主要通道，哪些是死角或者死路。因此必须考虑到下面一些因素的影响：

第一，通道是否畅通，如果通道太多并不是件好事，要对每个通道走一遍，然后得出结论，你所选店铺是否通畅，顾客从你这里能顺利走到其他地方吗？

第二，两边店铺距离是否宽敞，过窄或过宽，都会影响购买者的走路习惯和店铺档次，而且要与周边店铺档次和风格协调好。

第三，亲身体验一下，如果是你，你会怎么逛这里？然后画出路线图，最后找出死角。这个因素主要是靠亲身体会，你可以带着朋友到实地去。什么都不说，观察他们是什么习惯，就容易发现一些问题了。

上述这些情况在选址时都要考虑进去。人流活动的线路是怎么样的，比如说，人从地铁站出来后是往哪个方向走等。这些都派人用表测量，有一套完整的数据之后才能据此确定地址。比如，测定店门前人流量，是在计划开店的地点记录经过的人流，测算一定时间内多少人经过该位置。除了该位置所在人行道上的人流外，还要测马路中间的和马路对面的人流量。马路中间的只算骑自行车的，开车的不算。是否算马路对面的人流量要看马路宽度，路过窄或过宽超过一定标准，只要中间有隔离带，顾客就不可能过来消费，这样的情况就不能算对面的人流量。开包店也是一样，一定要做好充分的准备工作，还有，当我们在选址时一定要考虑人流活动的线路会不会被竞争对手截住。

开实体箱包店，首先地点要选好，也要确定你的消费群体，其实现在大部分买包的是女性，你可以进几个比较流行且价格适中的包。现在大部分女性上街都会拿包，而且会根据自身的衣服来搭配，这样你就会有固定的消费群体。

箱包店的规划与布置

顾客走进零售店第一眼看到的是什么？是商品的陈列。简洁明快如画的陈列给顾客的第一印象总是舒坦的，也是最鲜明、牢固的；而杂乱无章的陈列往往让顾客失去购买欲望。

心理学家认为，顾客在购买活动中，最容易受心理暗示因素影响。其中，以购物现场环境的暗示影响最大。据有关问卷调查显示，柜台的陈列能对顾客的购买行为产生一定的影响，61.7%的顾客认为购买某种产品是因为该柜台的陈列给他们留下了深刻印象；81%的顾客认为是陈列引起了人们的购物兴趣；而有29.3%的顾客则认为陈列促使他们立即采取了购买的行动。

货品陈列是展示产品的形象、吸引顾客眼球的重要手段，尤其是商品零售业发生重大变革，打破三尺柜台，实行消费者自主选择购买后，有效的货品陈列更是成为影响顾客购买行为的重要因素之一。那箱包应该如何陈列，要注意什么才能吸引顾客的注意，使其产生购买的欲望呢？科学而独具匠心的商品陈列方法可以使箱包富有生命、发出光彩，从而收到效果，促进箱包的销售和箱包店营业额的提升。我们先来看看箱包的陈列要注意些什么呢？

箱包的陈列应注意七点：

（1）充分利用既有的陈列空间，发挥它的最大效用和魅力，切忌不要让它有中空或货源不足的现象。

（2）陈列箱包的所有时尚款式，以便消费者视自己的需要选购，否则消费者可能因为找不到适用的款式而购买竞争品牌的产品。

（3）成系列箱包集中陈列，其目的是增加系列箱包的陈列效果，使系列箱包能一目了然地呈现在消费者面前。此外系列箱包中的强势产品也可以通过集中陈列，带动系列箱包中比较弱势的产品。因为，系列箱包集中陈列能够造成一股气势，有助于带动整体销售。

（4）按产品色调进行陈列，色彩是构成视觉美感最为重要的因素之一。客观世界中的各种物体都呈现着不同的色彩，人们无时无刻不在与色彩发生关系。在具体陈列时，我们可以将颜色鲜亮的商品排在前方，暗色调的商品排在后方，使整体色系产生明暗的层次，形成一种立体冲击力，以影响顾客的决策。

（5）争取人潮较多的陈列位置。在售点，推销员一定要掌握顾客的移动路线，并将产品尽量摆放在消费者经常走动的地方，如端架、靠近入口的转角处等。一般而言，看到箱包的人越多，箱包被购买的概率就越大。若放在偏僻的角落里，箱包不易被消费者看到，销路也就不会好到哪里去。

（6）把箱包放到顾客举手可得的货架位置上。要吸引人们前来购买，推销员必须按照消费者的身高，把商品摆在与他们视线平行、伸手可得的地方，太高或太低的陈列位置，都会造成购买障碍。也就是说，陈列高度应视目标消费者而异，以便于他们选购。

（7）经常保持箱包的价值。在陈列的过程中，除了要保持箱包本身的清洁外，还必须随时更换箱包中损坏品、瑕疵品。如有滞销品，应想办法处理，不能任其蒙尘，有损品牌形象。

总之，就是要让箱包以最好的面貌面对消费者，将箱包的正面朝向顾客、排列整齐、避免缺货、随时保持货架干净，也是维持箱包价值的基本方法。

箱包店的运营与管理

如果加盟连锁店的话，从整体上来看，连锁包饰店近年来发展迅速，业绩直线上升，加盟连锁店是现今包饰店经营的主要形式之一。但也存在着风险，虽然个人投资连锁店的成功例子很多，但是失败的也不少。这又是因为什么呢？若是你认为加盟后就一切依赖总部，恐怕难逃失败的厄运。想要成功，最为主要的还是发挥自己的智慧和能力，来积极经营。

还有一个重要的方面就是，要选择一个有良好素质的总部。如果你选的总部是个经营不善的总部，你再怎么经营恐怕也无济于事。那么怎样才能选择一个良好的总部呢？最主要的还是要看三点。

第一，这个品牌是不是已经存在一定的时间了。当然现在很多品牌都说自己如何如何的历史悠久，它到底有没有很长的历史，这个需要自己来咨询和判断。

第二，这个品牌是不是有大量成功经营的店铺。建议在加盟之前一定要去看一看，而且是不止一家，这些店铺最好还不在一个城市。如果大部分经营状况一般，你就要小心了。

第三，这个品牌是不是有完善的客服体系。你在实体店通过与店主聊天，可以问一问他的进货情况，了解一下总部是不是有缺货的时候，总部的产品更新得快不快。还有就是总部有没有大型的物流配送体系。有的总部承诺退换货，是否可以做到。

另外我们还要了解，开一家高档品牌的专卖店，投资大概为20万元左右，主要是装修、进货、加盟费，这还不包括租金。因为必须选择黄金地段，所以店面租金相对较高，一般一级城市的顶级商圈，每月租金大概为

7000~15000元。专卖店只能做单一的品牌，对投资者的要求较高，因此不建议小本投资者涉足。其实不是所有的品牌都可以连锁加盟。国际知名品牌和作为奢侈品消费的大品牌（如LV、GUCCI等）并非消费主流，加盟的门槛很高，而且有些品牌是厂家直营店，是拒绝加盟的。所以还是要选择适合自己的加盟品牌。

如果你是自己经营，则在经营过程中需注意以下几点：

（1）首次拿货不要太多。一个新店不一定要货多才能吸引人，店里摆得满满的，但没有归类好，再加上色系单一，款式单一的话，根本找不到精致的包，没有亮点，就算再多的好包也不好销售。

（2）不要脱离大众。要定位好你的消费群体，如果整个店都是高档包，定位在有一定消费能力的女人身上，不做学生的生意，按道理应该没错。但是，如果你身边有很多学生，一进来看价格都摇头走了，生意就没了。因而可根据实际情况进一些实惠的包，那样会多做很多生意！

（3）了解女人用包的习性。开店前，要知道女人大部分不喜欢什么样的包，那样的包你就不要去进货，比如有的包外表很好看，但是比较烦琐，打开袋子都要半天，这种包几乎无人问津。另外，包还有双肩、单肩的区别，轻重材质的区别，等等。有的帆布包很好看，但是不好保养。

（4）拿包时尽量不要一组一组地拿。一组一组地摆着好看，但是顾客来了却花眼了，不知道挑哪个，而且按组拿的话，款式会少很多。

（5）另外可以考虑箱包租赁。一些中高档的箱包价格不菲，虽然能满足经久耐用的需要，但是又不能符合流行时尚的趋势。据了解，一般女性消费者对包的使用周期在1~3个月，她们对箱包的要求是新鲜感、时尚感以及跟季节、服装和场合的搭配程度。在很多时候，换包就是换一种心情。而且，随着人们参与不同场合，需要配备不同箱包的需求也在增加。例如，一位女士下班后要参加派对，则可以先在公司附近的地点租借晚宴用的包包，回家时再换回第二天上班用的包。因而，箱包经营者也可以根据这样的"趋势"开设箱包租赁服务。例如，销售价格在300~500元的中高档箱包，按每天5元租金收取，以30天一个计算单位出租。也就是说，在支付了300元押金之后，顾客只需花上150元便可以在一个月内随便更换使用店铺内的箱包。当然，如果使用不足30天，就将剩余天数的租金在箱包归还时一并退回。另外，在损坏赔偿问题上，像拉链等容易出现的五金件破损问题，顾客不需要为此赔偿。只有发生利器划痕时，赔偿工本费即可。箱包出租使用一个月后，可根据使用的新旧完好程度，分档次以较低的价格出售。

案例：小刘的箱包店

小刘中专毕业后，回到家乡找工作。一方面因为学历比较低，在外工作不好找；另一方面因为他是家里的独子，希望能在家方便照顾父母。他先后学过修车，做过家电售后服务、日化用品店的店长助理，但他心里一直期望能够有一家自己的店，能赚更多的钱，不再靠每月微薄的工资生活。

在经营日化用品的时候，他了解到，女性服饰类商品的零售价与进货价差距很大，而且，现代女性越来越重视装扮和外表，女性服饰的销路相对较好，就开始暗地里留心女性服饰行业。通过对市内的市场考察，他发现女装品牌众多，经营风险大，不适合他这个门外汉投入。市内也有不少饰品店，经营各个档次的饰品，唯独女包店较少，不是货物陈杂，就是价格昂贵。如果能开一家价格适中、样式新颖，又有质量保证的箱包店，就能在行业竞争中取得优势，抓住这块市场。

小刘没有这方面的经营经验，选货进货都不在行，这个问题困扰了他好久。在他上网查找相关资料的时候，发现了某包饰加盟店。他详细研究了相关的加盟政策和投入回报估算之后，他决定开个箱包店！一方面，他所加盟的箱包是国际大品牌，所有包饰都是由专业设计师结合最新流行趋势设计的，可以保证商品的新颖和时尚；另一方面，公司为加盟商提供从店铺选址、装修到员工管理、开业促销等一系列的支持，有专门的营销专家为加盟者指导解决开店过程中遇到的各种问题。

他的计划得到了家人的支持，父亲拿出家里的5万元，给他作为开店资金，他风风火火地干了起来。他先在市中心繁华的商业街租下了一个20平方米的店面，由于附近都是女装店、鞋店、饰品店，人气比较旺，又没有明显的包类竞争对手。然后按照公司给的装修方案找人进行装修。装修后的小店以粉紫色作为主色调，时尚中透出温馨浪漫，很多顾客一进店门就称赞：你们店里感觉真好！

由于店面比较小，除了他自己看店之外，只请了一位店员。而且，他受到理发店都用男理发师的启示，又招聘了一位男店员。在挑选店员时，他选择了一个学过美术，具有一定审美能力，口才较好又性情温和的男孩子。他的朋友担心，卖女包的店里都是男人，会不会亲和力不够，会不会在交流上有困难。后来实践证明，男店员有男店员的优势，包饰并不像衣服那样涉及试衣等，需要女店员的体贴服务，也不像小饰品那么烦琐细致。挑选包类商品时，适当的建议和评价是顾客很需要的，而男店员基于对女性审美给出的建议和评价往往比女店员更有说服力。对有些犹豫不决的顾客，小刘会耐心介绍商品的搭配方式和特点，并适当提出建议供顾客参考。对一些随便看看的顾客，常会适当地介绍一下主打产品，引起她们的注意，也让顾客感觉到服务周到。特别是对那些为女性亲友挑选礼物的男顾客，男店员更加了解他们的心理，更容易得到他们的信任，提出的建议也更易得到采纳。

凭着适合的进货方略，恰当的售货服务，小刘的箱包店慢慢地火起来了。营业额高的时候，一天的流水就有1万多元。短短两三个月，他就收回了初期的5万元投入。现在，他准备再开一家包饰店，同时开发网上订购送货到家的服务，进一步开拓市场。

28 鞋店：一双好鞋带你去美好的地方

鞋店的选址与筹备

开店赚钱，最重要的一步，就是市场定位。风格定位，要清楚你做的品牌是休闲鞋还是工作场合穿的鞋，是男鞋还是女鞋，定位好了之后好选址。开鞋店不是一件毛糙的事情，要根据目标市场的消费水平和消费习惯，认真总结，细心分析，针对目标市场的消费状况，找准合适自己的定位，比如目标市场时装鞋的需求大，但是供应少，那么你就应该定位在时装鞋上。再就是选地址，好的位置可以事半功倍，较边缘的位置可能要花费很大的精力来做出你的知名度，当然选择地址还要结合转让费和租金等因素，还要考虑自身的资金限制等，总之要从自身实际出发。

开店前，想好卖什么鞋。不同的鞋有不同的种类，一般说来，鞋有以下几种：

（1）按穿用对象分。有男、女、童鞋等。

（2）按季节分。有单、夹、棉、凉鞋等。

（3）按材料分。有皮鞋、布鞋、胶鞋、塑料鞋。

（4）按工艺分。有缝绱、注塑、注胶、模压、硫化、冷粘、粘缝、搪塑、组装鞋等。

（5）按款式分。头型有方头、方圆头、圆头、尖圆头、尖头；跟型有平跟、半高跟、高跟、坡跟；鞋帮有高靿、低靿、中统、高统。

（6）按用途分。有日常生活鞋、劳动保护鞋、运动鞋、旅游鞋等。

如果是你自己经营鞋店，则进货时要学会对鞋检验，以下是检验的内容。

（7）外观。有没有色差，鞋头大小，后跟高低等；清洁度怎么样，有没有胶水污染、车油、锈迹、灰尘、线头、成品变色、褪色等；有没有歪斜，包括鞋面各个配件（鞋头、后包、鞋舌、装饰物、合缝等）。

（8）功能。包括纸版的错误以及可能用错和随意代码等；胶水粘力够不够，达不到客户要求的最低标准或用手轻易就能拉掉；内里是否褶皱或是否刮脚等。

（9）包装。首先是外箱，特别是外箱印刷包括印刷字体大小、内容、位置等，其他就是外箱规格，包括大小、材质、毛重和净重等；其次是内盒，包括尺寸、颜色、各种贴标、印刷，是否错形体、错码、错颜色装内盒，是否要放干燥剂等；每次验货，要看是否已经满箱，同时要抽箱检查，避免工厂作弊。

鞋店的规划与布置

找准了定位店面，下面介绍的就是店内的规划要素：

（1）色彩统一。鞋店的装修色彩要和谐统一，让人一眼就能看出你店面的主色调，这里说的统一不是让店内的装修色彩完全一致，那样会让店面显得很单调呆板，应该让局部有对比并服从整体。

（2）货架摆放。根据店面的实际情况摆货架，如可用墙面做背景架，或者花车架等。留出行走空间，分为主通道和副通道，其主通道宽度不得小于120厘米，次通道宽度不得小于80厘米。形象背景板对主入口或卖场主通道。

（3）灯光。设计不同的灯光，效果差异明显。比如长方形的店堂，可以设计成3~4条的竖排形状，墙体两边位于鞋架上方的2排，最好装上射灯或者聚光灯，中间的则装上瓦数相当的节能灯。射灯最好对准带钻的鞋款，对准款式潮流的鞋款，让顾客一眼就能看到，不用介绍就能知道鞋子的价值与档次。在女鞋卖场中灯光起着关键的作用，同样一双女鞋打光和不打灯光的展示效果完全不同，特别是一些单件展示的高档女鞋，一定要用射灯予以烘托。灯光的颜色也要适当，蓝色光给人很清凉、迷幻的感觉，适合展示凉鞋、拖鞋；黄色的灯光，给人很温暖的感觉，适合于卖秋鞋、冬鞋。

（4）试鞋镜。镜子可做成长120~140厘米、宽20~25厘米的形状，在离地20~30厘米的墙面上安装，边框可包上一些图案。细长的镜子可以把人照的显清瘦与挺拔，宽短的镜子就肯定把人照的臃肿肥胖。这样设计，明明很粗的腿很大程度上显细，穿鞋的效果明显变好，本来很一般的鞋子都会变得不一般些。很多卖家尤其是卖男鞋的，出于节约空间的目的，或者认为没有必要太注重镜子的功效，设计试鞋镜时简简单单地做个小小的三角形的斜镜子，小气的只能照到脚的那种，以为只要能照清鞋子上脚的效果即可。其实，能照出全身衣服与鞋子的搭配来，购买的成功率会大增。

（5）招牌与橱窗。常在街头看到某些鞋店，店堂靓丽，装修豪华，音乐喧哗，广告传单铺天盖地，但看过之后没留下什么深刻的印象。事实上，好的招牌、个性的店名、整洁的橱窗，往往更能代表一个商店的特色。橱窗犹如人的脸，有条件的就一定要设计橱窗。设计时要求整洁明亮，里面摆放的鞋子要是个性十足招惹眼球的，最好配上水晶，点缀上一些植物花卉，彰显生机盎然与高贵典雅。

货物上架，怎样摆放更有韵味，即如何铺货，如何摆放鞋子，才更能体现鞋子的品位档次呢？根据跟型、鞋型、面料、头型等各个方面，可以正摆、侧摆、顺摆、倒摆，总之要根据你的店面的整体风格来设计出适合你的铺货。如果是休闲女鞋的店面，那么可以给人感觉随意、轻松，用对比强烈的色彩和绚烂的灯光，折放、正面展示、侧面展示要互相穿插，货架的摆放要在随意中又有整体的感觉，正装则反之。女鞋卖场的色彩要有女人味，淡蓝+白、红+白、紫红+白、驼色+白、白、黑+白等都是不错的选择，卖场的线条要流畅、纤细，灯光柔和，多点镜子。如果是男鞋的店面，则以粗犷的线条、深沉的色彩为主，多用胡桃木等材料制作。

总之，要根据自己的定位风格，设计相应的装修风格，卖品牌鞋的要大气，卖时装鞋的要前卫时尚，卖休闲鞋的要足够休闲浪漫。装修不能仿制，要有自己的创意，可以自己设计自己完成，既节约成本，又包含自己的经营理念。记着一点：开店经营，还要节约每分钱，精打细算才是合格的卖鞋人。

鞋店的运营与管理

（1）进货管理。开始进货时，不要每天都算计卖出去多少，什么时候能回收投资，赚了多少，等卖回钱，就赶快进货，只要能吸引顾客进来，卖出名气，以后就能生意红火，越做越好做。开始越忧虑，进货时压力越大，情绪越不好，越能感染给顾客，生意会越差，恶性循环，以后就很难改变困境。做生意要看长远，半年一年后，很可能雇用一个人，你基本上不用管，也能每月几千元或上万元，这就是投资回收的时候了。这时你计算投资回收比率是很高的，而且你做的时间越长，利益越高，你的店的知名度、品牌价值等让你转让时还可以赚钱。

（2）售后管理。东西坏了，顾客找上门来了，该怎么办呢？要学会基本的维修技术，要学习国家地方的三包规定，要态度好，有耐心。

当然，在经营的过程中，还有很多东西是新手需要学习的，如何促销、换季处理等，可以在开店的过程中慢慢实践。总之，不论是促销还是换季处理，都是为了多多卖鞋，多多进账。经营者还要在日常销售中注意一些微小的细节和掌握一些小技巧，以达到事半功倍、豪取而不强夺的境界。

另外，不建议新手刚开店就到鞋产地比如广州、深圳等地方进货，因为运费代价太大，经济上不划算。进货时，要"看、问、比、动、试、还、跟"，多观察商品，要每家每家仔细地看，问价格，看哪家更便宜，看质量哪家更扎实，动手撇撇鞋跟，穿上脚试试，问清价钱，能不能还价什么的。要知道你花钱进的货，有任何问题滞销的话，那么你的钱就压在那里了。开始进货时应该大胆，款式越多越好，每款的数量不要太多，号码齐全，顾客进来有选择的余地，能多挑挑。

不同的鞋店面对的顾客不一样，需求也不一样。比如说童鞋店，一般社区里的家庭为自己的孩子购买童鞋时，很多人不会专门跑到商业繁华区，都是孩子需要了，马上就会来买。其次，买鞋送礼是一个大需求。比如六一儿童节，或者平时人们到有小孩子的家庭做客，也会选鞋作礼物；孩子过生日，或者老人回家都会带双鞋。采购礼品的还有很多年轻人，喜欢儿童、怀念儿童生活，也会跑进来给自己亲戚的孩子买。买礼品的人特别注重款式，觉得好看好玩或者高档就会买。喜欢的鞋子，价格稍高一点都可以接受。妈妈们给自己的孩子买鞋子，首先看是不是舒服，很多穿着不方便的鞋子是不会考虑的，进货时这两个人群是要分别考虑的。经营者在经营过程中慢慢摸索吧。

案例：陈先生的鞋店

陈先生开了一家鞋店，投资了7.5万元左右。其中有2.5万元是用于商铺，这部分为前期投资中的非必要性投入。其余5万元则分别投资在首批存货、首期房租以及前期装修和设备购置等。商铺面积较大，有50平方米，月租金在6000元左右。他认为，如果开设成小店联盟的形式，那么一家单店对面积的要求则小很多，10平方米足矣，在租金上的投资也相对少很多。小店不大，不过有优势，那就是销售物美价廉的产品。

在了解当地人的爱好后，他选择了符合大众喜好的鞋子，而非定义在中低档。进货时先看质量，可以自己先买一双回来看看质量，质量才是信誉最坚强的后盾。"福建是高精仿运动鞋的源头，鞋子质量不错，可以了解一下。"陈先生说，"首次进货要多少钱，这个得你自己来决定。当然。最好款式各方面都要充足一点。这点要根据你的资金状况来决定。"

29 裤子专卖店：引领潮流吸引人气

裤子专卖店的选址与筹备

对预选的店址，可从以下几个方面展开系统性思考和调查：

（1）错位经营。不要理解成大家都卖茶叶，唯独你卖服装；大家都在女人街上卖女人服装用品，唯独你卖男士剃须刀。正确的理解是，要和你的竞争对手实现产品的差异化经营，这种经营的实质是要实现和竞争对手产品的互补，从而实现"双赢"。比如，如果周围有多家休闲服装店，在休闲服装这个层面竞争自然会激烈一些，那么这时可以错位经营，将目标锁定在淑女装或职业装上。又比如，别人都卖休闲套装，你可以专卖裤子；别的店铺都做大众休闲裤，你就做牛仔裤专卖，等等。

（2）区域特色和顾客收入情况。一般来讲，店铺附近人口越多、越密集越好。但是这不能一概而论，目前很多大中城市都相对集中形成了各种区域，比如商务区、商业区、金融区、采购区、旅游区、大学区等，在不同区域开裤子店应按照其消费特征分析其具体情况。比如，北京著名的马连道茶叶街，是北京最大的茶叶批发集散地，要说买茶叶，北京人没有不知道的，因为这里汇集了全国各地大大小小的茶商，90%的店铺都是以卖茶叶为主业，已经形成了特色商圈。但是要在这里开裤子店，就要理性判断，用数据说话，三思而后行。

总之，选址是需要耐心和细心的事情，还是那句话，开店前期是选址、选址再选址，后期是细节、细节再细节。首先，先确定下来卖什么样的裤子，然后找符合这个条件的店址，简单说是用产品找店址；要不你就先找店铺，再按照附近客户群体去确定你卖什么样的裤子，这是以店址找产品。其实说白了，就是顺应市场需要，市场需要什么，就提供什么。

裤子专卖店的规划与布置

店铺的格局是规矩的浅方形最佳，面积20~40平方米（根据地区不同可以有所调整）。橱窗和门的朝向最好是正向，而不是东南、西南等偏向。

先不管你的裤子款式颜色如何，要是想让人看着舒服上档次，建议衣架和货架颜色要配套。货架单买一般是1.2米长，基本在480元左右，根据店内需要和格局，可以去工厂定做，定做一般320元/米。很多比较高档的店铺的衣架是铝质的镀成金铜色，在灯光的映衬下，感觉和货架不仅配套还很上档次。

货架上的吊环在各个服装店的配套用品商店都可以买到，买的时候质量好的小环一般15元一套，大环一般18元一套，这里面大环、吊线、吊轨都包括了。还要注意吊环间距，一般8厘米左右为宜，这样足够挂冬装，当然间距也可以随时调整。

裤子店陈列架的高度一般以90~180厘米为宜，而顾客胸部至眼睛的高度为最佳陈列处，我们称此为"黄金空间"。货架距离相隔不要小于120厘米，这样顾客进门后可以很舒服地走动，并且能接触尽可能多的商品。

店内陈列的好坏，直接影响店面的销售工作。店内陈列一般可分为四大陈列手法：色系陈列、风格陈列、面料陈列和价位陈列，但无论采用哪种陈列手法，都应以色系陈列为基础。

（1）色系陈列。裤子店色系陈列的原则是以一个中心色配两个基本色为主，其实就是红花要靠绿叶衬，哪个是红花，哪个是绿叶心里要有数，绿叶之间也要颜色近似。咱们先说如米色+咖啡+驼色，其中以米色为中心色，咖啡和驼色衬托米色，两个基本色为相近色，否则让人觉得层次感不清晰。

对于很多新店主来说，运用色系陈列时还要注意颜色保持平衡，平衡通常可以通过运用产品组成的色块、形状和数量表现出来。平衡最需要考虑的就是冷暖色调的平衡，如冷色调的裤子，建议把它摆放成大色块组合，放在货架的底部，由于有了这些"根基"，会给人很稳定的感觉。色调的分布自下而上应由冷渐暖，色块由大渐小，这样看起来很舒服。

（2）风格陈列。同一定位的裤子为一组陈列，如休闲组、商务组、运动组等。

（3）面料陈列。尽量把同一质感的裤子作为一组陈列，如纯棉为一组、牛仔帆布为一组等。

（4）价位陈列。把价格接近的裤子作为一组陈列，这种方法经常运用于各种促销中。

另外，裤子店的墙壁也是最吸引顾客眼球的地方，你可以将衣服任意摆出各种POSE，还可以在下面的衣架上挂裤子和衣服，衣架上面放上玻璃板，再放几个包包和鞋子，但是一定要注意，挂衣服是要留有余地的，画画的时候最讲究留白，过犹不及，衣服挂得满满的会显得店铺档次不高。

裤子专卖店的运营与管理

（1）标价牌。标价牌内容必须打印或正楷书写，整洁清晰；标价牌严禁出现涂改现象；同一专柜标价牌须摆放在同一位置，要做到每件商品都有标价。经常看到很多店有的商品有标价，有的商品没有标价，这很容易让人怀疑店铺的定价方式和诚信。

（2）叠装标准。同季、同类、同系列产品陈列在同一区域内；叠装每摞原则上所占位置不超过32厘米×36厘米；每摞叠装的间距应保持在10~15厘米左右；每摞叠装的货品尺码序列应从上到下，由小到大（S-M-L）；每摞叠装应保持立裆、裤线等褶位整齐平顺，拉链就位；叠装陈列应避免65厘米以下展示或光线较暗的角落展示。经常调换陈列产品的位置，以免造成滞销。叠装货品要拆除包装，吊牌不要露出，放在衣服内；区域内颜色由上到下，由前到后，由浅到深；把畅销款式的货品放在黄金区域（容易看见、容易拿到的位置）；把与货品相关联的陪衬品放在它旁边，便于附加推荐销售。需要注意的是保持叠装的整齐、美观、平直；可经常调换货品陈列位置，防止滞销，使顾客有新鲜感，感觉新款不断。如果产品缺货，可以用不同款式但同一系列颜色相同的货品垫在第二摞货品的下面。叠装服装的相关服饰配饰应就近挂放在叠装周围，便于附加推销，比如搭配裤子的鞋帽、袜子、手套、围巾等。

（3）挂装标准。在挂装方面有正挂和侧挂两种。侧挂的最后一件应反转挂，使之正面朝向顾客；系列款式相同的裤子使用同一衣架；侧列挂装货品的间距应在6~8厘米；挂装尺码序列应从前往后，尺码由小到大；从外到内，尺码由小到大；正列挂装颜色渐变从外到内，从前到后，由浅至深，由明至暗。侧列挂装色彩渐变，从前到后，从外到内，由浅至深，由明至暗；同类、同系列货品挂列在同一展示区域内，男、女装服饰应明确界定，分列展示；裤子挂装与地面距离不应超过15厘米；挂装产品必须保持整洁，有折痕的裤子应先熨烫平整后再挂列；清除别针、夹子和线头，纽扣、拉链或腰带应全部就位；裤子污损后，及时清洁、处理和更换；将主推商品或色彩强烈的商品放置于主墙面，使顾客明确商品主题；挂装区域的就近位置应摆放模特展示该区域挂装的服装，配置POP。

同款服装应同时连续相邻挂列，尺码要全。这里要注意，也是很多新手容易犯的毛病，虽然同一色系的裤子放在一起会给人很舒服的感觉，但是一定不要把太多同样款式、同样长短的裤子放在一起，疏密搭配，错落有致，效果就很好。相反，如果裤子摆满整个货架，密密麻麻给人的感觉简直就是一个大仓库。

案例：百圆裤业

全球的产业经济里，隐藏着无数的隐形冠军，它们也许默默无名，但却时时刻刻影响着人们的生活。典型的隐形冠军是这样的企业：一种产品只针对一个市场，企业内部并没有非常复杂的产品结构；它们把精力都放在某个领域，并在这个领域中做到最好；对大众来说，它们知名度不高，但在它所在的领域，它占有的市场份额却极高。

在中国的诸多"大王"型企业中，隐形冠军不可胜数，相较于其他隐形冠军，"百圆裤业"具有更为鲜明的特征：这个裤业大王处在一个极其时尚的行业里，但它从不打广告，也很少对外宣传，可是短短数年间，它的生意规模翻了几百倍；它没有自己的工厂，也没有采取人海战术，却建立了一个枝繁叶茂、拥有1400多家专卖店的销售网络。

十多年前，杨建新卖出第一条裤子时，根本没有想到这个小生意会做到这么大。当时的中国，还没有什么叫得响的裤装品牌，人们对裤子的价格只能通过手感来判断。为了争取更多的利润，那些身处各地批发城的商家利用顾客的这种心理，与顾客玩起了猫捉老鼠的心理游戏。对消费者来说，砍价成了一种费时费力的博弈。其实，消费者更乐于当一个傻瓜式的购买者，因为砍价是一场费神费力的拉锯战，这不仅降低了商家的成交率，而且极易与顾客发生纠纷。

杨建新意识到了这一问题，而当时全国火爆流行的十元店给了他灵感，他想，如果将这一做法移植到自己的店铺里将会怎样？于是，"百圆裤业"应运而生。它第一次让明码实价以"品牌"的形态出现在了市场上。尽管这一手法现在已被广泛应用，但在当时，却是一件新鲜事。杨建新清醒地知道"百圆裤业"的顾客群体在哪里，也明白他们有着什么样的需求，为此他还花了13000元买了一台大型缭边机，承诺"无障碍退换货，终身免费缭边、熨烫"，来强化顾客心理上的感受。

1995年夏天，这个出身贫寒的年轻人并没有像普通的店主一样，摇着蒲扇，苦等客人上门，而是想尽办法打动每一位顾客的心。那些创意十足、心思精巧的营销做法，让"百圆裤业"的生意一飞冲天，一发不可收拾。直到今天，杨建新认为这种生意模式仍具有竞争力，因为它直观地表达了"物美价廉"的理念，打消了顾客对商家的天生不信赖感，购物成了一件轻松而愉快的体验。

"百圆裤业"快速增长的一个关键在于其精准的品牌定位和百元的定价，杨建新也不讳言这种商业模式给"百圆裤业"带来了大发展。事实上，这个不起眼的创新解决了一系列营销难题。说起来，"百圆裤业"的独门武器也就是"三板斧"：百元定价、连锁经营、免费熨烫缭边。尽管现在模仿这种做法的人数不胜数，可市场竞争不是商业模式的战争，而是一场系统战，考验的是一个企业的实力和能力。成就"百圆裤业"的绝不仅仅是"三板斧"，还在于它颠覆了既定的游戏规则，用最朴实的价值观创造了一个共赢的商业奇迹。

30 时尚饰品店：达人一族爱不释手

时尚饰品店的选址与筹备

首先，不是只要拿钱就适合开家饰品店。经营者要培养自己的时尚感和较前卫的审美观，要有一定的商业经营经验或一个学习的过程。

其次，任何商业项目都或多或少存在风险，开家饰品店同样也不例外。就像"天上永远不会掉馅饼"一样，对于一些虚假的广告承诺，一定要仔细辨别清楚，理性分析后方能做出投资决断，不可盲目轻信。

很多人不知道自己该不该加盟开店，实际上加与不加都有利弊。如果选择加盟某种饰品品牌，则由加盟商全面负责市场及竞争分析评估、投资建议、时尚概念导入、店铺选址评估、经营通路分析、智力培训、店铺设计、开业筹备辅导、后期经营辅导、广告宣传、行销策划、市场宣传资料、品牌体系建设、信息体系、产品物流保障等在内的各项支持服务，以期为加盟合作机构提供全面的商业支持，最大程度上降低市场风险。但弊端是，要交一定的加盟费和保证金。此外，加盟时尚饰品行业，一定要慎重，可以多问、多参考、多了解和多分析，才能找到具有实力的加盟总部。当然，如果自己有眼光及销售经验，不必加盟也能顺利开店。

市场定位准确与否，直接决定商业的成败。因而，在选址前，要考虑清楚，是先选店址还是先定位市场，这两者会相互影响对方。如果是选在大学城里面或者大学高中学校附近等开店，那么学生和年轻人特别多；如果将产品定位在20~45岁之间的中等和中上等收入阶层，则要选择时尚潮流人士多、白领聚集的地方，或者繁华的商业街。什么样的定位，也决定了进货的价位与档次。

在进货渠道上,义乌进货相对较好,义乌的很多厂商直接是来样定做,也就是说他们可以直接探询到国外的最新流行趋势。但进货一定要根据当地的人文、风俗习惯来选择;价位一定要根据你周围的消费群体的年龄段、城市的消费水平、收入情况等来定;服务一定要到位,这是现代经商的根本。

第一次进货一般预算5万元比较好,最起码要3万元才能把货物备齐,包括彩妆系列、头饰、首饰等饰品系列,钥匙链、卡通布偶、陶瓷娃娃等礼品系列。货物要高、低档次都要有,以满足不同消费者的需求。现在的人注重的是个性,货物想要有特色最好去少数民族地区进货,藏饰、傣饰都是很流行的。进货时,尽量选择设计精美、玲珑精巧、新颖别致,突现个性化和艺术化的饰品。

时尚饰品店的规划与布置

进好了货,接下来重要的是如何布置了。

(1)色彩搭配。在陈列的时候可以按照类别来陈列,很多顾客在购物时都属于冲动型消费者,引起他们购买冲动的因素除了价格、品种、量感等原因外,饰品的色彩冲击也是重要因素。因此,在陈列饰品时,要注意各种饰品的色彩搭配,将冷暖色调恰当地组合在一起,以吸引消费者的眼球。

(2)左右结合,吸引顾客。一般来说,顾客进入饰品店后,眼睛会不由自主地首先转向左侧,再慢慢移到右侧。这是因为人们看东西时总是习惯性地按照从左到右的顺序。因此,饰品店店面左侧陈列的饰品应尽可能对顾客具有吸引力。同时,由于人们习惯于用右手写字,靠右边走路,所以在人们的潜意识里,右侧的东西是安全可靠的。因此,利用人们的这个购物习惯,店面应该将一些主打饰品放在右侧,加速销售。

(3)易拿、易取、易还原。即使再美观、大气的陈列,若顾客拿取不便,或者拿了再放回去极为麻烦,也无法起到促进销售的目的。同时,饰品的陈列还要求要符合人体尺寸。以高度为165厘米的货架为例，黄金陈列线的高度一般在85~120厘米之间，是眼睛最容易看到、手最容易触摸到的商品的位置，所以也是最佳的陈列位置。因此，饰品店通常会在此位置上陈列一些高利润饰品。

（4）陈列位置相对固定。饰品店的陈列摆放要相对固定，但是又要不定期地略做变动。有些顾客喜欢饰品摆放的位置相对固定，这样下次再光顾时，可减少寻找饰品的时间；不过如果饰品长时期地摆放在固定的位置，则会给顾客带来一种陈旧呆板的感觉。综合两者，饰品店在饰品摆放一段时间后，可对其位置稍做调整，以给人耳目一新的感觉。尤其是推出新品或促销方式改变时，饰品的陈列位置更要进行相应的调整，以增加顾客的新鲜感并延长其停留在店面的时间，增加他们购买的机会。同时，在摆放饰品时，可以故意拿掉几件饰品，向消费者暗示其良好的销售状况，进一步激发其购物欲。

时尚饰品店的运营与管理

在经营过程中，可采取多种经营方法，目的在于使店内的营销量最大化，以下是一些常用的营销管理方法，经营者可以根据自己的情况借鉴。

（1）俱乐部会员制：以招募俱乐部会员的形式发展客户，且能锁定相对固定的客户群。

（2）会员互惠活动：回报老会员，吸纳更多新会员，新老客户可同时享受相应的优惠，创造新顾客源源不断的奇迹。

（3）体验行销法。请顾客对饰品进行搭配，并评选最佳搭配奖项，在潜意识中加深对店铺及其服务的印象，从而迅速扩大品牌及服务项目的公众知名度。

（4）循环服务系统：为客户做好售后服务，并能提供增值服务，赢得广泛的社会支持，而赢得商业信誉就是赢得财富的开始。

（5）组织经营法：可利用良好的地缘关系和各种优势资源，主动出击，扩大影响，创造成功的辉煌。

（6）联合经营法：可以和附近的咖啡馆、电影院、网吧等具有共同客户群的商业机构形成联营，比如买一种规定的饰品可能获得一张电影票或2小时网卡等。

（7）网店营销法：做生意能多赚点就多赚点，开家网店也能多开一条生财之道。

案例：啊呀呀

1999年4月6日，姬长伟先生在北京第二外国语学院附近开了一家时尚女生饰品店。当时的饰品还不像现在这样的琳琅满目，靠着自身的滚动发展，到了2000年，这家饰品店已经发展到6家店铺，这样不平凡的饰品店注定会发生不一样的传奇。

三年很快过去，到了2003年，时尚女生饰品店正式更名为现在满大街都有的"啊呀呀"，同年北京啊呀呀管理顾问有限公司成立。姬长伟开始拓展自己的事业，开始正式启动连锁加盟业务。当年年底，加盟的店铺数量就突破百余家。为了给自己的公司创立良好的形象品牌，2004年，"啊呀呀"又重金聘请台湾小天后蔡依林作形象代言人。

凭借"混时尚"的独特品牌理念、雄厚品牌背景以及成熟市场运作，全面登陆中国市场。"啊呀呀"注重时尚，追求潮流，融合了来自欧美、日韩的各种潮流元素，完美诠释东方文化特性。如今，"啊呀呀"正继续执着追求与不懈努力，做中国时尚潮流的领头羊。

31 干洗店：找准客源利润稳定

干洗店的选址和筹备

干洗店的店址选择是否合理，直接关系着经营者的利益和店内的生意，选址不当，生意萧条，甚至倒闭。所谓"天时不如地利"，可见地理位置的重要性。一个好的店址，会在无形中给您的经营打下坚实的基础。在居民区紧凑的地方和竞争比较激烈的地方，应当在具有强势竞争力的连锁店200米之外开店；而在居民区相对分散的区域，应当在具有强势竞争力的连锁店500米之外开店。

（1）写字楼附近。特别是一些商住的地区，一般这里的人具备干洗消费潜力，因为他们中的大部分人至少将要在此居住、生活和工作。时间上，他们已经具备干洗条件；另外，如果在他们每天上班下班的必经之路上开一家干洗店，他们可以很方便地过来存衣或取衣，不用多走冤枉路，多花交通费，在便利和效率上具备了较强的市场竞争力。

（2）酒店、商务会所。住商务会所或宾馆的人们有相当一部分都不愿意将衣服交给宾馆洗，一是觉得不放心，二是价钱也比外面高。这类人有很强的消费能力，因此在附近开一家比较高档的干洗店是个不错的选择。但它的房租成本必定会比其他地方高，但一般来说，高投入与高回报是成正比的。因此，花大钱找一个好地址是值得的。

（3）人口密度高的居民小区。人口数量占绝对优势，在此开一家干洗店，只要能保证衣物的洗熨质量，经营就会相对稳定。而且小区里客源稳定，以回头客为主，收入相对稳定，适合长期投资经营。选址不必过分追求规模与地段。在小区里都是做熟人生意，所以没必要装修得过于豪华，但质量一定要有保证。

干洗店本身是个长期服务性行业，做的都是长期合作的生意。所以，选店址不要十全十美，而是要有一个客观合理的标准。另外，不要跟风而盲目追求规模，要根据周围居民的消费能力来定。如果你在一个消费能力一般的社区开一家档次很高、规模很大的干洗店，反而会使消费者产生排斥心理，因为他们会觉得很贵，消费不起，所以一定要结合市场来给自己的店定位。

如果你有自己的房子做店面开干洗店，这是最好不过了，省了很多房租和麻烦。但大部分干洗店的铺面都是租来的。租用店面时除了考虑地段、租金等，还要考虑里面的硬件条件，因为这些条件对干洗店非常必要。

（1）工业用电。电压380伏，电流容量10~70千瓦。

（2）给排水能力。干洗店店铺必须具备一定的给排水能力，具体的给排水能力由干洗店的洗涤项目、种类和设备容量决定，因此在租赁店铺前，要了解清楚，免得租了不合适的店铺出现不必要的损失。

（3）蒸汽压力。干洗店需要的蒸汽压力在5~7kg/cm，一般干洗店所在建筑会提供满足需求的蒸汽，或者燃油蒸汽锅炉、电蒸汽锅炉、燃气蒸汽锅炉也可以提供。

此外，投资者还必须考虑设备安装可能出现的问题，干洗时的通风和安全问题。特别是干洗店这类比较容易发生火灾的地方，更应该把防火放在第一位。满足以上条件的店铺才适合开设干洗店。

店铺整体装修要适度、适量，量力而行，不必把过多的资金投入到门面装潢上，甚至过度使用资金。店内布局要巧妙，一方面要把顾客接待区域和洗涤区域分开，另一方面能提高员工的工作效率，给顾客营造宽敞、舒适的气氛。一个好的干洗店应该是富有现代时尚感，又给人自然简洁、干净明亮、安静温馨的感觉。顾客在心情舒畅的情况下享受到贴心的服务。

开家干洗店，如果是加盟连锁，则会省去很多事情，但是如果是自主经营，很多事情还是要亲力亲为，当然选取必备的设备就是其中的大事，常用的设备有以下几种：

（1）干洗机。干洗机是开干洗店最大的投资，购买时要非常注意。你可以先咨询专业销售干洗设备的公司或办事处，索取相关资料和价格表，然后咨询几家正在开业的干洗店，做到心中有数。选购时从以下几个方面考虑：全自动控制，程序输入，故障显示及维护系统。用户只要按下按钮，全部洗涤过程便一次完成。具备洗涤、烘干、蒸馏等基本功能的机器才能称为干洗机。

（2）蒸汽锅炉。又叫蒸汽发生器，简称为锅炉。购买时最好选用全自动锅炉，因为全自动锅炉配套设施比较齐全，而且用起来也比较安全、方便、可靠。如果购买燃油蒸汽锅炉和燃气蒸汽锅炉，最好选择升温快、压力稳、安全、成本较低的产品。

（3）熨烫设备。选购蒸汽电熨斗时同选购其他家电产品一样，应尽量选购老牌、名牌产品，保证质量可靠，售后服务好。因为熨烫属于干洗的后期程序，而干洗质量直接影响到客户的满意度。因此，购买一台高品质、高性能的熨斗尤为重要。

干洗店的规划与布置

干洗店的内部布局指的是店内功能区域的划分。巧妙的内部布局设计，能提高员工的工作效率，给顾客营造宽敞、舒适的店堂气氛，使顾客在心情舒畅的情况下享受到贴心的服务。

干洗店布局总的原则是，把顾客接待区域和洗涤区域分开。下面谈谈取衣区的物品摆放原则，这是最后也是最重要的一个环节，这就像一个工厂生产的产品一样，它最后一定要成型、漂亮、整齐地摆在顾客面前。

干洗店也是一样，洗完的衣服也是我们的产品，一定要整整齐齐地摆放在顾客面前。我们可以把这里看作是产品展示区，所以切忌乱摆乱放、杂乱无章而影响干洗店整体形象。

店内衣服悬挂也是有讲究的，首先必须井然有序，而且悬挂时也得考虑顾客进店时的视角，选择一个合适的角度，按照衣服的长短、颜色、样式整齐摆放，而且最好套上塑料薄膜。一是防灰，二是能给顾客一种负责任的感觉。不可将未处理的衣物放在显眼位置，更不可将脏乱皱的衣服悬挂于进店处，以免影响干洗店形象。

最好每日都对店铺进行一次全面清理，清除废弃物品，整理营业用品。未处理的衣物区可以存放待洗衣服，该区域最好设在比较隐蔽的地方，避免脏乱的衣服影响顾客的情绪和消费心情。但未处理衣物区不能跟设备操作区离得太远，不然影响操作和工作效率。

洁净衣物区存放洗烫后经过消毒、整理的衣物。洁净衣物区不必太复杂，简洁明亮最好，衣柜和晾衣架应当一目了然，方便顾客取衣服。

洁净衣物区可以说是干洗店的成果展览区，位置应当靠近店门，让顾客容易看到。洁净衣物区可以适当做一些装饰，衣物洗后包装好摆放在衣柜或有编号的晾衣架中。

熨烫区和顾客接待区不要过于分开，最合理的方式是半分开式，因为当面熨烫能增加顾客对店面的好感和信任。而且有些顾客有特殊的熨烫和叠衣要求，这样可以提高服务质量和效率。熨烫区的设备摆放应当是在顾客的可见范围内，可以让顾客监督工作，让顾客感受到店面的人性化服务。

干洗店的运营和管理

干洗店可以选择加盟连锁，也可以独立经营。相对加盟来说，自主创业者前期在时间、资金、精力上的投资相对加盟要大得多，一切都是从零开始，而且在管理上也可能会遇到困难。当然投入越大收入就会越高，最终的选择权还是在我们自己手里。

干洗店的经营者要充分考虑消费者习惯，因为不同的消费者有不同的消费需求。要了解顾客对衣服的讲究如何，生活观念如何，有针对性地给他们提供服务。例如，商务社区居住的大部分都是公司白领，他们在熨烫和染色上的要求就特别高；而普通住宅的消费群体就只需要提供洗涤服务。

在价格定位上，要做综合的考量，不能闭门造车。充分调查周围市场，如居民的消费能力，周边同行的价格，只有知己知彼才能百战不殆。最后在同行业同级别的店面价格基础之上，定一个合适的价格。

在衣物干洗过程中，由于衣物面料、颜色、厚度和污垢程度等不尽相同，各有特点，为达到良好的洗涤效果，应选用合适的洗涤方式。下面将介绍三种比较常用的洗涤方式。

（1）简单干洗法。用干洗溶剂在不添加洗涤剂和水的情况下，对衣物进行干洗的洗涤方法。在使用这种方法洗涤时，由于在干洗溶剂中没有添加水和干洗洗涤剂，不能使洗去的颗粒性污垢形成悬浮状态，因此容易造成污垢的再沉积，但可以技术性地使用溶剂过滤器去除存在于溶剂中的一部分颗粒性污垢，也有极微小的污垢粒子可能会跳脱过滤而产生再沉积。在用简单洗涤法干洗衣物时，被洗物的污垢被溶剂稀释均匀地扩展到整个被洗物上，只是不明显而已，而且水溶性的污垢不可能被彻底洗掉。为此，在预去污中，要把衣物的领子、袖口、袋边等处明显的污垢及一些被认为是水溶性的污垢污渍应用去渍剂做预处理，然后再进行洗涤。本方法只适合于一些具极轻污垢的衣物干洗，不适合于污垢度高的衣物干洗。

（2）二次干洗法。衣物在第一次洗涤时，往干洗溶剂中加入干洗洗涤剂，洗涤5~8分钟后，把溶剂经过纽扣收集器泵进入蒸馏缸中，经简单脱液后，再从清洁溶剂缸中泵清洁溶剂至滚筒内进行第二次洗涤（这是一个漂洗过程）。这个方法在第一次加入了干洗洗涤剂，可以有效地产生污垢再沉积的抵抗效果；以清洁溶剂进行漂洗，可以洗掉部分的残存污垢和洗涤剂，但对于去除水溶性污垢没有明显的效果。这个方法适用于一些普通污垢的衣物，但对特别的污垢和污渍在洗前应做预去污处理，以提高洗涤效果。这个方法的运用对于干洗溶剂控制技术要求不高，而且洗涤效果还可以。

（3）加料干洗法。在干洗溶剂中加入干洗洗涤剂及水增溶，在洗涤中运用过滤循环方式，即溶剂流向为：筒体—纽扣收集器—泵—过滤器—筒体。应用这个方法对衣物进行干洗时应对溶剂中的含湿量严格控制（具体的控制方法可参考干洗的去垢原理）。衣物经过加料的第一次洗涤后，还应进行第二次清洗，以清洁的溶剂洗除残留在衣物上的干洗洗涤剂及残存的污垢，以提高洗涤效果。这种洗涤方式可以对付大部分的水溶性污垢、非溶性污垢及溶剂溶性污垢，是比较全面的干洗方式。但对于水的加入量的控制技术要求较高，水加入量合适可达到彻底的去垢，是一种优良的干洗方式。

要想经营好一家干洗店，一定要确保干洗质量，才能保证有回头客。影响干洗质量的因素有很多，干洗质量的好坏直接影响干洗店的前途和命运。只有质量提高了，你的生意才会稳定，客源也会更多，生意自然也会更好。

案例：王海的洗衣店

1998年，王海开始考虑做连锁洗衣店的生意。1999年7月，王海正式加盟经营。没想到他的加盟店刚开业，正值洗衣店经营的淡季，而淡季的生意有时还不及旺季的十分之一，这是刚刚入行的他根本没有考虑到的。最初的两个月里，店内基本上处于一种半停业的状态，每天只有一两百元的进账。

人算不如天算。1999年9月，寒流突袭北京。当人们急忙地翻出换季的衣服时，很多人才发现自己上一季的衣服还没有顾上清洗，于是急奔洗衣店。"生意一下子火爆了起来。"王海不再担心没生意，反而开始发愁如何把店里堆积如山的衣服洗完、洗好。2000年是他生意最好的一年，那一年的春天，甚至有十几天的时间，洗衣店不得不等到上午10时才开门，晚上5时就赶紧关门，"送来的衣服实在太多，由于当时洗衣店的规模不大，加工能力也有限，那几天，店里甚至都没有地方放衣服了。"

分析他成功的缘由时，他说，一个成熟的品牌，已经在顾客当中树立了良好的形象，这对于投资者来说是最需要的，投资者可以少走弯路，降低失败的风险。另外，他说，"洗衣店最重要的就是选址。选在高档住宅区就能保证客户有比较高的消费层次，其次还可以选在大型超市附近，但千万别选在主路旁，避免停车不便，具备了这三个条件就肯定不赔钱。"

PART6

有特色的文娱小店

32 鲜花店：美化生活芬芳人生

鲜花店的选址与筹备

鲜花店的位置最好选在商业区和文教区等地，有的选在上班族流量大的路边，时尚年轻人士容易聚集的地方。下面是一些常见的经营鲜花的场所，可供参考。

商场里：作为一种赏心悦目的商品，鲜花摆在商场里应该是最合适的位置。

小区里：要了解一下住户情况，做出判断，这个小区是否适合开鲜花店，开张后鲜花需要量有多大。

学校旁：鲜花从来都是和青春美丽联系在一起的，可充分调动年轻人的购买欲。

机场内：许多人喜欢手捧鲜花迎接远方来的亲人或朋友。

其他地方，如医院、电影院、婚纱摄影楼甚至殡仪馆附近等。

鲜花店特别讲究风格和品位，因此鲜花店的布置及花艺设计师的手艺特别重要。而一般店主对花艺技术都有一定掌握，其插花手艺也比较高。假如你并不擅长此道，可以买一些这方面的书籍先学习，或请一位师傅教你，也可向其他花店取经，最终掌握并在鲜花店的经营中应用。

怎样在繁华的大街上，让消费者在第一时间被你的小花店所吸引呢？让你的花店成为当地"标志性建筑"呢？建议你可以注意观察紧邻你小店周围店面的色调，然后可以用相对醒目的颜色来油漆自己的小店，还可以在小店上方挂上伸向街面的小招牌，也可装饰醒目漂亮的遮阳伞等饰物来修饰你的小店。在视觉上和空间上给不经意间过路的人以视觉冲击力，让过往的行人如同发现路标一样找到你的花店。

花店门边的装饰和花卉的摆放也很重要，透明的玻璃必不可少，要让人们从路边一眼就能瞥见里面耀眼夺目的鲜花，当然花店的业务不必局限于只卖些鲜花、花盆、盆栽和插花材料等。婚丧吉日、公司开业、宴客会场等场合时间，也是花店重要业务来源。鲜花店还可以开展电话预订鲜花业务，而那些足够规模的鲜花经营店，除有专人设计、采购、运送以外，还有专门联系业务的人员。如果你已经营花店多年，资本、技术都到位，那么，你就可以多争取大宗而稳定的业务，比如为宴会会场以及展览中心等准备鲜花。

花店的布置、基调要温馨、浪漫或优雅。店内可摆放一些有关花卉的报刊、书籍，以增加花店的文化品位。花艺作品、创新花束、花篮、花器、小品插花等要有花店自己的特色，选好花材、叶材，重视色彩、包装材料的选取。

鲜花店的规划与布置

鲜花店的规模可大可小，要根据自身的条件和市场要求而定。大到可以开一个花卉市场，小到商场里的一个柜台，或者街角的小屋，甚至集贸市场的一个摊位都行。但无论鲜花店是大是小，都要谨记"花店原则"，也就是要让各种各样的鲜花堆满你的小店。方法很简单，建议你可以在花店内墙上装上一面镜子，这样一朵花就变成了两朵花，一束花也就变成了两束花。如果再配上浅粉色的灯光点缀，一定可以起到意想不到的效果，使人看起来美观舒适，愿意驻足停留，甚至流连忘返。

鲜花店外或门口，可放一张海报，上面写一些"如果你感觉到辛苦，鲜花会给您带来片刻的轻松。"类似的宣传，使更多行人来关注你的小店，不仅能让路人感觉到一片温馨，也能记住你的小店，从而给你的小店带来意想不到的惊喜。

店内要有花篮、花筐、货架、玻璃瓶、铝合金柜等。有些花要放在花篮里，有些花要放在花筐里，有些花放在玻璃花瓶里，然后把花放在货架上，或者铝合金柜上等。还要准备多种工具，例如喷壶、水盆、小桶等等。花的摆放也要讲究，如果消费者进入了你经营的花店，这时候小店里摆设的花有很强的视觉冲击力，就能激发消费者的购买欲望。如果店内有宣传活动，经营者可将宣传品摆放在顾客容易停留下来的地方，例如你可以将宣传品摆放在收银台旁边，当顾客等待收银员填写顾客信息的一段时间内，他们就会注意到这些宣传画，并仔细地阅读关注起来。

店内还可以用音乐来点缀花店的气氛，让顾客感觉到一种"此处有声胜无声"的感觉。需要注意的是，在音乐风格的选择上，一定要匹配自己花店的环境和经营定位，要适应顾客群体的欣赏水平。记住，优美的音乐不仅可以让消费者在你的小店中多停留一些时间，从而带动消费，还会为小店的品牌和宣传起到画龙点睛的作用。

另外，据心理学家的测试，很多到花店去的顾客，都会有很多不同的需求，有的想买花，有的想赏花，还有一些想了解养花知识。经营者一定要具体问题具体对待，不能死板，不能把每一个到花店里去的顾客都当成购花者。也有的顾客，不是决定马上购买，而是在赏花中觉得喜欢才慷慨解囊。

鲜花店的运营与管理

一般的花店没有自己的鲜花生产基地，大多是从大的花卉市场进货，因而在长时间的运输过程中，鲜花的保养极为重要。如果养护得不好，鲜花很快就会枯萎，因而鲜花非常娇嫩，要小心呵护，以避免造成损失。所以鲜花店的经营有几个方面值得关注。

（1）鲜花的来源。通常花店经营者都需要有自己的供应渠道，并且经营一般不太稳定，像情人节、母亲节，以及一些吉祥的日子，都是花店旺季。在这些日子，进货量必须增大，而供应商却不一定增加，使得花卉价格猛涨。而有的顾客在情人节坚持要用红玫瑰，母亲节要用康乃馨，所以鲜花店要努力处理好顾客及供应者的关系问题。

（2）鲜花的保鲜。鲜花的寿命短暂，易凋谢，若不能及时卖出，经营者损失可想而知。大的花卉市场都有冷库或冷柜，小花店也可以自备冷柜。或者可采取的办法就是少批量，多批次，而在特殊节日，比如情人节，尽量多批发一些以供市场之需。

（3）经营范围。花店可定位在以鲜花、盆花、干花、工艺绢花、花器、婚庆服务为主，如果资金充裕的话，还可以根据当地情况适当兼营其他配套商品和服务，以提高花店的综合经济效益。花店的经营时间可适当灵活以满足客户不同时间上的需要；花店服务社区，可使消费者享受更快捷的服务。

（4）品种要齐全。尽量为消费者提供多的选择，当他们的需要得到满足并感觉到方便后，他下次就会再来。

（5）提高花艺水平。经营者要日益提高花艺的鉴赏水平，注意学习积累知识和技能，和同行交流，根据自身经济情况，有选择性地参加各种短期培训的学习，以吸取他人之长。不断创新，体现在花艺设计中也是花店创立服务品牌，创花店特色之源。

（6）花店的服务。服务贯穿在经营过程的始终，它直接关系到有没有回头客，关系到市场占有率。懂得鲜花的花卉语，这样为不知道送什么花的消费者引导其消费，另外满足少数消费个性化的需要，上门为其布置厅堂，进行花艺设计。

（7）服务创新。不仅仅要服务，还要做好服务。大力开展电话订花、花店间异地送花、网上订花的市场。但需要解决信誉问题，如花的质量、价格、服务、送达及时度等，解决支付问题、订花电话号码和网址的宣传等问题。

（8）开发消费能力。赞助插花比赛，提供城市形象小姐用花，举办艺术讲座等多种活动。做大公司的公关秘书，为其各种用途的花卉消费提供一条龙的支持，等等。

（9）售后服务。体现在教消费者如何养护鲜花以及保鲜知识，经常性地访问客户，掌握其消费新要求、新动向，向有租摆业务的客户及时更换新鲜花，等等。

（10）广告宣传。在这个信息爆炸的时代，好酒也怕巷子深，所以，花店也要重视直接和间接的广告宣传。可以根据不同节日、不同顾客有针对性地进行促销，或者通过不同媒体软性广告宣传花店，采用鲜花租摆、电话订花、网上花店、发E-mail等来扩大花店的影响。重视情人节、圣诞节、母亲节、教师节、春节等传统节日，同时开发护士节、父亲节、七夕情人节、男人节等有潜力的节日。还可以考虑品牌连锁、无店铺花店、通宵花店等多种形式，以及进行股份制经营等。

在管理上，要重视花艺人才和经营管理，可实行职业经理制，即店长管理；重视员工培训，树立员工是花店最大财富的思想。

（1）管理制度创新。用制度来规范花店员工日常花艺和经营行为。全方位对每人、每件事、每一天进行控制和清理，制订目标系统，进行日清控制和制订有效的激励机制。

（2）加强财务管理。建立一整套财务管理和分析评价体系，及时调整经营思路和对人、财、物的整合。

（3）研究目标顾客。市场唯一不变的原则是永远在变，要搞清谁在买花，送给谁。要细分目标顾客，研究现实客户、潜在客户，并分门别类登记造册，输入电脑，建立顾客档案库，并要研究顾客购花心理的消费行为过程。

案例：小丑鲜花店

2006年5月14日母亲节的时候，北京市中心旧鼓楼大街196号，有一个叫"小丑花店"的鲜花店开业了。小丑花店，顾名思义，就是以小丑形式送花，并免费表演魔术，让顾客尽情享受快乐小丑的递送服务，使顾客足不出户就能体会到小丑带来的惊喜与浪漫以及买花的欣喜与快乐。

当时，小朋友们一看见化着浓妆、穿着小丑服的宋非凡，就会大叫："麦当劳叔叔！"他每次都要顽皮地瞪大眼睛，向孩子们解释："我是送花的小丑叔叔。"有一天，扮成小丑的宋非凡在长安街上骑着一辆电动自行车去送花，后面有一个老外骑着一辆普通的自行车一路猛追，但因为车速的差异，无论如何也追不上。直到宋非凡到达目的地时，老外才追了上来，满头大汗地停在宋非凡面前，举起相机就"咔咔"地拍照，然后掏出证件给他看："我是记者，我给你拍张照。"如此，真正地在生活中上演了一出疯狂追击的喜剧。

正是本着"我们是爱的使者，是有情人的传递者"，倡导最优秀、最新奇、最周到的鲜花礼仪服务为目标，以改变中国鲜花行业传统模式为宗旨的小丑花店，很快就吸引了很多人的眼球。慢慢地，《北京晚报》来了，北京电视台来了，中央电视台也来了……许多媒体都用自己的方式讲述了这个小丑卖花的创意而一夜成名的故事。如今，宋非凡已成为三家连锁店的负责人，只能偶尔"抢"到出去送花的机会。再遇到小朋友，听到的称呼已经变成"小丑叔叔"了。

小丑送花是个容易被模仿的点子，这一点，宋非凡也想到了。花店开业不久，他就穿着自己的小丑服来到专利局，说要给小丑申请专利。人家从没见过这样搞笑的专利申请者，强忍着笑向他解释，为什么小丑不能申请专利。申请专利之路不通后，宋非凡又想到注册商标，他在商标设计上颇费一番心思。他请一个画家画了个小丑脑袋；把自己的签名放在下方，如同小丑的身体一般；最下方是一串金灿灿的星星。最终，这个商标和那身服装都通过了注册。接下来，他又将自己的花店开到了网上，这样顾客不用去店内选购，就能选中合意的鲜花。尽管这不能从根本上解决对手的模仿问题，但至少让他的花店在这个特殊的市场上抢占了先机。

如今，尽管整天忙于经营管理的他已经不必再亲自去送花了，早上也可以比以前多睡两个小时觉了，但一称体重，宋非凡诧异地发现：自己比以前每天都要送花时反而轻了十多斤。或许这正是因为花店规模大了，名声远了，宋非凡需要考虑的问题也多了：如何让已有的几个连锁店做大做强，如何与各显神通的同行竞争，如何在全国各地继续发展加盟店……在忙碌的脑力劳动之余，偶尔，宋非凡也重新披挂上阵，骑车再去送一次花，再听听

"小丑叔叔"的称呼，重新回味那种面对面地把欢乐带给别人的快乐。

话说笔者路过小丑花店时，正遇上店内在调查哪种小丑的样子更受大家喜欢呢。说不定，下次，你看到的小丑又换新衣服了。

33 休闲书店：心情驿站传递书香

休闲书店的选址与筹备

开一家什么样的书店，这不仅与个人的兴趣和偏好有关，还要与书店的选址联系起来。定位与选址，是开店首先要明确的问题，同时也是互为依存的两个问题。一般而言，大学区一般不适合开畅销书店；同样，白领生活区也不适合开学术化的书店。如果书店开设在人口较少的小镇、社区，则必须以该区域人们的图书消费需求来设定书店的经营品种，并在经营的过程中以特色与服务取胜，否则，你的书店就会因为缺乏足够的顾客而经营惨淡。通常来说，城市中附近有文化娱乐场所、商业写字楼及成熟的住宅区、商业区、校园等地方，都是开办书店的理想位置。

如果首先明确了书店的定位，那你就要有目的地寻找理想的店址，力求最大限度地锁定目标顾客群体，以便使书店有较多的顾客群，并且能够保持赢利。比如，如果你想开一家以企业管理、商业管理为主的独立书店，理想的地点是在商务区附近，原因是这里有为数众多而且素质较高的阅读人群。如北京的CBD地区、上海的浦东地区，等等。

如果你想开一家学术书店，高校区则是最理想的地方。如果想开一家专业书店，那你最好选择大城市，因为只有在大城市，专业书店才会有足以维持书店经营的顾客群，如果开在相关场所附近，则会事半功倍，比如法律书店，选址一般考虑设有法律院系的学校及其周边或司法单位附近；而对中小城镇来说，这里能提供的书店目标顾客人群数量少，可能不足以让你的专业书店保持赢利，因此，在小城镇开办书店，更要进行细致的市场调研。

经营者如果对于书店的地址已经有了预设想法，就必须调整书店的经营形态。如果已经有了特定的店址，你必须先思考这个地区的阅读人群多不多，书店的商圈有多大，交通是否便利，当地人群的消费习惯如何，然后根据你的调查情况，确定书店的定位和经营的图书品种，同时根据书店所在区域中人们的消费习惯与阅读口味建立书店的特色，切不可凭自己的想象和喜好盲目地办一家自己满意而当地人群并不接受的书店。

书店选址要力图选在潜在客流最多、最集中的地点，以便多数人就近购买图书。需要注意的是客流规模大，并不总能带来相应的优势。如在一些公共场所和车辆通行干道附近，客流规模很大，顾客虽然也顺便或临时购买一些图书，但客流目的主要不是为了购买图书，同时这里客流速度快，滞留时间较短，所以图书的销售量并不和客流规模成正比。

开家休闲书吧不需要太大的投入，门面面积在20~40平方米即可，因消费者以学生和白领为主，服务价格不宜过高，最好选择在文化气氛比较浓厚的大学区或商业区周围。或周边有车站、快餐店、剧院等人流比较多、又背靠稳定读者群体的地方。在这些商圈中开设书店，只要没有大的经营失误，保持赢利的概率还是比较大的。书吧装修以简洁明快为主，可以饰以名画、书法等文化气息比较浓厚的饰品，体现安静、休闲的风格。主要投入包括店面装修，租金，购买图书杂志以及咖啡用具或茶具、食品、饮料等，加上办理执照等费用。

也许，也有读者筹备期间不免有疑惑，书店可以加盟品牌吗？据有关调查显示，国内图书经营面积超过1万平方米的书店有20多家，这些超级书店大都集中在北京、上海、广州、沈阳、杭州这些大城市和省会城市。由于超级书店地理位置优越、交通便利、图书品种全，所以吸引了大量的购书人群。在这些拥有超级书店的大城市里，读者购书的首选场所是图书城、图书大厦，其次是专业书店、校园书店、民营个体书店和书摊。但目前中国的连锁书店正处于发展的初级阶段，除新华书店外，在中国尚未形成全国性连锁书店。

与超级书店、连锁书店相比，个人开办的小书店也有一定的优势。小书店有小书店的吸引力：陈列图书一目了然，省去在大书店书海梦游的苦恼；小书店的营业时间较长，方便周边读书人下班后到店里看书选书；小书店更具亲和力，顾客可以和店主、店员成为朋友；小书店卖书有较灵活的优惠措施等。因而开一家书店，如果非得加盟，一定要资金雄厚，要么开家独立书店足以满足想与书为伴的经营者最初的初衷了。越来越多的有个性、有特色、有影响力的民营和个体书店正在不断崛起，为读者提供越来越多的购书机会，为读者提供更优越的购书场所。

如果你从来没有在书店工作过，那么你最好先找一家书店工作一段时间，从中积累经营管理一家书店的实际经验。在书店工作期间，你的任务就是做好书店日常工作中那些最琐碎的事情，包括收货、拆包、上架、管理库存、销售、操作收银机、包装礼品、搭建和拆除陈列，以及做好店内的日常清洁工作等。假如你不愿意去亲身体验这些工作，你可能需要对开书店的念头再慎重考虑一下。

另外，你还需要了解书店里有哪些有特色的图书类别，包括每一个图书类别中的品种范围；了解书店有哪些非图书经营项目，以及书店的进货渠道；留意图书陈列架的材质、类型、高度、宽度和深度，还有书店是如何布局的，书店为什么这样布局。特别需要注意的是，书店在购进图书时，是如何确定图书品种的，书店的取舍标准是什么。在你做自己的书店规划时，这些情况可以作为参考和借鉴。

在前期准备的过程中你要尽可能多接触一些书业的朋友，如出版社的编辑、图书批发商、民营书商、书店经理，等等。你要多和他们进行交谈，了解出版界和图书发行的情况，他们的意见和想法，无论对你今后经营一家书店是否具有价值，都值得你去认真思考和领会。一般来说，想投资经营一家书店，有书业的朋友支持是非常重要的。

任何一个书店经营者，都必须拥有一批书业的朋友。当然，这些朋友你可以在经营书店的过程中慢慢结交，但是，如果在投资经营书店之前就有一大批这样的朋友的话，那么你投资书店就成功一半了。没有人支持，你投资经营一家书店要交很多学费，风险加大。如果有这方面的朋友，他们会给你一些很明确的建议，诸如书店位置选择、书店定位、图书品种确定、如何上货、资金预算方案是否可行等。更为关键的是，如果他觉得你的书店有发展前景，他们会全力支持你的经营活动。

休闲书店的规划与布置

休闲书店的布置上就要把休闲的特点体现出来。例如，北京知春里的塔楼群中有一个"存在书廊"，这家书店其实是个地道的书吧。斑驳的白墙，鹅卵石地面，随处可见的干花、布艺，看得出书廊老板的用心。几个开间各有各的功能，外间是翻阅购买新书的区域，主要经营的是人文社科类图书。推开由几块木栅栏构成的小门，就进入了书吧地带，四五张桌椅，几盏台灯，在这里翻阅图书，能体会到什么是舒适与惬意。如果读书读累了，还可以到旁边的视听区，放松放松看看片子，电视机在榻榻米的最里侧。与那些颇有名气的书店相比，存在书廊的诗意与寒酸是同时存在的，它的知名度只在人大学生那儿有所传播。从书店的名字就可看出，经营者其实没有多少非分之想，只是希望它存在下来，所以起名"存在书廊"。

可见，一家书店的装修设计，最终体现的是经营者的思想，经营者的理念。你想做一家怎样的书店，这家书店与其他书店相比有什么独特的方面，这家书店透过设计最终给消费者传递了什么东西。由于设计的专业性，大多书店无法以自己的经验和能力完成一个优秀的书店装修设计方案。个人投资开办一家书店，如果你有充足的资金，并且缺乏装修设计方面的专业知识，可以将这一工作交由专业设计师负责。

作为书店的经营者，在确定专业设计师后，要提出你对书店的设计思想。然后由专业的设计师，来确定书架的具体尺寸，确定用什么样的书架，书架的高度，书架的宽度，等等。设计师只是将你的设计思想用技术手段表现出来，没有设计思想，设计师将无所适从，这样的书店，即便有丰富的图书品种，书店仍然没有思想，没有灵魂。如果你的资金不是很充裕，则不必请专业的装修设计公司。实际上，大多数书店经营者自身花费一些精力，也能使书店的面貌得到很大的改观。如果你是节俭创业开办书店的话，在书店的装修设计上，你可以把握这样一个原则：书店装修量力而行，轻装修重装饰。这样处理不但可通过装饰显示品位，而且可减少资金投入。

你的书店能否设计出带有审美愉悦的色彩效果，对于吸引顾客来店阅读和购买图书会产生一定的影响。因而书店的主色调设计非常重要，书店的大门、墙壁、地面、书架的色彩和灯光构成书店的主色调，要与书店的定位和目标顾客群的喜好相一致。合理地运用颜色，可以令书店产生一种独特的气氛和个性特点。例如，上海思考乐书店风格定位在"新知、格调、情趣上"，书店的收银台背景以玻璃结构呈现出一个有立体感的弧度，整个店堂内柱子是新鲜的草绿色，其他整体基调则是庄重的黑色，大厅内中央是砖红色的地板，周围是淡色的地板。精心的布局和色调设计使书店既显得大气浑厚，又充满了墨香书味的格调和情趣。

除了书店的主色调外，还要注意色彩在区域分割方面的视觉效果。目前，在一些书店中，已经有经营者将色彩运用到图书分类中去，利用色彩对图书进行分类的优点能使顾客一目了然。将主要类型的书籍配合其类型特点，分成不同类别的色彩，再将此类色彩运用到书架侧板上、书架顶端分类说明牌上、空中的吊旗上、柱面灯箱上，可以形成丰富而鲜明的区域性色彩范围，使顾客在远处也能分辨各类书目范畴，缩短顾客选书时间，提高书店销售额。

书店的外观是展现一家书店经营风格的重要方面。书店外观除了店门、店名、店标等明确标示外，对顾客更有吸引力的是书店的橱窗设计和陈列。有些书店的门口光秃秃的，没有橱窗，只有一个牌子标明这是书店；有些书店倒是有橱窗，但橱窗里的展品一点也引不起人们的好奇心和好感。橱窗陈列是表达本店最新的信息的展示窗口，随着时间季节和各种主客观因素转变，经营者要不断地变换橱窗的陈列。所以在设计装潢的时期，如果店面的条件许可，应该要有橱窗的规划。总之，可根据书店的具体情况，因地制宜，如北京的前流书院。

（1）店门设计。质地选材一般有铝合金材质及玻璃材质等，有些书店为了与书店定位以及室内外装修的格调一致，还可以使用或保留原建筑的木门。铝合金材质具有轻盈、耐用、美观、安全且富有现代感等优点。无边框的整体玻璃门由于通透性好、豪华气派，便于室内外沟通，也被大多数书店所采用。店门设计应力求造成明快、通畅的效果，方便顾客进出。此外，气候条件温和的南方宜采用开放型的店门；而气候条件较差的北方，更适合采用偏于封闭型的店门。由于书籍的失窃是每个书店都不得不面对的问题，所以防盗门的安装也是卖场面积较大的书店装修设计时需考虑的一个问题。防盗门目前最新设计的间距是1.8米，很多书店用的是90厘米的，不管采用什么规格的防盗门，都要考虑给读者进出门留出足够的宽度。在可能的条件下，防盗门应该尽量用间距宽一点的、材质好一点的。不要用木结构或者是很笨重的防盗门，这种防盗门的视觉效果很不好。

（2）地面设计。地砖不能用滑的，如果太滑，顾客就有可能在书店中摔跤，这对书店经营是非常不利的。地砖的颜色要与整个店内的色彩和色调协调，既不能用太沉闷的，也不能用那些太花里胡哨的，整个书店要有一个统一的设计思想。

（3）广告设计。POP张贴栏的设计是为了规范日后招贴画的张贴，例如：收银台后方的壁面可做张贴栏，张贴内容以会员申请办法或其他长期性活动的告知为主，柱面也可设计张贴栏，其内容多以单一商品，或小型书展专柜宣传为主，所以在它的下方最好有少量的陈列架或平台。

（4）音响系统。对于是否要在书店内设置音响系统，提供背景音乐，在图书零售界还存在争议。大多数读者和书店经营者认为，背景音乐会分散读者的注意力，给读者安静的购书环境带来干扰。但也有些读者喜欢在购书时，书店能够提供一些背景音乐，只要音乐强度不是太大，节奏不是太强烈，若有若无的背景音乐对读者的选书购书过程来说是一种享受。一般大型书店，会设置音响系统，并提供广播找人，有些大型书店还在广播中播放店内活动和促销方面的广告，或者为读者购书提供导购服务。对于中小型书店来说，需不需要设置音响系统，经营者可以根据书店的定位来确定。一般来说，书店中的背景音乐会锁定一些顾客，同时会放弃一些顾客，所以，如果你要在书店中播放背景音乐，要仔细挑选播放的曲子，使音乐与目标读者的喜好相一致。另外，如果你的书店同时经营音像制品，那么，你就要考虑是不是在书店中设置试听区。试听区是专给购买音像制品者提供的，一般有专门的试听设备和座椅，非常方便读者试听、选择。

（5）通道设计。书店是典雅、清静的场所，绝对要避免杂乱、拥堵的现象。因此在书店合理的平面布局中，控制人流极为重要，既要在设计中考虑将通道做到四通八达，让人流在书店中没有阻碍，又要在书架区留出空间来，让人"站得住脚"，且辅以明显的空中指示标牌引导人流的方向，达到整齐有序、多而不乱的效果，为顾客提供一个流畅、舒适的购书空间。卖场通道是控制书店人流的主要措施，因此，要在一个平面上通盘考虑，即形成回路，又不至于形成拥堵。通道设计要充分考虑到人的视觉习惯和走动习惯，要让顾客方便浏览各个书架上的图书，书架摆放要合理，尽量不要让顾客走重复路线。另外，应该尽可能避免死角，路线尽可能拉长，以增加顾客的逗留时间。

你可以根据书店的日常客流量，确定设置通道的宽度。书架之间，也要留下适当的间距，为的是给通过的读者留一个缝隙。具体规划时需要注意几点：顾客通道一般两个人对面经过不拥挤即可，大型的书店一般不少于1.2米，100平方米以下的书店，一般不小于0.8米。书架摆放得不可过长，过长则容易让读者疲劳。以三组书架为一个单元，可以增加书架布局的自由度，使顾客穿行在卖场书架之间没有任何压迫感，方便浏览。

（6）展示台。新到图书先在新书展示台上分类摆放，新书展示台陈列的图书流动非常快，周期一般与配货周期一致，如果你的书店每天都有新书进店。那么，新书展示台上陈列的图书展示一天就换掉了，最长的陈列周期最好也不要超过一周时间，否则顾客会认为你的图书更新速度非常慢。新到图书经过展示后，就进入各分类区域，之后，其位置就相对固定下来。新书与畅销书是一个书店吸引顾客的关注点，其位置一般都在图书区最前端或最接近门口处。新书柜和畅销书柜款式和高度，不同的书店有不同的设计，你可以按照你的需求和设想，制作适合自己书店的新书与畅销书专柜。

（7）货架。货架上要摆满图书，这样会给顾客留下书店图书丰富的好印象，也可提高图书周转的物流效益。如果你的书店刚开业，开业初期图书品种不够丰富，书架上可以多放一些复本，或者采用封面陈列，以增加单品图书占用的空间。图书陈列的方式多种多样。按照图书陈列载体的不同，通常将图书陈列方式分为书架陈列、书台陈列、橱窗陈列、柜台陈列和码堆陈列等。根据图书展示形式的不同，将图书陈列分为封面陈列和书脊陈列两种形式。

（8）收款台。一般设置在书店靠近大门的地方，如果业务较多，可以设置专门的收款台区。小型的书店，收款业务不是太多，收款员同时可兼营业员，收款台设在门旁即可，这样便于收款员看管卖场。一般100平方米以下的书店，收银台占地面积不超过1.5平方米为宜，过多浪费；高度以0.75米左右为宜，过高给顾客感觉没有亲近感。

休闲书店的运营与管理

书吧的特色必须在服务中体现出来，比如，在提供咖啡、饮料、水果、点心等收费服务的同时，每位读者只收取10元左右的费用，还可为读者提供售书、订阅等服务。读者在翻看书籍之余，一定会有一些想带回去细细阅读，因此看好了再买，可以让读者买到最满意的书，节省了他们的开支，也为书吧培养了潜在客户。此外，书吧最好及时收集各种畅销书的书讯，有条件的话可以自己编制一个畅销书排行榜，为读者提供及时有用的信息。为了培养稳定的客户群，大多数书吧都有会员制服务，推出读者会员卡，持有会员卡可以享受8折优惠，可以在保持书刊整洁的同时免费借阅图书，或者年底享受相应的赠阅优惠，等等。

图书的陈列方面，要考虑过渡自然，如经济与法律、哲学与社会科学、各个科技门类之间的自然过渡。有些图书类别以通道的方式过渡是比较好的办法；而有些类别的陈列，则要考虑与其他类别做隔断，尽可能安置在相对独立的区域，如音像制品、外文图书等。码书也是一门学问，通过码书来表达对当代文化思想潮流的把握，对人类知识体系的理解，努力营造一种高雅、快乐、便捷的图书消费场景与氛围，实现良好的经营业绩。例如，上海季风书园的书店经理在谈起码书的学问时说，从现有的几十万种图书中，精心选择、构建出有两万多种图书的书店，这很像在编杂志，门口的陈列区就像是杂志的封面，而各个分类版块则是栏目，栏目中风格各异的图书或儒雅温软，或暗藏杀气。因此，书店本身就是可以被阅读的，仔细地看一家书店，你可以看出书店主人的文化倾向、价值取向，包括他所受过的知识训练。

不同的图书陈列方式和形式，对书店的图书容量、销售效果和经营管理都会带来很大的影响。例如，在陈列面积一定的前提下，书台陈列比书架陈列的陈列容量要小得多；封面陈列比书脊陈列的陈列容量要小得多。如果你的书店面积不大，为了保证店内图书的品种规模，应尽可能少用书台陈列方式和封面陈列方式。封面陈列虽然占用较大的空间，但在展示效果上要比书脊陈列好得多，因为展示出的封面，大都经过精心的装帧设计。封面上包含的信息也远比书脊丰富得多，因此，封面陈列的图书，最能吸引读者的注意力。若条件许可，对于畅销图书、新到图书和每一类别的重点图书，尽可能采用封面陈列的方式，以达到促进销售、提高营业额的效果。

为了提高书店的经营效果，很多书店还采用多种陈列方式陈列图书。陈列对于商品的销售影响非常大，这主要是因为陈列与顾客的购买心态密切相关，不同的陈列效果会直接影响到顾客的购买决定。作为分类陈列的补充，这些陈列方式可以很好地促进图书销售。

（1）主题陈列。就是在卖场中的适当位置设置主题区域、主题书架，将相同主题的图书集中陈列，以促进和扩大该主题图书的销售，如在书店中设立"青少年必读的20本书"。

（2）关联陈列。将不同种类但相互补充、互有关联的图书陈列在一起，以达到促进和扩大图书销售的目的。关联陈列适用于图书之间具有某种互补或关联性，顾客对其中某一本图书感兴趣，很可能对关联图书也会感兴趣。例如在童书区内陈列儿童图书、教具、玩具、幼教视听商品等，从而促进关联用品的销售。

（3）随机陈列。指没有任何顺序，将图书随机堆积陈列在书架或书台上。随机陈列主要用于陈列特价图书。随机陈列的书架或书台一般设在卖场的门口，这样既能吸引过往行人，也可以避免顾客破坏店内陈列的其他图书。一般随机陈列都要有表示特价销售的提示牌。

（4）定位陈列。定位陈列是指某些图书一经确定陈列位置后，一般不再变动位置。定位陈列适用于顾客购买频率高、购买量大的图书，这些图书需要有固定位置来陈列，以方便顾客选购。

（5）码堆陈列。将丛书或套书从地面码放起来的一种陈列方式。码堆陈列一般选在人流较多而又空旷的空间，或者码放在柱子四周。由于码堆需要将丛书或套书码放到1米以上的高度，这意味着需要较多的复本，一般小型的书店很难做到。

（6）岛式陈列。岛式陈列是指在书店设置的书台上陈列图书的陈列方式。岛式陈列一般采用封面陈列，能使顾客从各个方向观看到图书的封面。岛式陈列所用的书台不能过高，不能影响整个书店的空间视野或者遮挡其他书架。

（7）推荐书台。推荐书台是书店经营者按照自己的理解，结合对目标顾客阅读兴趣的分析研究，将某些重点图书或者畅销书在特设的书台上陈列出来，供读者选购的陈列方式。推荐书台一般都有明显的标志和提示。有些书店，推荐书台用于展示新到图书。

（8）出版社专架。设置出版社专架，一般是出于出版社的需要。书店经营者一般不会主动设置出版社专架，出版社专架也不是读者的普遍需求。出版社这个概念对于读者不是关键的，也不是必需的，读者感兴趣的，其实只有图书本身。

码书的学问真不少，它包括营销理念的确立、策划机制的形成、卖场经验与技巧的总结等诸多层面，值得深入探究。下面来谈谈书店的日常营业管理。

（1）店员要求。书店店员一言一行都代表着书店，务必遵守出勤时间，不得已需请假时，务必事前告知店堂经理，取得准假的许可。务必准时用餐与休息，避免造成轮替者的困扰。外出时需交代往返地点及时间，并确实遵守。

（2）应对客户。以开朗、真诚态度应对客户。客户光临时务必说"欢迎光临"，在店内与客户交会时需点头微笑，收银作业时，别忘了说"谢谢"；无论客户有无购买，离开时别忘了说"谢谢光临，欢迎下次再来"。不打私人电话，不闲聊，不放置私人用品。应答声音清楚并有礼貌。

（3）收银作业。收银台周围要清洁整理。准备齐全包装纸、袋、零钱等。收银需正确，找零钱时需清点清楚并直接交还客户，且告知找零金额。发票、收据需与找零款项一并交还客户。作业分工需明确，应对客户需迅速。发生失误、顾客抱怨，或有任何不理解的部分时，需诚恳应对，并实时告知店长。

（4）店内事务。随时保持店内环境的整齐清洁，垃圾或脏污立即处理。随时注意商品的摆设、陈列是否就位。有顾客询问时，立即给予回应。随时注意防止盗窃的发生，且不定时巡逻书店内的死角。

（5）客户订购。客人问及店内没有的商品时，可以帮助客人订购。首先确认书名、册数，确认出版社、作者，留下客户的姓名、电话、住址以便联络。与相关人员确认后，再告知客户到货确定日期，进货后再适时联络客户。

（6）进货、陈列、退货。清点和确认包数、进货内容与单据的核对；拆箱后的商品依类别陈列；退货期限截止的商品下架；退货明细的制作。

（7）扫除、早会。开店前需清扫的部分，如地板、书架、玻璃、橱窗、收银台周围、办公区、后场仓库、洗手间，等等。

（8）其他店内事务。牢记杂志等定期商品的发售日期。努力加强商品知识的吸收，如阅读报纸、书评、业界杂志，听取客户的意见。热门商品的进货日确认、补书周期的确认。计算机或其他机器、设备的使用方法，书条的整理，销售数据的记录方式与研判。

案例：单向街书店

2006年1月1日在北京的圆明园，一个由13个年轻人筹资创办的单向街书店开业了。进入圆明园东门，沿着一条细碎的石子路走5分钟，推开一道竹篱笆门，一间灰色的长廊外边写着6个字："单向街图书馆"，长廊外边有一个小院子，7棵白杨树下随意地摆放着几把椅子。每个周末的下午，单向街会在这个铺满石子的小院里举行文化沙龙，一群爱阅读、爱思考的老学者、都市白领、年轻学生汇聚在这里，相互交流读书的心得与乐趣。在一个阳光灿烂的日子里，随意选个姿势躺在躺椅上，隔壁咖啡的香味透过竹篱笆飘过来，脚下的石子似乎也夹杂着咖啡味和书香。创始人之一的许知远说，我们的目的简单而明确，期待通过书籍、谈话、影像、思想，构建起一个小小的公共空间，给读者尤其是年轻人提供一个相互探讨问题的平台。开业以来，单向街以高品质的书籍推荐、免费的文化沙龙闻名，很快就成为北京一个重要的文化场所。

2009年10月，单向街搬迁至蓝色港湾，作为中国公共生活中一个清新而受人尊敬的声音继续存在，且声势愈发浩大。现在的"单向街"不仅是一家书店，更是一座咖啡馆，一所出版机构，一个文化沙龙主办方。圆明园的"单向街"将永存于人们的记忆中。如今的"单向街"，一边呵护着与生俱来的静谧，一边整装待发，要去做更多有意义的事。"单向街"也欢迎更多的人一起读书、一起思考、一起改变这个世界。

其实，"单向街"这样的沙龙在北京并不是个案，万圣书园早已成为京城的文化地标之一，商务印书馆涵芬楼的沙龙活动更是异彩纷呈。北大社会学系教授夏学銮认为书店情结对提高人的素养是有益的："书店办沙龙，为人们创造了更广阔的文化空间，提供了更多的交流平台；另一方面，也可以作为书店进行市场营销的手段。这样两全其美的事情应该更多一些。"

单向街沙龙靠着口口相传集聚着人气，几乎没有沙龙请不到的作家，沙龙的活动都排满了日程，除非特别精彩的才能临时增加。

34 玩具店：稀奇古怪流连忘返

玩具店的选址与筹备

玩具的选址可着重考虑以下几个商圈：

（1）妇幼医院或其他一些医院。这个商圈主要销售对象为0~3岁年龄段婴幼儿，客户群体主要是年轻父母或者爷爷奶奶等。这些客户对产品质量要求很高，开店后应以中高端价位品牌玩具为主。妇幼保健院周边的客户群对玩具质量要求较高，因为很多是来买礼物送人的，应选择高档玩具作为主要货品。

（2）幼儿园或托儿所周边。这个商圈主要销售对象为3~6岁为主幼儿。目标客户是幼儿园的小孩以及接送的家长，以爷爷奶奶居多，父母的比例较小。玩具选择多以幼儿园宝宝的眼光为准，货品则多以中端价位为主。可以结合一些儿童喜闻乐见的动漫类的题材。

（3）学校或青少年活动中心周边。这个商圈以学生群体为目标客户，应考虑的商圈为大、中、小学校或者青少年活动中心周边。学生一般都有自己的零花钱，开店后应着重考虑学生流行趋势。

（4）居民区或商业区。这个商圈主要以年轻人为目标客户，如果玩具店内也经营动漫衍生玩具产品，那么这个消费目标群大部分是时尚的年轻人。因此将店开到年轻人经常光顾的商业、休闲娱乐场所聚集地也比较适宜。据心理咨询师分析，现在社会白领等人群的压力大，一些解压玩具之所以热销也与此有关。因此店面可以选择高压人群集中的居民或商业地区。

（5）人群集中休闲场所。这个商圈的目标客户则是成年人，所以考虑的选址为城市人群比较集中的休闲场所，比如电影院、旅游景区、城市广场等。

选择店面四大注意事项：

（1）是否具有直观性。店面的直观性十分重要，越容易接近的店面，进客的机会自然越多，所以周围最好是人流很多的店铺，那么购物或逛街的人流也会增多，购买力也会增强。

（2）店铺的构型。店铺的构造应尽可能吸引并留住顾客，比如有三个其他条件相同的店面，一个是长深的长方形，一个是正方形，一个是宽浅的长方形，应该选择长深的长方形那个店面更为合适。

（3）面积是否合适。面积大小也是选择店面非常重要的一点，店面面积一定要根据自身发展需要和产品风格来选择。一般来说，面积大的店面空间相对较大，面积小的店面容易滞留顾客。

（4）租金方面。要考虑房屋的产权问题、是否存在转手费用问题以及租金本身是否合理的问题。对周围店铺的经营情况最好能加以详细的了解，了解到的信息越多越准确越好。

玩具店的规划与布置

店内的环境色彩，对人们玩玩具的心理影响很大，一是玩具的色彩能影响人对玩具的欲望；二是玩具店环境的色彩能影响人们玩玩具时的情绪。

玩具店的色彩因个人爱好和性格不同而有较大差异，但总的来说，玩具店色彩宜以明朗轻快的色调为主，最适合的是橙色以及相同色调的相近色，这些色彩都有刺激人们兴奋性的作用，能提高玩家的兴致，整体色彩搭配时，如果地面色调深，墙面可用中间色调，天花板色调则宜浅，这样可以增加空间的稳重感。

在不同的时间、季节及心理状态下，人们对色彩的感受会有所变化。这时，可利用灯光来调节室内色彩，以达到调动顾客兴致的目的。桌椅颜色较深时，可以搭配明快清新的淡色或蓝白、绿白、红白相间的台布，以冲淡深色桌椅带来的凝重感。例如，一个人玩玩具时，往往很快就会觉得乏味，这时可使用红色桌布消除客人的孤独感；灯具可选用白炽灯，经反光罩以柔和的橙光映照室内，形成橙黄色环境，消除死气沉沉的低落气氛；冬夜，可选用烛光照明，或选用橙色射灯，使光线集中在玩具桌上，在玩具店产生温暖的感觉。

儿童玩具店外观设计在一般情况下，应遵循以下原则：

（1）店面的设计。要符合玩具自身行业的特点，从外观和风格上，使人一目了然地了解店铺的经营特色。风格要简洁，不宜采用过多的线条分割和色彩渲染，以免客户产生"太累"的感觉。店面的色彩要统一协调，不宜采用任何生硬、强烈的对比。

（2）店面的协调。要充分考虑与原建筑风格及周围店面的协调。要知道，"个别""另类"虽然抢眼，但一旦消费者觉得"粗俗"，就会失去更重要的信赖。

（3）店面的招牌。招牌上的字体大小要适宜，过分粗大会使招牌显得太挤，容易破坏整体布局，可通过衬底来突出店名。另外，除非特殊需要，店名要使用统一字体。

（4）店面的灯箱、告板、宣传栏要遵守交通法规或城管条例。

此外，在设计玩具店时，我们应因地制宜，而且只有把店铺的类型同地理位置优势巧妙地结合起来，店铺才能在未来的经营中取得主动，占得先机。

玩具店的运营与管理

儿童玩具市场是一个比较特殊的市场，产品的目标消费群是少年儿童，但消费过程中的参与者是家庭的父母亲，有时他们才是真正的决策者。在调查中，0~2岁的孩子玩具购买决策95%由家长决定，但2~13岁小孩35%自己决定购买，因此产品的目标消费群就有两个：孩子和家长。这两者的消费心理差异性较大，而且，孩子们认为"产品包装"是最重要的因素，由此可见儿童消费是典型的一种感性消费；而家长属于理性消费，他们在购买时则注重品牌知名度高低和产品质量的优异。因此，作为儿童玩具店的经营者或者店员、导购，对家长的消费心理应该有一定的了解。在做产品介绍时，可结合相关知识教育，满足父母和家长的心理需求，更容易说服家长购买。

要想了解家长的消费心理，首先要了解不同类型家长特点和购物习惯。了解了不同类型家长的特点和消费心理，猜测顾客购买玩具心理就能有一定依据，知道顾客在进玩具店前心里是怎么想的，介绍起产品来会更有针对性，更容易让顾客接受。根据职业、经济收入和性格方面的差异，大致可以将家长分为四种类型：

（1）权威型。这类家长对宝宝关爱有加，态度上比较注意互相尊重，能主动理解孩子的愿望和要求，激励和鼓励宝宝，给宝宝发展的机会。引导说理多于苛责和绝对控制，鼓励多于惩罚批评。

（2）宽松型。这类家长对宝宝的教育方式比较松散，对宝宝缺乏细心的关爱和引导，没有必要的支持和约束。

（3）专制型。这类家长对宝宝的教养方式过分限制，他们很少主动去理解宝宝的愿望和需求，而要求宝宝完全服从父母的要求，父母的威势取代了说理和引导，强有力的批评和惩罚多于表扬和鼓励。

（4）放任型。这类家长在情感上拒绝孩子，也不可能投入较多的精力和时间照管孩子。

如果家长是带着孩子买玩具，店员则需要根据他们之间的沟通和互动尽快掌握家长的类型，从而有的放矢，找到适当的角度去推销玩具。

现在的时代里不缺玩具，而要把市场需要的玩具推销出去，需要市场营销。而玩具是死的，必须靠玩具店员和导购把它推销出去，因而店员和导购是玩具营销的核心部分，如果学会了做导购就是学会了做生意。察言观色，引导消费，取得客人信任，是成功推销的基础。如果店员的素质跟不上，再好的硬件也无法创造应有的效益。因此招聘优秀的店员和导购，并对其进行专业的培训是十分必要的。服务本身即有一种魅力，它是顾客至上理念的一种散发，任何企业原始互动的潜在因子与成长契机，均建立在顾客的需求、满足、建议、愿望及信任中；顾客满意是下一次业绩缔造的诱因，更是潜在顾客的催化剂。招到称心如意的店员，才能为玩具店增添活力。

案例：幽默坊玩具店

在武汉有一家"幽默坊"玩具店，小店的招牌上除了这三个字外，还写着一句话"0~99岁玩具"。创办人秦彬解释，为0~99岁的顾客提供玩具可以说是"幽默坊"的宗旨和经营理念。"现代都市里的人生活压力大，节奏快，人情相对冷漠。紧张之余，人们都希望寻求某种合适的放松方式，比如玩具。玩具不再是小孩子的专利，各种年龄层次的人群都可以是玩具的消费者。"

1997年，秦彬辞去武汉某国企的清闲职位，和妻子到广东打工。当时，秦彬发现一种按顾客要求印有人像的个性水杯项目"有钱赚"，而做这种项目的人又很少。"于是决定做这种产品。刚开始生意很好，我们一直做了9年。开店做生意，最重要的是找到好的项目。好的项目就是一只会生金蛋的母鸡，会给你创造无穷财富。"

后来，秦彬携家带口回到武汉发展。"武汉主题玩具市场还有很大空间，因为传统玩具市场占主导，这种新奇的玩具还有待市民进一步接受。投资这一项目不是冲动之举。我在广东看到这类的玩具卖得很火，而了解到武汉并没太多的人涉足此行业，经一番研究之后，发现武汉潜在客户很多，打开市场生意就好做了。"

这种偏好设计的主题玩具，越来越受到年轻人群的追捧。而秦彬所经营的"幽默坊"玩具店，基本上是以滑稽、新奇为主题，件件商品都能体现出这种特点。

哪里来的这么多稀奇古怪的玩具呢？"这些商品都是在全国各地商品市场淘来的，我每个月都要去广州、温州、北京等地的大型商品市场。"秦彬介绍，件件商品都经过精心挑选，不但保证了玩具的新颖奇特，还要直接对市场变化做出反应。

"我们现在经营的产品有200多种。当然,现在只进了一小部分货,等市场打开后继续丰富商品种类,争取达到3000多种。"秦彬对于经营前景很乐观。

35 十字绣品店：锦上添花绣出风景

十字绣品店的选址与筹备

在店面选择上，因为十字绣销售对象是经济实力较雄厚的群体，因此，开店应选择在繁华闹市区或客流量大的商场、超市及高校附近。这样的店一般经营价格较低的半成品，比如手套、钥匙链等一些小装饰品。

营业模式可分为自己经营与加盟经营两种方式。如加盟经营，公司会安排主要经营人员至公司接受一至三天技术培训。如果是自己经营，可以到已开的绣品店拜师学艺。

店面面积：可在12~18平方米左右。

创业准备金：自己经营约为1万~2万元左右，加盟经营约为3万~6万元（含加盟金）。

装修：如果是自己经营，装修费用可自行控制，简洁温馨为好。如加盟经营，由加盟总部提供品牌，加盟方可参照总部提供品牌，参照总部装修模式。

人员：约2~3人，可为顾客进行辅导。

效益评估：月平均营业额约1万~3万元（因地域商圈及消费水平而定）。

投资回收状况：回收期一般4~8个月（视投资额度而定）。

如果十字绣品店还想做大一点，自行设计图案，做一些个性照片等，则还需要黑白复印机、喷墨式彩色复印机或电脑加平板式扫描仪等设备。

除了这些硬件上的设备，当然还需要十字绣品和必备的工具。

（1）绣线。十字绣的基本材料，一般有常用的纯棉线，另外还有金色绣线、银色绣线、彩丝线、彩毛线等，使用这些线可以起到画龙点睛的作用，如女孩美丽的服装，天使头顶的光环等。

（2）绣布。特殊工艺制作的网格面料，绣布一般为正方形网格状、纯棉质地，绣布具有柔而软、硬挺不易变形的特点。色彩和规格有几十种，常用的颜色为白色、乳白色和米色等。规格不同，格子的大小也不同。如，2.54厘米有9个格子，一般用6股线（或4股线）绣，3股线勾边，20号针绣；2.54厘米有11个格子，一般用4股线（或3股线）绣，2股线勾边，22号针绣，等等。

（3）绣线盒。一般为塑料盒，分大、中、小三种规格，主要用于放绕线板、珠子、针等细小的刺绣附件，大号整理盒能放100余个绕线板，小号整理盒因便于携带，可以存放20~25个绕线板。

（4）绕线板。可以把不同颜色的线分门别类地缠绕在其上。对照图案上和符号标记，或是绣线的线号，在绕线板上贴上线号标签，以方便管理。

（5）绣针。必备工具，有两类主要的针。一类是如双线针有长长的针孔，适用于中小型精细作品的针。另一类是针尖圆钝，不易戳穿布面的短粗针（钝针）。针眼的大小、针尖的形状，以及针的长度，在选针时都必须加以考虑。

（6）水溶笔。画十字绣布所用，没有水溶笔的情况下也可选择铅笔，但铅笔不容易洗掉，毕竟不是专业的十字绣工具。

（7）选用工具：绣架、绷子、小剪刀、拆线器等。绣错格子是常事，使用拆线器那就事半功倍了。

一般只要有设计图稿，并掌握基本的刺绣方法就可以进行。绣法不复杂，只需根据设计稿在网格面料上将线通过十字交叉的方式穿过网格即可。各种颜色的绣线本来就有自身的编号，每幅图案都被设计师作了特殊处理，每张设计图稿都是按照线号来制作的。即使是很复杂的图案，只要按照设计图稿的位置选用适当的线进行刺绣即可完成。除了可以绣各式外文字母、卡通图案、文字（例如神秘古老的藏文、东巴文字），还能绣出顾客自己或是恋人的影像，用这种方法肯定能轻易让年轻人心动不已。

十字绣品店的规划与布置

十字绣品店的装修比较简单，可以在产品摆放上面更加讲究细致，也可以添加一些装饰物，比如花草、中国结、小饰物等来美化店面环境。十字绣店铺装修主要就是门头装修，具体用什么材料，可以参考装潢设计的意见，自己选择。这样核算下来，一个店面装修，以20平方米来计算，其成本会在5000元左右。当然，如果您富有创意而且会精打细算，也可以花更少的资金来获得更好的装修效果。

另外，十字绣店铺无论面积大小，均可以采用一种叫"万用板"也被称为"坑板"的木板来装修墙面。通常在五金工具店可以买到这种装饰木板，此种木质板材的功能通用性很强，上面是带有凹槽的坑，适合悬挂各种产品。十字绣品店使用"万用板"来装修墙面，不仅可以悬挂十字绣成品，还可以悬挂各种套件。万用板材料是非常坚固的，所以不用担心其牢固性，即使悬挂满满一墙的十字绣成品做展示，也是非常可靠的。当然，这种万用板采购也非常方便，各种建材城均可以找到。注意要购买一种金属挂钩来悬挂成品。

（1）需要注意布光。因为好的光线效果会直接影响到十字绣成品的展示效果。如果店内的自然光采光充足，装修墙面的同时，会比较省心，仅需要注意比较暗的角落的灯光补光，另外要注意的是避免太阳光直射在十字绣成品上。因为临时直射甚至是暴晒，有可能会导致十字绣成品褪色，过早老化。如果十字绣店面内的自然光采光不足，就需要用灯光来补光。天花板上布置灯光，向下照射，这样室内的光线充分。但如果想达到更好的效果，通常要避免室内的光线过强，而采用局部的补光来照射某些成品，这样的效果会更好，当然总体的十字绣店面装修成本也会上升。

（2）店内还需要添置一些货架和柜子。货架可放置在店内的中心区域，用于摆放各种十字绣套件，包括十字绣抱枕、十字绣钱包等产品。这种货架在当地的建材城也是非常容易找到的。关于柜子，一般来说需要定制。柜子是木质材料，一般形式为普通的双开门木柜，木柜上面用玻璃或是木框围起来，用于放置十字绣套件。木柜高度为1.2米左右，大约在人的腰部高度，方便顾客选购。当然也有更为简单的方法，就是采用可购买的现成的柜子，上面再放可以堆放套件的盒子，搭配好的话，效果甚至比定制的木柜还要好。也有的十字绣店面在墙面上定制一些木柜，摆放十字绣抱枕，效果也不错。

（3）需要购置前台和顾客用的桌椅。前台的桌子，高度会稍高，大约为胸部稍下的高度。前台桌子的后面可以装修十字绣品牌标志（logo）和宣传语，需要注意装修的时候整体搭配和色调配置要协调。顾客用的桌椅，一般可采用小圆桌，方便顾客坐下来翻看十字绣图册以选购产品。因为小圆桌可以和顾客平坐一起，更利于和顾客就近交流，协助其选购图案。

十字绣品店的运营与管理

十字绣品店的运营，主要也要考虑十字绣的用途，不同绣品的用途决定了不同的消费者类型，或者反之亦然。例如，学校附近的学生可能大部分选择小绣品，如钥匙扣、卡套等。因而，经营者也要了解十字绣品的品种，才能更好地有效经营自己的店铺。一般说来，十字绣品大致分为四类：一是服装、服饰，如儿童用的围嘴等；二是佩饰、饰品，如荷包、眼镜盒、饰品盒；三是日用品及家居装饰，如枕套、靠枕；四是休闲、交友，如钱包、手机袋、挂件等。

（1）进货方面。十字绣属于休闲产品，消费者的购买力有限，而且众人喜好不同，进货不能进的太多，避免造成货品滞压，影响资金周转。一位经营十字绣的业主说："我每种样品只进两三种，卖完了再去进。"

（2）出售品种。有些十字绣品店出售的主要是半成品，但也可以卖成品。一位十字绣品店的店主说完成一件绣品大概需要40多种线，客户如果买半成品自己绣的话，连图案、丝线、底版下来大概需要不足200元，但如果购买成品的话，售价是800元。所以店主也可以自己绣制卖成品。

通常，一些十字绣品店还提供以下服务：

（1）教学。针对一些对绣法不熟悉的顾客，免费教会。或者一些绣法小技巧,例如,如何不接头,又不让线头脱针,等等。

(2)装裱。很多女孩绣好了之后,想将自己的绣品装裱起来,这时店内可根据需要为顾客提供此类服务,装裱材料、材质不一样,费用也不一样。

案例:小文子十字绣

小文在网上经营着一家名叫"小文子十字绣"的店铺。如今,她店里的在线商品已接近3000件,每天上千次以上的点击率,每月平均3000元以上的盈余。这就是一个25岁的普通女孩所创造的令人羡慕的数字。

说起开十字绣品店,那得从头说起。小文与很多同龄的上海女孩一样,从小喜欢DIY,一方面能满足自己的成就感,另一方面可以满足追求时尚的欲望。当十字绣风靡时,她自然爱不释手。2002年初,当时上海经营十字绣的小店还屈指可数,为了绣一个可爱的手机套、杯垫等,只能光顾网上的十字绣社区,进一些合适的绣线。看到十字绣社区的人气越来越旺,网上卖绣品的商家又络绎不绝,这时小文也萌生了同样的念头。

于是,她在网上找到一家地处昆山的批发商,那边只接受1万元以上的大额订单。小文亲自跑了一趟昆山,拎着价值1万元左右的绣线回来了。回家后,家里人责怪她太冒风险了。当时小文的月工资不过2000元左右,1万元好歹也是她省吃俭用近一年的积蓄。为此,小文着实郁闷了一阵子。但在十字绣社区发帖卖绣品的销量也慢慢地提振着小文的信心。1万元的绣线,最终在3个月内被卖完,扣除成本1万元,盈利1000多元。看到绣品有销路,小文的胆子开始大了,进货的量也多了。过了几个月,小文进货的频率也开始加快了。原来1万元的绣线,一个半月内就所剩无几了。她每月的盈利也在不断攀升。看到十字绣的买卖渐入佳境,小文萌发开店的念头,但开实体店的成本比较高,她手头一下子拿不出这么多的钱。在男友的提醒下,她打算先在网上开家店试试。

2002年的秋天,小文在易趣网上开了"小文子十字绣"店铺。她每天的生活也更加忙碌了。白天，她在公司上班，利用空闲之时上网，关心一下订单情况；晚上，忙着上传商品的图片，整理货物填写邮寄单，生活紧张而快乐。网上开店最基本的就是讲信用，为了迅速累积信用度，小文动了一些小脑筋：她找了一些同样是新手的卖家，彼此买对方的商品，并互相给予对方好评。然而，此举很快被网站察觉，还险些被扣掉信用值。一计不成，她再生一计。在卖十字绣针线的同时，依靠卖一些价格较低的小件商品来迅速累积信用度。比如几块钱的钥匙环、手机小挂件，等等。小文平日里就喜欢淘点小玩意，一淘到好东西，她便多买一些挂到网上。不久，小文店铺的点击率上去了，交易量也上了一个新的台阶。

"十字绣这东西，做的大部分是老顾客的生意。她们中的多数人，对十字绣的绣法技巧不甚了解，你只要耐心开导她们，自然会来买你的绣线。"小文说，"朋友介绍朋友，生意自然会越来越好的。"随着绣线、绣图品种的不断翻新，小文也不得不考虑其成本问题。当时，易趣网有普通店铺与付费店铺两种。前者每月不收月租，上传1件商品的收费为0.1元；后者每月交给网站50元的月租，不过上传商品的收费更为低廉。由于小文的交易量越来越多，于是，她又申请了一家付费店铺，加上原有的一家普通店铺，小文便有了两家网店。依靠两家网店的互补，店铺的知名度越来越大。然而好景不长，易趣网突然大幅调高了租金的收费标准。一些店主因承受不了租金的压力，纷纷转投刚刚兴起的淘宝网。此时，小文同样面临艰难的抉择：如果放弃易趣网上的两家店铺，无疑将损失辛苦积攒的人气和信用度。思前想后，小文决定走出尝试性一步：先在淘宝网上开出自己的第三家店，将原来易趣网店上的商品及客源慢慢转移过去。一旦原有的两家网店出现亏损，便立即关门大吉。

如此一来，小文便成了三家网店的老板。两个月后，易趣网的两家老店均出现亏损；而她淘宝网的新店，已被许多老客户所熟知。于是，小文当机立断关了两家老店，一心一意经营起淘宝网上的新店。如今，小文的店内商品已扩充至4000件，月销售额排名同类十字绣店铺的前10位。看来，在网络编织这幅绣图中，小文将绣出更新更美的明天。

36 DIY 手工皂店：可玩可用人气爆棚

DIY 手工皂店的选址与筹备

手工香皂的制作方法简单易学，一般顾客在20分钟左右即可完成，因此对于成年人来说，能丰富他们的业余生活；对于儿童，则可锻炼他们的智力、想象力和创造力，不啻为休闲娱乐的好项目。不过，若只想暂且"老老实实"地经营好自己的手工皂吧，就得在投资上找准适合自己的位置。

建议开办手工皂吧，选址上以10~30岁年轻人常去的场所，诸如学校、社区、商业区等为佳。同时，关键要考虑租金水平。据了解，目前国内大中城市的艺术香皂售价通常在10~30元/块，成本主要包括加盟费、装修费、店面租金、日常原料成本、店员工资，最少在1万元左右。其中，可以控制的是店面租金，适宜在3000元以下，这样经营风险比较小。至于皂吧的面积，在8~15平方米比较合适。但对于客流量以及针对的客户层次，这些方面都要事先进行观察，比如，周一至周五的市场客流量如何、周末又是什么情况等。最好是和大头贴、小礼品等商品在一个市场环境里，因为，手工香皂项目需要很多创意，以便顾客充分发挥自己的想象来创造模型。

在手工皂加工方面，可以是纯手工加工，也可以买模子。第一种也分为两小种，即雕塑和捏塑。将半冷却的肥皂液装到豆腐盒子或者类似的长方体容器里，冷却成型后成块倒出，再对比网上图片或者你自己构想的样子一点点雕塑，然后晾干。或者是取半冷却的，但一定要先试过温度！皂液，先捏出一个锥状，然后一点点地附上花瓣，内小外大，一般一层三片，下薄上厚，交错地贴，如果完全硬掉了就用香薰灯稍微烤一下。第二种方法比较简便，容易操作，样式规范，而且塑造出来的花更生动。

下面介绍一下做手工皂要用到的工具和基本原料。

1. 工具

（1）不锈钢锅。因为皂液中的氢氧化钠在没有和油脂发生化学反应之前，是强碱性的，如果用铁的、铝的、铜的锅子，那么氢氧化钠就会先和这些金属起反应了，结果可想而知，你得到的就不是香皂和甘油了。另外考虑安全问题，避免皂液搅动时四处飞溅，锅子可以深一些。

（2）秤。这个非常重要！称量是否准确，将会直接影响到香皂的成败。所以，建议你最好使用精度到克的电子秤，称量的时候还要注意放在水平的面上，否则会影响称量的准确性。

（3）不锈钢打蛋器。用来搅拌皂液，对于初学者来说，可不用急着去买电动产品，因为可以在搅拌的过程中仔细观察香皂的变化，当你亲手把一锅水状的皂液搅成糊糊的时候，那会很有成就感！

（4）手套。普通家里用的橡胶手套即可，最好是比较合手的大小，否则操作起来不太方便。如果是夏天使用，最好是长一点的，可以保护整个手臂。

（5）温度计。最好是两支，刻度在30℃~100℃之间，一支测碱水温，一支测油温。

（6）量匙、杯。用来量取一些添加物，通常的量匙都是以2.5毫升、5毫升、10毫升、15毫升为单位的。但注意，5毫升的油并不等于5克，而是约为2.5~3克，因为油比水轻。

（7）耐热玻璃杯或者塑料杯。千万不可贪便宜用廉价的玻璃杯，爆炸伤了自己就不值得了。

（8）切皂刀。用来切已经成形的皂。要求不高的话也可以用普通的菜刀代替。

（9）滴管。如果要使用精油等为香皂添加香味，那么滴管是一定少不了的。

（10）橡皮刮刀。用来经常刮掉黏附在锅子边缘上的皂液，或者用来在入模的时候把锅子边缘的皂液刮干净。

（11）长柄不锈钢汤匙或者塑料筷子。用来搅拌碱液，不锈钢的最好，清洗也比较方便，不过如果没有的话，用一支质量好的塑料筷子代替也可以。

（12）模具。选用硅胶的模子当然最好，易脱模，也易清洗，而且脱模后的形状也比较完整，但是价格比较高，也不容易取得，因而可以选用不锈钢的模子。其实，也可以用其他的代替，比如雪糕盒、牛奶盒等，只要是耐热的就可以。不过，如果是塑料的容器，建议在模的四周垫上油纸，方便脱模。

（13）其他。围裙、清洁布、护目镜、空的瓶瓶罐罐。

2.原料

（1）水。最好是蒸馏水，没有蒸馏水，最好用过滤水。

（2）氢氧化钠。溶解碱的时候一定要注意小心再小心，一定是往冷水里慢慢加入碱，千万不要往碱里倒水。因为碱溶解时会释放大量热量！碱液也有比较强的腐蚀性。另外，要注意通风！但是也不必"谈碱色变"，因为在化学反应过程中，碱已经发生了变化。

（3）油脂。从原理上来说，所有的油脂都可以用来做香皂。不过，不同的油脂因分子结构不同而有着不同的性质，对皮肤的好处各不相同。从形态上说，油脂分为油和脂两大类。油是指在常温下呈液态的油脂，比如橄榄油、葵花油等；脂是指在常温下呈固态的油脂，比如可可脂等。从性质上分，又可分为动物油和植物油两大类。在超级市场经常见到的那些工业化生产出来的香皂的最主要原料之一就是牛脂。但动物性的油脂因为饱和脂肪的含量高，渗透力差，因而容易阻塞毛孔，引发很多皮肤问题，所以手工冷制皂的爱好者们一般是不会去用那些动物性的油脂的，虽然它们很便宜。

DIY手工皂店的规划与布置

在手工皂店的规划上，一是要体现宣传的功能，二是要体现经营的功能。

首先，来讲讲宣传的功能。

（1）店牌。这无疑是最大的宣传功能，你得广而告之，你的店内是做什么的，卖什么的。标题要醒目惹人眼，最好让人看到就能心生欲望。材质上可以根据自己的需要采用不同的方式，如灯牌式等。

（2）展柜。一个好的展柜，能够将店内的特色和经营的内容全部展现出最好的一面。这样，顾客在经过你的店铺时，眼光就会被吸引过去，自然脚步也就跟上去了。展柜里的展品也可以是以前顾客的优秀作品，这样让消费者可以看到别人的作品，自己有个参照。

（3）气味。店内是卖手工皂的，自然会有芳香的气味，但是不能将不同的气味混在一起，让人头晕目眩，最好是主打一种气味，让人怡然自得，自然愿意驻足观看，这时店内才有潜在的生意。

其次，在经营功能上，可设置展区、工作区、选材区、包装区、收银台等。

（1）展区。可以将店内的代表作品展示出来，以帮助消费者选择式样等。

（2）工作区。即顾客DIY时的工作区域。

（3）选材区。即顾客选用什么材质的区域，也可以与工作区联系在一起。

（4）包装区。很多顾客DIY手工皂，是作为礼物送给别人的。所以包装区可以经营一些包装盒和丝带等，供顾客选用和包装。

整个店内的布置风格，可以根据店主的喜好来定，可以以温馨、清新、浪漫为主题等。发挥你的想象力，在墙面上，还可以设置留言区等。

DIY手工皂店的运营与管理

DIY手工皂店的制皂手法主要是冷制皂。要了解什么是冷制皂，首先来看看工业冷制皂，肥皂工厂对于他们生产过程的描述：将油脂经过皂化后予以干燥，再添加香料、抗氧化剂等添加物，经过拌料、研磨、压条等工序制成不同规格形状的香皂或洗衣皂。整个生产装置分为五个单元：

油脂处理—皂基制备—干燥—成型—包装

油脂处理是指，让油或脂先经过水解步骤，以便得到纯粹的脂肪酸进行皂化，水解过程的副产品是甘油。

水解的化学式：油脂+水→脂肪酸+甘油

皂化的化学式：脂肪酸+碱→皂。

接下来还得依硬皂（含碱较多）、软皂（含碱量在0.25%以下）、过脂皂（不含碱）等不同需要添加合成香料、颜料、起泡剂、安定剂、抗菌剂、合成润滑剂等。简单地说，成皂的公式就是：油＋碱（溶于水的氢氧化钠或者氢氧化钾）＝皂＋天然甘油。

冷制，是相对于工业皂所采用的热溶法而言的。除了需将固体的油脂加热溶化成液体外，在成皂的过程中是不需要高温加热的，故可最大限度地保留植物油和其他添加物中含有天然维生素和营养成分，也因此是皮肤最好的保养品。

所有的冷制皂都会在皂化的过程中自然产生约20%的天然甘油，是皮肤最佳的天然保湿剂，在皮肤上形成一层天然的保护膜。植物油中有大量不参与皂化的营养物质，这些珍贵的成分会在使用时透过毛孔渗透到皮肤中去，从而达到清洁、保养同时进行的效果。

冷制法的手工皂，一方面制作过程温度很低，不破坏原材料中容易遭热破坏的营养成分，另一方面含有丰富的天然甘油和过剩油脂。在清洗皮肤的时候具有对皮肤更温和的特性。下面一起了解和学习手工皂。

（1）手工皂的使用。敏感肤质的人，建议使用前在手臂或耳后先做皮肤测试。使用时请避免让皂液进入眼睛，如不慎入眼，会引起眼睛疼痛，但不必惊慌，只需立即用水冲洗干净即可。使用时可将香皂打湿，用手轻轻搓揉，起泡后涂抹。使用完香皂后，应放在透水的皂盒或容器里，尽量保持香皂的干爽，千万不可泡在水里，那样会缩短使用的次数哦。成熟越久的香皂使用感越温和，但过久则容易变质，相对理想的使用时间是成熟后3~6个月内。使用时不要将香皂直接在脸上涂抹，请将香皂打湿在手心轻揉至起泡后或配合打泡网使用。弱碱性的皂液对眼睛有刺激，小心不要接触到眼睛。

（2）手工皂的成熟期。成熟是皂化的一个过程，冷制皂从制作到成熟需要经过一个月左右的时间，香皂的成熟日期都会标明在香皂的包装袋上，没有成熟的香皂碱性比较强，对皮肤会有一定的刺激的，最好不要用。

（3）手工皂的保存。未成熟的香皂，需要放在阴凉、干燥、通风的地方，让香皂全面接触空气，越干燥的香皂可以保存的时间越长（但千万不可让香皂晒太阳）。最佳保存温度为15℃~25℃，保存期为6~8个月（从成熟日开始计算，下同），15℃以下保存期为1年，如放入冰箱，请密封保存，避免香皂成为冰箱里的吸味剂。每次使用后，应放在不会积水的皂盒里使皂尽量保持干燥。若皂体出现严重油斑或出现油脂酸败味请立刻停止使用。黄梅季节因为环境湿度、气温比较高，直接导致香皂水分过多，不能释出。其表现是香皂出水，一点点的在表面上。这时最好是把香皂放到冰箱里。没有冰箱的，应尽量让香皂在通风阴凉的环境保存。

（4）手工皂的酸败。冷制植物皂里含有许多天然成分和未参与皂化的润肤油脂，在高温潮湿的环境和阳光直射下容易长油斑，这叫作酸败现象（黄色出油斑点，摸上去会有油渍，有时是一大点，有时是许多小点）。如果发现香皂出现油斑，可以马上用小刀把油斑部分挖掉，并在短时间内将香皂用完。但是如果油斑的面积已经扩散，香皂整体酸败时（油脂味道很浓）就建议不要再使用在脸上了，当然用于洗东西还是可以的。

（5）手工皂的过敏：即使是纯天然产品也不可能保证100%不过敏，请留意原料中自己的过敏源，使用前请先于肌肤隐蔽处测敏，24小时内无异常即可使用，若使用中出现红肿发痒等症状请立即停用。

（6）手工皂的实物：因为是手工切割，加上水分在数个月后会蒸发一部分，重量上有±5~10克的差异属正常现象，一般在切割时会多切割数克以减少误差。另外因为是纯手工制品，不同于工业皂机器压出来的外形，有些手工风味粗糙感也是正常的。

自制香皂DIY个性化十足，通过提供原料让客人自己动手制作出独一无二的香皂，如各种造型的机器猫、蜡笔小新等。自制香皂的程序是这样的：先将原料切成小块，然后放进特制的玻璃碗加热熔化，熔化后的皂液中可以加入可爱的卡通玩偶，做成卡通皂，或者加入丝瓜络做成有磨砂去死皮功效的丝瓜络洁肤皂，接下来添加香料、色素，倒进皂模，等其凝固，再放进冰箱冷冻15分钟，一块自制香皂就完成了。每块香皂根据重量和添加物的不同，价格也不一样，最小的50克15元左右，大的120克35元左右。做手工香皂是为了享受DIY的乐趣,它不是机器时代的产物,没有无数相貌相同的兄弟姐妹,带着些灵气,有自己的味道,并且只属于你。

了解这些保养手工皂的基本方法和常识,才能从根本上运营好你的小店。另外,手工DIY同时,还可以对之加以推广,也能带来众多市场机会,譬如,可开设DIY式的现场体验店,或者进行产品销售、操作培训,以及面对企业、个人、团体等不同消费群体,通过市场细分,形成礼品、赠品、日常用品等不同系列产品。此外,建议经营者不妨搞一些手工香皂的亲子活动,还能增进父母和孩子之间的感情;对于时尚人士更是一项极富魅力的活动,有利于传播店铺的良好口碑。此外,随着教育的多元化,对学生的动手能力、操作能力日益加强。因而可以与教育局或者学校接洽,对学校的手工制作课项目进行承包。作品新颖且环保,也可以用来装饰,容易激发学生的兴趣,也容易有成就感。

案例:马小姐的香皂吧

杭州的马小姐毕业后就选择了创业,幸运的她没有像其他创业者一样走过了那么多的坎坷和失败,她第一次开店就成功了。下面,就让我们一起走进她的"香皂吧"来揭开这个神奇的成功之谜吧。

一次上网的过程中,马小姐看了创富点子"开个香皂吧"后,开出了杭州第一家香皂吧。"开张以来,我们小店天天赚钱。"马小姐一边做香皂一边笑着说。二十多岁的马小姐第一次创业,开了第一家小店,没想到每天都有赢利。15平方米的香皂吧里只卖香皂这一种商品,没想到每天平均销售额可达300元,最高纪录为700元/天。小店投入总成本包括加盟费约5万元,这样的营业额意味着马小姐可以在一年后收回成本,并赢利近万元。

回忆创业当初,马小姐说,"我在网上看到南京有香皂吧,特意去南京考察了这家香皂吧,回来后就在杭州开出第一家香皂吧,没想到小店一直生意红火。"香皂吧开业不久,慕名而来的客人很多,也有许多想加盟的。马小姐说："开这样的个性小店，地段是关键的关键。"她所加盟的南京香皂吧是开设在南京市中心鼓楼附近，处于时尚购物地段，周边有大学、中学和小学，消费群相当明确，就是各年龄段的学生。马小姐分析，"如果开香皂吧，学校聚集地段为最佳；如果商铺价位合适，在时尚购物地段开店也不失为一个好方向。香皂吧对营业面积要求不大，六七平方米，一台冰箱和一台微波炉即可。"

马小姐的香皂吧之所以能成功，原因之一是香皂成本较低，消费群面广。原因之二是香皂DIY的花样繁多。据马小姐介绍，小学生非常喜欢橡皮大小的小香皂，他们拿糖纸包着的小香皂是去洗手的；另一种如玫瑰香皂、巧克力香皂等仿真香皂，因为好玩，被学生收藏或者作礼物赠送；还有一种个性香皂，如将自己的大头贴镶嵌在香皂上，将自己的生日日期、祝福语或者图案刻在香皂上，或者将自己喜欢的塑料卡通人物镶在香皂上，多是消费者自己制作创意。"香皂制作非常简单，购买的回头客非常多。有的学生每天都会来小店买香皂玩，他们每天都会想出一些香皂创意，有的让我们都觉得有意思。"马小姐说，"香皂吧还有一个成功因素就是，它是杭州第一家香皂DIY小店。小店开张以后，电视电台等多家媒体来采访，也免费为小店做了宣传。"

37 DIY 陶吧：放松身心体验艺术

DIY 陶吧的选址与筹备

如今，陶艺已成为孩子、成人一种自由创作的理想方式。对于孩子来讲，孩子爱玩泥是天性，陶艺不仅满足了孩子的天性，同时通过玩陶的过程，让孩子学到了中国古老的艺术，给孩子一个自由创作的空间，这里将是孩子走向艺术天堂的第一步。因而，面对目标消费群体，陶吧的选址可以考虑以下几个地点：

（1）中小学附近。现在的学生和孩子，厌倦了模式化的都市生活，疲惫了钢筋水泥的压抑，喜欢来用双手挖掘内心的怡静，陶艺可以带他们领略泥土的芬芳，伴作智慧与灵感，创造"世上仅此一件"的个性作品，这就是陶艺的魅力所在。

（2）青少年活动中心附近。现代都市的孩子很少玩泥，孩子的很多不良习惯都与孩子远离自然有关，如触觉不灵敏，反应迟钝，等等。著名儿童教育学家蒙特梭利认为，玩泥是调整孩子触觉系统的最好方法。

（3）科技馆之类的场所附近。对于陶艺教学和实践来讲，现代陶艺不是泛指所有的陶瓷艺术，而是一种具有明确指向、相对独立、以陶泥材料为媒介的进行实验性探索的艺术形式。其审美标准和制作工艺区别显著。在材料方面，它强调质地与个性；在工艺方面，它常常有意利用缺陷肌理；在装饰上，它追求肌理效果的随意性，保持甚至彰显手工制作的痕迹；在造型方面，它不完全强调规整有序，而重视发挥各种有意思的变形或富有创意的形态。

（4）商场。电影《人鬼情未了》中，男主人公和女主人公一起做陶土的镜头，成为很多恋爱中男女的经典影像。人流量大的商场，这里的目标人群就是那些青年男女。或者在商场里的儿童商品区，父母亲来选购商品时，也可以带着孩子们在这里玩。

那么，开一家DIY陶吧都需要哪些材料和工具呢？

（1）陶泥。陶艺最基本的原料就是各种泥，好的泥料对杂质、气泡的含量都有严格的要求。如景德镇的高岭土瓷泥，泥质细腻，在体验拉坯的同时可以保护女性或小孩柔软的肌肤，同时还相当于给女性做了一次手部的泥SPA。

（2）拉坯工具。拉坯是陶艺最重要的成型方法之一，也是充分展现陶艺魅力的地方。好的拉坯机对于拉坯至关重要，具备以下两个特点：第一，电机功率大，能轻松承重40斤以上的泥（因为拉坯时需要对泥施加较大压力，这点至关重要，很多杂牌拉坯机一施加压力就会停止转动或转动很慢）；第二，盘面跳动小（大的跳动会导致坯体不正）。景德镇影青牌拉坯机，电机均有功率补偿功能，拉坯手感超好！

（3）泥板机。泥板成型是另一种重要的成型方法，一台泥板机能让您事半功倍。

（4）泥条机。泥条盘制可能是最早的成型方法了，备有泥条机，让泥条的制备变得轻松惬意！

（5）转盘。这可算是最基本最重要的手工工具了，有了它泥条盘制、釉上绘画就可谓得心应手了。

（6）窑炉。没有它，再好的作品也只是泥坯。一般有1400℃的高温电窑，可确保作品烧制万无一失。

DIY陶吧的规划与布置

如果经营者选择加盟陶吧，那么，一些陶艺推广培训中心会有陶艺专业的老师给你培训，提供整套的陶吧经营方案，包括制作技巧、开业免费店面铺货，提供工具材料。在装修上，为凸显陶瓷作品的内涵，装修设计可突出古色古香，配合花草树木和潺潺流水，别有一番韵味。陶艺店的几排木架上，可以错落有致地陈列一些制成的陶艺作品，供顾客参观鉴赏。如果是现代化的简约风格，也未尝不可，关键在于如何定位风格。

其次，加盟店在开业时，总部将按规定铺满全部样品，并为加盟店提供相关材料、工具等。有些总部会有专业的人员按照你所在的区域和商圈，严格规定一个区域商圈只准开一家，使其区域垄断经营，严格执行区域保护政策，坚决避免内部竞争，使每个加盟店利益互不冲突。另外，总部长期提供所有制作原材料，享受市场最低价格；并免费赠送陶艺技术资料、资料盘、陶艺制作方法、陶艺VCD教程、陶艺雕塑VCD教程、工具、陶泥配方、开业指导手册、技术授权书，等等。

最后，在店面形象设计上，总部也会提供包括门头、室内、产品摆放等设计，以及胸卡，手提袋VI系统形象和规范管理系统。

经营者如果自己经营，店内的布置就需要请专业的人士来指导，或者自己动手。可设休息区，提供茶水、饮料、点心等，可无线上网，适合承接公司部门活动及生日Party。

DIY 陶吧的运营与管理

一般说来，DIY陶吧经营的项目有礼品定做、皂艺、沙画、泥塑、塑像手印、手模及胶画等服务。顾客可以自己动手做各种陶艺作品，包括陶艺拉坯、陶艺泥塑、软陶首饰等饰品制作、紫砂制作、作品上釉、情侣手印制作、签名设计，可定做各种陶艺礼品。另外，经营者也可以为顾客提供塑像服务，销售各种陶艺作品、陶泥、陶土、陶艺拉坯机等陶艺材料工具，承办场内外大中小型陶艺活动，举办陶艺塑像、软陶等各项专业培训。

另外，可利用各杂志、网络、电视、报纸等媒体上宣传，使经营者的品牌更加提高知名度、影响力，使产品更具市场占有率、竞争力，让消费者更快地接受，以提高店的利润。

　　DIY陶艺店在广州一度比较时兴，早在十多年前，广州就出现了几间自制陶艺店，有的店还引入"咖啡+陶艺"的模式，但时至今日，能够坚持下来的自制陶艺店却寥寥无几。经营了9年自制陶艺店的余小姐说，陶艺店并非一般人都适合经营，除了要求经营者的兴趣喜好外，还要求经营者具备必要的陶艺知识、鉴赏能力和制作技能，以赚钱为目的的心态跟风开店，可能会因服务不周而留不住顾客。

　　美术学院毕业的余小姐，经营"草木陶艺坊"已经有9个年头了。和她一起经营的还有两名同伴，他们抱着共同的志趣开了这间陶艺坊。刚开始，陶艺坊开在江南西一带。5年前，他们看中晓港公园内的租金便宜以及清幽的环境，将店址迁到了公园内。现时，草木陶艺坊已成为公园内的一景，不少前来公园游玩的游客都会到此驻足观赏，陶艺店的顾客多半是前来公园游玩的人带来的。不过，开在公园内的弊端是，客流不比路面的人多，也难以被顾客发现。

　　一般来说，陶瓷工厂只懂生产，不会教人，而且陶瓷工厂是批量生产，做出来的产品都是一个样。而陶艺店可提供个性化服务，可以依据顾客的需要，来制作带有个性化符号、形状的陶艺作品，做出来的陶瓷作品是独一无二的。通过提供这种个性化的服务来招揽散客取得收入，顾客以喜欢玩陶艺的小朋友为主，平均每个学员收费是每小时25元，包括教授制陶的技巧和材料的费用。"开业9年来，这个价格没有变过"。不过，增值服务在于"烧陶"的阶段，制作成型后，还要进行一系列的工序，烧陶阶段就要另加收费，"一般要加收几十元，不会超过百元。"不经过烧制的陶瓷无法带走，即使带走后也难以保存，因此增值服务为大多数顾客所接受。艺术品的销售，通常都是一种情感消费，一件艺术品价格的高低，受顾客喜好程度的影响很大。余小姐称，这些在店内摆设的陶器，拿到艺术品市场上去卖，估价在一百多到两千多元不等，但至今她们还没有开店做零售。她说，卖陶器艺术品不同于一般的商品，无法像字画市场的批发装饰画一样，随便请一个售货员就可以。陶艺作品是一种艺术品，"独一无二""具有收藏价值"，就像真迹字画一样，所以，要求店员必须"识货"，具备陶器鉴赏能力。如果不了解各种陶器的艺术内涵，就无法向顾客进行讲解介绍。

另外，店内可培训人员，从陶艺制作过程的教授到陶艺作品的后期加工均由店员完成。那么，在周一至周五客流较少的情况下，店员就利用这段时间，为顾客制作的陶艺作品加工"上釉"。

案例：老少皆宜的家庭嗜好

泰瑞莎的"陶瓷世界"原是经营有关陶瓷材料及产品的批发商和供货商，店里的产品相当多，有各种样式及大小的模型、瓷器作品、瓷盘，尚未上色的雕像、刷子及颜料等。不过，真的让其营业额大增的秘诀在于其推出的DIY课程。

原本只是供货商，为何想到增加教学业务？这得从一则报纸广告说起。向来精打细算的泰瑞莎，偶然看到报上刊登销售塑料模型的广告，一个才卖2美元。一个念头迅速在泰瑞莎念头闪过：何不购买一些模型回来，将瓷土灌入模型后，烧成成品销售？

有了这个构想之后，泰瑞莎请了一位专业的瓷器艺术专家教她如何灌模型，以及从何处可以购得经营所需的材料，如液状的瓷土等。经过一段时间的学习摸索，当泰瑞莎开始满意她灌成的瓷土作品后，便在报上的分类广告刊登信息，很快她的作品即销售一空。这给了她莫大的鼓舞，更打定主意拓展"陶瓷世界"的业务。

除了销售瓷土产品，泰瑞莎发现了瓷土教学市场有很大的潜在商机，不同年龄层对陶瓷有不同的喜爱：成年人欣赏陶瓷作品的质感，将陶瓷制作视为一项高尚的兴趣及嗜好；学生们则享受制作陶瓷的过程。此外，许多学校都将陶瓷制作列入手工艺课程。这些观察促使泰瑞莎决定开授陶瓷作品DIY课程。

泰瑞莎的课程收费标准为：2小时的课程收费6.5美元，平均每堂课可以教导20~25个孩童，反应相当热烈。泰瑞莎表示，许多幼教老师告诉她，同时符合教育性及娱乐性的课程才会得到家长及孩童的认同，而动手制作陶瓷充分符合家长的期待及小朋友的喜爱。

此外，举办小朋友的生日派对是泰瑞莎新开发的业务。很多父母为小朋友举办生日派对，为了让小朋友们玩得尽兴，除了吹蜡烛吃蛋糕之外，娱乐性节目格外重要，泰瑞莎便将未上色的陶瓷作品搬到小朋友家中，让其自由发挥。

经由口碑相传，已有15个幼儿园及小学邀请"陶瓷世界"开课，在放暑假的时候，约有将近250个孩童参加教学课程或派对。业绩蒸蒸日上，"陶瓷世界"又从600平方米的办公室搬到9000平方米的现址。

38 个性写真店：私人订制高端摄影

个性写真店的选址与筹备

个性写真店的地理位置，应相对便利并且安静。若是在公寓或者写字楼最好周边绿化环境相对好，这样会让顾客心理舒服，另外不想走到很远拍摄外景的新人就可以就近拍摄了，同时也为拍摄提供便利。

居室参考：三室一厅，可分别用作接待室与工作室、化妆室、服装展示及更衣室、摄影棚。

投资预算，首先应针对自己的经济状况，确定店的规模、包装、设备和人工基本支出费用预算。租一间工作室，多少面积视经营者的情况而定。一般四五十平方米的办公及影棚就够了。

最省的预算：

电脑两台：8000元。

摄影器材：15000元（按尼康D30套机），再加三脚架等。

影棚灯光及布景：2000元。

工作台、电脑桌、简单家具道具：5000元。

总计约需3万元。一般写真馆所需要的硬件，主要为摄影器材、道具、后期制作等。

（1）摄影器材。可以根据自己的实力，选用1000万像素以上的佳能或尼康单反相机，2~3个柔光箱，一块反光板，这些硬件开销大约在1万~1.5万元不等。有点条件的就上好点的相机，为了将来的婚纱套照打基础。

（2）道具。如果是拍摄儿童照，小玩具、花儿及艺术凳子类，以及其他风格不同的道具，拍摄中能用得到的增加照片氛围的道具都可以选购一些。开销在500~3000元不等。

（3）背景。根据个人爱好和当地情况，一般纯色背景多一点。因为现在可以利用电脑任意换背景，建议就用三块有色背景，即白色、蓝色和红色。对于需要换背景配图的照片最好在蓝背景上拍，因为这个颜色最适合抠图。如果有需要也可以备一些特色的有景背景。背景可以按照影棚的尺寸定制，背景架安装好后可以任意选择需要的背景，背景有布质和纸质的区分，数码拍摄建议使用纸质。

（4）灯光。包括主灯和辅助灯。小型照相馆用三个灯即可，主灯、侧灯、底灯即可。根据你房子的大小和经济能力决定选几只灯和瓦数。主灯一般用300~400瓦，一般选用3~4个灯（主灯2个、底灯一个、背景灯一个）如选用3个，底灯和背景有时可以兼用，主灯架为2.8米高。资金充足的话可买个外拍灯、蜂窝巢、反光板、柔光箱。影棚灯具一般需要3~4只柔光箱，外景拍摄需要准备外拍灯一只，大号反光板一款。底灯架为20厘米高，底灯用60厘米×60厘米的柔光箱、背景架为70厘米高，背景灯不用柔光箱，直接打裸灯或用四叶片，这样能突出背景。

（5）电脑：液晶显示，用于展示产品及选片使用；普通显示器，用于图片制作使用；可组装主机两台，但配置不宜过低，硬盘要尽量大些。

（6）服装：一般都会有厂家主动上门推销，也可以去专门的摄影器材市场购买。一般来说，送上门来的一般很便宜，自己出去买就贵多了。

（7）化妆品：整套化妆品配备，还有各种各样的假发，以及风格不同的饰品。

（8）后期制作。包括电脑、打印机和扫描仪（建议用爱普生系列）。电脑要适合图像制作方面的，所以处理器、内存和显卡要好；打印机一般能A3大小就足够了。其次，后期中就是软件了，PHOTOSHOP CS2或PHOTOSHOP CS3软件和抠图软件是必备的，不过软件不用花钱买，一般网上下载的也可以用。后期这一块预算大约在7000~13000元左右。

（9）其他。后期的出片、制作成册、压膜、各种工艺，有公司专门做这些，你可以联系他们。你只要把设计好的给他们，然后直接去拿册子就好了。

经营者也可以根据如电脑、打印机、相机等不同名词在网上搜索，到相关器材的论坛里听取更多用户对产品的意见。这样就可以让你选择到更实惠、更适合你的工具。还有，有的时候不要盲目追求高档，因为有些价格会相差很大，而在实际应用中差别并不大。比如，一款1000万像素相机和1500万像素相机，两者的价格相差近一半，一般对于写真馆来说，1000万像素足够用了。

个性写真店的规划与布置

首先，经营者需要确定和规划写真店的风格，然后根据风格来打造店内的布置。是时尚新潮、清新自然、优雅妩媚、活泼可爱、冷艳感性，还是古典唯美？你的规划决定了服装、装修、布景等一系列的后期工作。

通常说来，根据拍摄需要来拍摄，有婚纱摄影、爱情电影拍摄、个性写真、儿童摄影、跟拍跟妆、韩式唯美、欧式奢华、清新自然、封面摄影、广告摄影、时装摄影、模特卡、见组照、商业摄影拍摄、MV拍摄、企业宣传片等。但无论是哪种风格，离不开写真店的装修。那么，在装修的过程中都需要注意哪些呢？

（1）工作室。必备的工具当然是电脑，这里可完成前台接待、选片、后期制作等一系列工作。

（2）化妆室。当然化妆镜和成套的化妆品以及工具是必备的。

（3）服装展示。可以根据不同风格采购不同类型的服装，如按服装的类别来分，有婚纱、晚礼服、小礼服等，按服装的着装者来分有情侣装、童装，等等。

（4）摄影棚。影棚的背景架一般用电动的，方便更换背景，一般为单色、艺术、婚纱、儿童全家福等不同背景，并且还要根据当前的需要来添加，所以电动架的数量一般最少为3根，多到8~10根。背景架一般选用金鹰300E/400E经济型就够用了。除了必备的背景布之外，影棚的每个墙面都可以作为拍摄背景，都可以刷成不同的颜色，而且拍出的片子还很细腻。还可以在墙上粘贴一些壁纸，挂上一轴壁纸，不同的壁纸可以拍出不同的风格。

一般说来，影棚的安装方法步骤如下：

（1）打开2.8米的灯架，取出影室灯灯头，把灯头装在灯架上。

（2）安装柔光箱：柔光箱配件有4根杆子、2块柔光布、1个卡盘、1块外黑内银的颗粒反光布。将杆子分两人对角安装，要稍用力，4根杆子装好之后柔光箱会成一个弧形，然后在里面挂上第一层小块的柔光布，最后罩上外面大的白色柔光布。

（3）将柔光箱装于影室灯上。影室灯的灯头上有一开关，可以扣住柔光箱不会掉下。柔光箱的卡盘上有一个按钮，可以调整柔光箱的方向。

（4）灯光安装完毕后，灯光的摆置方法：一般为两主灯，45度对着拍摄对象；一底灯置于拍摄对象的右前方，光用于拍摄对象的下部分，或人像的脖子上的光，也可用反光板代替。背景灯置于拍摄对象后面，对着背景。

（5）安装触发器。

个性写真店的运营与管理

一般说来，个性写真店的人员基本配备有网络销售、摄影师、化妆师、数码设计师、门市接待。如果你也做影视摄像的话，还需要摄像师、影视后期合成师！如果是开儿童摄影店，因为小孩会乱动很不配合，这就需要一个能与儿童沟通的专门人员在一旁辅导拍摄，一边与小孩沟通，逗小孩，摄影师一边抓拍。人员的招聘，可通过网络或摄影化妆学校等。那么，开个性写真店如何挣钱，下面是一些方法，可供参考：

（1）做活动，可另做价目表，节日期间，可采用打折的方法。

（2）赠品。活动可以做一些赠品，如一些日常用品、拉米娜、7寸水晶、钥匙扣、单片等小东西，可以免费赠送，也可以加1元赠送，等等。

（3）外景拍摄。影楼大部分以室内为主，室内的妆会比较整齐，照出来的也比较漂亮和传统，可以做成客厅的大片。工作室可以外景为主，如果影棚环境不如影楼有实力，就可在外景上取胜。外景的好处是比较自然，颜色鲜艳、活泼，而且影楼有一套默认的潜规则，婚纱摄影师和化妆师一般都不敢做太大胆的尝试，所以照片漂亮，但也一般。工作室或写真馆就不一样了，可以加入很多自己的想法，也许会有一些意外的惊喜。

（4）制作网站。以便展示产品效果和卖点。因为摄影工作室的消费群大多是通过网络渠道了解商家，所以想吸引顾客应先有个具有独特风格和视觉效果的网站。一般制作网站需要20天左右，版面设计可参照其他成功摄影工作室。

开店后，需要做一些广告宣传，样片很重要，一定要用心地去拍一套精品的样片。另外，可做些网络推广，如谷歌竞价排名，或专业网站推广，例如百合、恩爱、我爱打折等；或者在一些专业网站贴吧发帖，派发宣传单等。在经营的过程中，也可以利用一些方法，促进店内产品的销售和品牌效应，以下一些案例可供参考：

案例1：以强势商品挟带弱势商品。如雪碧刚推出时并无知名度，于是应用强势商品挟带弱势商品的策略，把可口可乐与雪碧同步组合包装共同售出，结果雪碧一上市即创下惊人的业绩。在影楼中可借鉴运用这个案例：同步预约结婚照+父母结婚照；同步预约结婚照+全家福；同步预约结婚照+个人写真。

案例2：健康主题新作风。专业化与人性化的结合，提倡健康服务法，适用于高档次拍摄流程或提升服务品质，增加公司特色或促进成交率。做法：拍照前，来杯茶，增强精力，舒缓紧张情绪；带顾客进入清新芬芳的摄影棚；拍照中播放情境音乐，如海浪声、蝉鸣鸟叫声，让新人感到舒适、自然；休息空隙可添加美味的营养餐点。

案例3：以顾客需求成立俱乐部，经常举办不同类别的活动，邀请不同类别老客户参与活动，把公司社团化。可依客户兴趣举办卡拉OK大赛、登山比赛、中秋烤肉活动、游泳比赛，等等。联谊同时，推广本期促销活动，动员老客户带领新客户到公司抢定优惠活动，双双得利。

案例4：让顾客与厂商举办座谈会。联系已预约未结婚的新人，举办礼服设计师座谈会。依新人的体型、肤色、场合等给出专业建议。

案例5：由消费者担任评审委员，评选作品及优良的摄影师，特别能创造出相当的真实性与可信度。现在大家都在办展，也可以勇于尝试具有形象、新的引客方法。

没有失败，只有放弃。没有不景气，只有不争气。想要成功就要做到：做别人做不到的事，做别人认为不可能的事。一般拍摄的工作流程如下：

客人网络咨询/或者促销现场咨询—店内参观考察—门市人员介绍—洽谈后签预拍摄协议—客人交付定金（一般20%）—为客人安排拍摄档期—工作人员准备—进行拍摄—选片—看设计—出片—取片—后期追踪祝福。一般从拍摄到取片周期在45天左右，具体情况看各个店的具体安排。

个性写真馆经营的操作重点应首先放在广告宣传上，再者是后期的客户维护，技术和质量应严格把关不得松懈。制订合理的工作计划是很有必要的，要是不把需要完成的事项列成表按天按时完成，很容易延误开店时间。另外，写真馆存在一定的季节性，春夏秋季相对客人多，冬季会因天气寒冷影响人们拍摄外景，客人会相对减少，所以冬季可以尝试室内实景设计拍摄。如果可以，建议经营者可做综合摄影工作室，也就是婚纱、写真、儿童等产品都做，在以某种类型为主的情况下，兼做其他项目。这样做要考虑的问题是，需要增大货物储备也就是资金投入，但是这样做同样能减小因市场定位不准确或是其他不可预知原因给工作室带来的风险。

要想经营一家个性写真店，重在突出个性。每个人都希望自己拍出来的片子独一无二，摄影师可事先与顾客沟通好，在平时的生活和工作中也可以积累一些专题摄影策划的技巧。要有一份好的摄影策划并不难，只要把握住以下原则，你也可以成为行家。

（1）从周围找点子。可通过报纸杂志、电视、媒体、收音机等收集资讯；将所见所闻的商情记录下来；与消息灵通的朋友打交道；将商情善加整理与保存；将获得的商情做贴切的搭配组合。最重要的是手上的资料愈多，在适当的地方收成的机会就愈大。

（2）抓住必要的暗示，掌握稍纵即逝的机会。可随身携带一本备忘小册子，只要发现工作上有需要，给予结合、排除、变更、简化者，马上把它记录下来，经消化变成自己的东西。

（3）勇于模仿，模仿之余加创意。模仿别人成功的模式，把自己收集的商情做适当的变更、组合。

案例：个性生财路

杭州凤起路上一家名为"摄手座"的摄影工作室，规模虽然不大，每日却顾客盈门。店老板是一位名叫张海的年轻小伙子，在读书的时候，他就迷上了摄影艺术。1999年大学毕业后，张海毫不犹豫地跨入了摄影行业，在北京一家影楼做摄影助理。后来，凭着不俗的技艺，他被邀请到西安的一家影楼做摄影师。

这样做了一段时间后，张海感觉很疲惫，这种疲惫不仅来自高强度的工作，更源自内心对艺术追求未果的无奈与失落。他觉得只要在影楼里工作，无论这个影楼的规模有多大，摄影师始终都只能是"一台摄影的机器"，永远难以将艺术个性与谋生手段有机地结合起来。于是，张海萌发了自己开办摄影工作室的念头，拍什么样的照片，怎样拍摄，他要有自己的决定权，他要走出一条完全有别于常规影楼经营模式的路。

2003年3月，张海又回到了杭州，他在杭州最繁华的路段凤起路上选中了一个面积有150平方米的地下室，他心里很清楚，要想使自己的工作室做出名气，必须选择一个交通便利、方便客户上门的地段，但市中心的门面价格都非常高，自己一时间难以承受。凤起路上的这个地下室不仅租金便宜，而且出入非常方便，自己只需在临街的门柱上做一个灯箱，门面就非常醒目了。

几年的影楼工作经验给了张海很大的帮助，他知道在一般的影楼里，摄影师与被拍摄者之间的沟通其实是很肤浅的，拍摄出来的照片看起来非常华美，但是却缺乏被拍摄者生动的气息和独特的个人魅力。于是，张海把与客户的沟通作为开拍之前的必修课，每次接到新业务，他总是先听取客户的要求，了解客户的喜好，然后有针对性地提出拍摄构想，征求客户的意见，在不断的沟通中达成共识。张海曾为一对新人拍过一组生动的"恋爱全过程"系列，这组照片生动地再现了这对恋人从网上相识、坠入爱河，最后共结连理的过程。

夏天是摄影的淡季，在张海经过一番调查之后，针对人们在炎热季节里喜欢泡水的特点，尝试着在杭州海底世界公园做水下摄影，果然受到了欢迎。于是，他推出了水上乐园摄影和海底潜水摄影，一时门庭若市。

如今，个性化婚纱照和艺术照已成为"摄手座"的重头产品，但张海并没有满足于此。现在很多影楼的赢利状况都不错，而他们也往往就如此而已。摄影的赢利途径还有很多，作为一个经营者，应该多方出击。张海发现，很多广告公司都没有自己的摄影师，而拍摄的方式是把拍摄业务转包给专业摄影机构，时装公司为了发布自己的时装新款，也常常与之合作，只要与他们建立了合作关系，就能获得比较稳定的业务量。因而，作为一名摄影师，除了要吸引顾客上门拍照，更重要的是要走出去，才能获得更多的业务量。

39 文具用品店：小而又全，面面俱到

文具用品店的选址与筹备

文具用品店的生意不是很难做，只要在开业前考虑如何定位，也就是说，决定经营的方向是以办公用品为中心，还是以文具类的商品为中心。如果以办公用品为中心，就要准备销售办公使用的设备和消耗品，店铺的位置就要选择在公司或事业机构集中的地方。如果是趋向于文具类的商品，当然选在中小学附近的店面就很好。

（1）学校附近。将地址选在学校附近可以方便在校学生。学生去店铺的动机主要是购买自己喜爱的文具用品。应针对学生的需要，提供适合他们的文具用品。

（2）住宅区地段。该地段的顾客是住宅区和附近的居民，此地段可经营家庭需用的各类文具用品等，节假日和放学、下班时间为主要的消费时段。这一地段的特征是，有关家庭生活的和学生学习的各种商品消费能力强，凡是能给家庭生活带来乐趣和知识的文具用品，都能获得较好的销量。

另外，现在的企业对办公用品的合理使用非常重视，这对办公用品的销售产生了影响。比如，公司为了提高办公效率，对消耗品的使用有严格详细的规定，此外，复印机、电脑的使用也十分普遍；而铁制办公用品，则是注重它的经济性和耐久性。

在经销办公用品时，为了适应市场需要，就要准确把握办公用品最近的消费动向，这样才便于寻找目标，及时地调整自己的经营方针和策略。

办公用品的经营，不一定局限于事务性的职业场所或办公处所集中的地

方，许多商店也采取公司组织的形式，他们对于账簿之类的用品使用得非常多，若在繁华的较具规模的商业街，把这些商店纳入自己的经营范围，那将是有很大潜力的。

以文具销售为中心的店铺，营销范围当然更广泛了。因为没有哪个办公处所、商店之类的地方，不使用钢笔、圆珠笔、签字笔或其他文具的，但如果能招来这些顾客，或者能把店铺开到那些地方去的话，建议还是以经营办公用品为主较为合适，因为经营办公用品比经营文具利润要高。如果是做专门的文具生意，还是要以学校或家庭为主要的对象。

但是在任何学校附近都可能有一到两家文具店，要想做这行生意，就要做好和别人竞争的准备，详细地调查情况，周密地制订自己的经营对策。

一般来说，文具用品店至少要备齐一些基本畅销品，以下为通用清单：

铅笔（HB，2B，4B）（木质，自动），自动铅芯；

圆珠笔（红，蓝）（直筒，自动），圆珠笔芯；

中性笔（红，蓝，黑），中性芯；

钢笔，墨水（红，蓝）；

毛笔（猪鬃，狼毫）；

橡皮（普通，美术）；

卷笔刀，削笔器；

笔袋，文具盒，书包；

图钉，大头针，回形针；

信稿纸，信封，邮票（少量）；

水彩笔，油画棒（均少量）；

固体胶，液体胶，双面胶，透明胶；

各种练习本，笔记本，日记本，作业本，同学录；

订书机（10#，12#为主，大型订书机根据订单进），订书针；

包书皮，拉杆夹，文件袋，文件夹，档案盒，琴包（根据当地情况）；

套尺及散装尺（三角板，直尺，曲线板，卷尺），圆规（普通，绘图）。

以上这些，可以保证基本满足学生日常所需。如果你的店面在学校内，而有的学校又实行寄宿制，因为严格的管理和交通问题，他们没有太多在外购全文具用品的可能，如果是选在了这样的学校，你的备货一定要全面。如果店面允许的话，像牙膏、牙刷、洗衣粉、香皂、肥皂、沐浴露、洗发水、毛巾、垃圾袋、蚊香、花露水、创可贴、扑克牌、打火机、水杯、饮水壶、电扇、饭盒、存钱罐、闹钟等货物也可以考虑。

现在文具店好多都兼顾礼品销售的，所以如果你想进也可以。例如头饰、钥匙扣、手机绳等。如果是偏向办公用品的文具店，还可以销售印台印泥印油、起钉器、打孔机、皮面本、文件框、文件柜、文件架、笔筒、组合办公笔筒等。如果是开在学校附近，靠选址还不行，还要打点好周边的人际关系，尤其是和学校的关系。

文具用品店的规划与布置

现在的文具店竞争很激烈，不容易聚财，但由于它是一种相对比较稳定的行业，许多成功的文具店以时髦和新颖的货品来吸引顾客，使他们在好奇心的驱动下购买。

文具用品店外观设计在一般情况下，应遵循以下原则：

（1）店面设计。可简洁明了，从外观和风格上使人一目了然，招牌上的字体大小要适宜。

（2）店面布置。可以按文具的类别存列，例如：笔记本类一个货架，笔类一个货架，饰品类一个货架等等，便于顾客分类查找。货架的大小需要便于商品陈列，最好还备有存货功能。如果还有专门饰品，则需要展示区的功能，可以不用太大，但足以显得琳琅满目。

（3）店面风格。时下很流行韩国文具，在布置的风格上可以向田园、温馨、浪漫上靠拢，但又不失个性。例如，在苏州市一中对面，有一家荣泰文化用品公司，成立于2001年，为苏州较大的办公用品批发商。

（4）射灯等灯具。在灯光的照射下，物品的属性特点能够更加突出。

（5）包装纸和包装盒。为了给需要包装的礼品包装，属于附属品，但同样不可小视其功能性的特点。

（6）良好的购物环境。文具店除尽量降低各种噪声之外，还应该播放一些轻松柔和、优美动听的音乐，或报道介绍一些有关商品的消息，以冲淡喧闹的噪声，并使顾客自觉降低说话的声调，来欣赏乐曲和收听广告，这些对于文化用品店尤其重要，安详、静谧、高雅应该成为文具用品店经典的氛围。

（7）店铺装饰。经营文具用品店铺需要舒适优美的环境布置，先进良好的营业设施，既是顾客和经营者生理上的需要，也是心理上的需要，它对于提高营业效果的作用不可低估。在店铺的环境设施方面，要达到较好的效果，一般应当注意调节或控制好店铺的气味、空气和声响等，使之适合人的生理需要和心理需要。

（8）气味。文具用品店气味芬芳，对顾客的吸引力颇大。可在店内放置一些散发各种香气的花草盆景，或人工制造的香味，如点燃香料、喷香水等，无疑是对顾客嗅觉的良好刺激，使他们在购买活动中精神爽快，心情舒畅，从而乐于购买文具。

（9）空气。保持文具店环境的空气清新宜人，是极为重要的促销手段。保持清新宜人的空气，一般可采用多设窗户或换气窗，利用空气对流自然通风，加设门窗防尘帘，经常除尘，以及遍种花草、添置盆景等办法。有条件的店铺，还可以装设空气调节器，实行人工通风的办法。清新宜人的空气，一方面可以满足顾客的心理需要，由此产生舒适、愉快的感受；另一方面，可以调节店员的情绪，提高工作效率；同时，还可以显示文具店优良的精神风貌，在顾客心目中确立良好的形象。

文具用品店预算并不高，大约5万~10万元即可，店面面积30平方米即可。当然店面的大小还是和你前期规划息息相关，如果是偏办公用品类的，则一些器材类的货物需要一定的资金储备；如果是偏向于文具用品类的店，则对资金的要求相对低些。

文具用品店的运营与管理

文具用品店，除了在日常运营当中注意进货之外，还需要了解进货的特点。因为文具行业的特殊性，备货还应该符合季节性。例如：9月开学之前可以多备些笔袋、书皮、文具盒，以及书包，平时则不必进大量的这些货；而在6月考试之前可以多备铅笔、中性笔、垫板、套尺、圆规、透明文件夹等。文具的备货原则与其他零售行业一致，需要把握住销售淡旺季，预判市场需求并有选择地搭配货品，尽可能压低库存，节约成本。

另外，不同的货物，每日消耗量也大有不同，如果把备货数量按照最大量、大量、普通、少量、极少这五种区分的话，可以有几种情况：

最大量：笔芯、订书针、胶水、回形针、大头针、铅笔、铅芯等；

大量：中性笔、圆珠笔、固体胶、橡皮、套尺及散装尺、透明胶等；

普通：卷笔刀、墨水、各种本册、信稿纸、圆规、拉杆夹、文件袋、文件夹等；

少量：笔袋、订书机、削笔器、档案盒、双面胶、信封等；

极少：各类新产品、大型办公器具、文具盒、书包、水彩笔、油画棒、邮票等。

在安排进货资金分配的时候，大体可以按照这种方法分配备货，当然，具体情况还要你自己斟酌。小罗在一所中学对面开了一家文具店，店内以零售为主，学生是主要顾客群，由于学生思维活跃、猎奇性强、接受新生事物快，而且使用文具频率高，一般都追求最新的款式和最好的质量。只有两者结合才是最畅销的文具。所以小罗每个星期都要到外地去进货，保证每周有新款面世。像笔具一项，款式就达200多种。

文具行业要淘到金，货源好和营销起着关键性作用。如何找到货源，进好货呢？进货的渠道及品牌选择至关重要。

首先，考虑有没有成为品牌经销商的可能。如果你的营业面积足够，销量稳定，而且可以为厂家上一定量的单品的话，可以考虑和一些文具厂家签约。与厂家合作是要有资金实力和销售业绩的，两者缺一不可。现在的行情而言，一线厂商，最低签约任务一般为销售量15万元/年，可以返利2~3个点给你；二线厂商，最低一般为7万元/年，返利1~2个点给你；其次，如果自己没有做经销商的实力，则可向经销商和代理商选择进货。

目前，国内经销商大体分布为省会有大型经销商，实力雄厚，出货量大；各地级市有小型经销商，实力一般，出货量一般。一般说来，省会经销商的优点是价格低，出货量大，促销频率高，品类繁多，一站式采购，但其缺点是反应时间稍长，运费成本高，获得广告援助的可能性较低；地市经销商的优点是反应速度快，送货上门，可能通过其获得厂家广告支持，便于发展人际关系，其缺点是价格高出省级5~10个点不等，出货量一般，如果遇到实力不强的，旺季可能缺货。你可以根据实际情况自己考虑，也可以两者都选择，进货互补。

其次，考虑进货品牌的选择。一般而言，一线品牌和二线品牌的优缺点也是很明显的。一线品牌的优点是知名度高，品类丰富，广告及店面形象支持力度大，有各种支持途径，如展会、供货会、会员店等；其缺点是价格控制严格，进货价无太大回旋余地，促销相对频率一般。二线品牌的优点是价格较低，促销频率高，对销量要求低，获利空间大；其缺点是知名度较低，广告及工具支持力度小，品种较为单一。

目前一线品牌有：晨光，得力，真彩，齐心，UME（联众），广博，渡边等；

目前二线品牌有：爱好，晨奇，好得利，金万年，三木，白雪等。

当然，你可以选择综合实力较强的如晨光、得力等做品牌，也可以均衡其他一些品牌的选择，各取所需。另外，市面上充斥大量杂牌，也是可以选择的，因为利润高，而且推陈出新速度极快，有许多学生喜欢的小玩意。

在经营策略方面，要根据店铺附近学校的性质以及竞争对手的经营状况，选择和调整经营内容。例如，小学生购买力比较弱，但喜欢小玩具，故以经营低档学习用品为主，还可以兼营一些小食品、小玩具。中学生购买力比较强，对学习用品的消费档次要相对高一些，但不喜欢玩具。由于中学生的求知欲望很强，他们对一些比较古怪的商品颇感兴趣，一些设计巧妙、构思新颖的文具用品会对他们产生吸引力。大、中专学生购买力最强，但真正适合他们需要的学习用品并不多，对笔记本、纪念册、各类卡片、制作精美的小礼品需求量比较大。掌握学校的教学和课外活动的组织情况，可以有针对性地为学生提供适合需要的学习用品。

另外，掌握进货来源同样重要。普通学习用品一般都来自附近的批发市场，这类批发市场现在分布比较广泛，在任何一个城市经营此类店，货源都不会有问题。如果能找到生产厂家批量进货，进价将比从批发市场上进货便宜得多，只是会占用一些资金，但这对于一个打算长期经营的店铺来说，是非常有必要的。另外，纸张类产品备用存货周期不能超过一年，以免导致纸张变脆、变黄。

在货品经销方面，除了零售，还可以有条件地选择非零售销售方式。如小额批发、团购等。如果人手足够，货车方便的话，还可以往乡镇批发。因为乡镇的小零售店及小超市，基本都是谁送货就拿谁的货。团购则是针对各种办公单位，如政府部门、厂矿机关、学校等，为其提供日常所需办公用品及某时段某些大量需求品。例如：召开各种会议时，会大量需要中性笔、本册、文件袋，或者织布手提袋；以及每年年终时的台历等。

与此同时，在保证款式新颖的前提下，还要以质量取胜。因为文具属于易耗性的常用品，对于消费者来说，每天都要用到，如果质量不过关，将会对工作和学习造成很大影响。

对于文具行业，损耗是成本控制方面一个比较大的问题。由于不断有新款文具面世，冲击市场，一种文具在货架上摆上一两周卖不出去，就可能再也卖不出去了。据业内人士估计，现在整个行业平均压货率达10%以上，即使是控制得好，生意比较兴旺的店铺，损耗率也在2%~3%。

较高的损耗率决定着整个行业必须采取有效的手段进行促销，各个店铺手段迭出。有的店铺开展打折销售，有的店铺实行"买一送一"，有的针对学生等消费者推出团购业务……据业内人士透露，目前最有效的促销手段是会员制。店家可针对会员开展种种活动，拉近彼此间的距离，而积分打折，则更是让一些消费者欲罢不能。会员制使易变的商家与消费者的关系更加紧密,让买卖关系趋于长期化。

案例:小小文具店

晓晓和朋友合作开了一家小小文具店,选址就在市中心,周围有办公区和学校。刚开始,可能是客人都不知道的原因,生意很淡,三个月后终于有了起色。正当晓晓高兴的时候,旁边又开了两家文具店,很快客人们都不上晓晓那儿买东西了。晓晓找了个朋友去探了一下,他们的东西确实比晓晓的便宜很多。一只圆珠笔他们只卖0.7元,晓晓的零售价为1元,客人当然不来了。

于是,晓晓开始在进货渠道上找原因。原来批发商看晓晓是新手,给的批发价高很多。晓晓马上就找到新的批发渠道进货了。

接下来,晓晓打出了降价的口号,人流多了一些。可惜好景不长,两天后,旁边两家店也进行了大降价,而且还更便宜。晓晓心想:不能再这样下去了,否则大家都没有饭吃了,必须要细分市场才行。在与朋友经过一番商量后,晓晓决定放弃学生的生意,专门做写字楼的生意,白领对价格不那么敏感,而且帮单位买东西,不太讲价,由于浪费等原因,消耗量也很大。朋友提出,要给来写字楼的采购人员回扣,这样采购人员的积极性才高,晓晓也认同这个方法。通过研究,晓晓和朋友们一起制订了计划,凡是单位采购的,发给积分卡,根据积分可以按季度换取好又多的购物卡,这样一来采购人员既得到了实惠,又不会有受贿的嫌疑。

但此时,一个古老的问题出现了:"老鼠们都认为给猫挂铃铛是好办法,但是怎么去挂呢?"如果还是采用老办法,把广告往门口一贴,或是在门口派单,岂不是又让旁边的两家店跟进,新计划岂不是失去效果!如果不这样做,别人又怎么知道你在搞积分计划呢?要知道,酒香也怕巷子深啊。

接下来,晓晓和朋友就打印了一些宣传单,打算亲自去周边的写字楼里面挨家挨户派送宣传单。可是,刚刚开始就让保安发现了,被赶了出来。晓晓又招聘了两个业务员，让他们按照黄页给附近的公司打电话，可是多数人一听到是推销的，连你卖的是什么产品都不想知道就挂了。业务员做了两天，由于工作上的挫折感太深辞职走了。晓晓没招了。

这时，一个做报刊发行的同学给了一个网络传真平台的账号，让我们发传真给写字楼里的公司。按照他教的办法，晓晓这个连传真机都没有的小店，开始把促销积分计划宣传资料传真给周围的公司和单位了。刚开始因为不会用，还一份一份发，两天后才偶然发现可以群发！于是晓晓立刻专门用了一下午整理号码，登录网站，一点击发送按钮，只用了5分钟就发送了5000多份传真出去，花掉了同学账号里900多块钱。奇迹也出现了，咨询电话响个不停。

接下来，你就知道了，不但附近的，连稍微远一点的公司都到晓晓这里来买东西了。每天，送打印纸的车都要派好多次。以前，人家买纸都是一本一本地来买，现在，按箱卖！在很长一段时间里，晓晓的竞争对手都没有采取相同的策略。因为他们不知道晓晓的营销手段，更不知道晓晓的策略内容。

积分计划虽然取得了很好的效果，晓晓还是定期给这些单位发送传真；过节时再做一个消费多少元，送油、米等活动。因为现在企业的人员流动比较快，一般采购员走了就走了，很少有人会教接手的人说在哪个地方买东西有礼品，有购物卡。

PART7

打通线上与线下,互联网开店更赚钱

40 淘宝网：开一家没有店面的旺铺

做好 8 件事开一家没有店铺的店

对于年轻的创业者来说，淘宝开店的优势是非常明显的：投资小，运营费用极其低廉。设想一下，仅需少量资金你就可以开一家面向全球的、一年365天不间断营业的店铺，借助发达的现代通信方式和物流配送体系，就能实现你的创业梦想！但是在创业者匆忙投入之前，应该先做好以下准备。

第一，你是打算专职还是兼职？这个问题很重要，特别是对于上班一族或者学生一族而言，一定要在创业前就想好。如果你目前还没有很好的供货渠道，创业资金也不是很充裕，那么建议你还是从兼职起步，等生意走上正轨了再做专职也不迟。

第二，你打算卖什么？每个想通过淘宝创业的人都不免要遇到这个问题。淘宝就像一个大集市，五花八门，卖什么的都有。你可以根据自己所拥有的资源以及兴趣爱好来决定你所售卖的品类。此外，应尽量销售一些价值相对不太高、普通消费者都需要的、对售后服务要求不高的、不容易变质、不需要试穿或试用就能确定是否合适的商品。

第三，找一个品质稳定的进货货源。这是创业者初期遇到的大问题，也是创业成功的第一步。决定了要做什么，接下来就要找货源，稳固、可靠的货源是开好淘宝店的前提条件。

第四，想办法缓解资金压力。开网店不能所有的商品都先进货，库存太大不仅资金占用大，很多时候还容易造成库存积压。因为你其实没办法预判顾客到底喜欢哪些商品。因此，应该尽量减小或没有库存，把心思用在网络商品推广上，顾客订下什么商品再去向商家订购，这一模式可以让网店经营者对资金的需求降低到最小，是真正的人人可开店的无风险创业模式。

第五，按流程开店。这一步我们就不再细说了，因为现在淘宝有非常流畅的开店系统，没有什么技术问题，基本上是傻瓜开店模式。只需要一两千元，就能够搞定开店并进行简单装修。

第六，好宣传推广。这一步是非常熬人的，因为新店开张后，需要经过一段较长的积累期，才能有较大流量。但是创业者也不能坐等生意上门，必须做积极的网络推广，从某种意义上来说，网店的宣传推广比实体店的推广更为重要。由于资金的限制，你可能没办法参与较多的活动，但是可以采用一些相对低廉的办法宣传，比如可以在各类相关热门论坛发帖。但是无论如何你的宣传文案尤其是标题一定要能吸引人，内容描述要让顾客有欲望下单。

第七，物流配送问题。接到订单后下一步要做的就是发货，这一点很重要。事实上我们可以看到，很多中差评都是由于发货包装不扎实，给货品带来损伤引起的。视物品的情况而定，我们可以用纸箱把商品稳妥包装，里面最好能垫一些缓冲防震材料。尽量与固定的快递合作，一方面可以拿到比较低的价格，另一方面也便于售后处理。

第八，售后服务的解决。这部分对于创业者来说是一个考验，因为网购的性质决定了很多顾客往往是在异地，售后服务费用大而且往返周期很长，情况也更为复杂，因而售后服务是个难点。这也是为什么我们建议最好选择基本无需售后服务的商品，因为售后服务一旦处理不好就会引起顾客投诉，影响店铺信誉！

好了，这8件事如果能够做好，那么你的网店也就有了一个不错的开始。接下来你要做的就是坚持再坚持，只有熬过最初的冷淡期，你才能迎来网店的丰收季！

创业初期如何设计页面提升流量

刚刚开始在淘宝开店,创业者遇到的问题就是没有品牌优势、没有客户基础,这就意味着没有流量。那么新手如何杀出重围,快速积累信誉呢?

首先,要好好设计你的标题关键词。这一点很多新卖家都会忽略,他们更多地把注意力放在了宝贝的数量和价格的设置上。好像只要有多款宝贝放上去,价格设置低一点,生意就会自动找上门。事实上淘宝的流量大部分都是通过搜索进来的,一个优化后的标题能给你带来更多流量。

开过店的人都知道,淘宝会有一些流量分析工具,请一定要订购,这对于网店接下来的发展很有帮助。比如量子统计可以帮助你发现进店浏览的顾客是通过哪些关键词搜索进来的。我们先来说一下标题的构成,优先级分别为:第一精准热搜词+第二精准热搜词+高点击率关键词+高转化率关键词+宝贝属性词。热搜词就不必说了,这里重点说一下高点击率关键词和高转化率关键词。高点击率关键词的选择方法主要参考关键词可用性,也就是与宝贝的相关性。此外还有搜索量和点击率,一般情况下,选择与宝贝属性相关,有一定搜索量和3成以上点击率的关键词,而高转化率关键词是比较难把握的,因为这类词一般与宝贝属性紧密相关,如果暂时找不到也不用担心,可以选用第三精准热搜词或自己设置属性词。

下面举例来说一下如何设置宝贝的关键词。我们以"羊绒大衣"为例来与大家分享如何设置关键词。我们先试着从淘宝首页搜索关键词"羊绒大衣女"。

在淘宝搜索框中搜索"羊绒大衣女"会有非常多的关键词,例如:毛呢外套、长款、短款、欧美时尚、修身显瘦、皮草控等。那么,什么样的关键词才适合放到宝贝标题里呢?这就要从卖家的量子统计里找热门词了,比如双面、高端、奢华、秋冬新款、宽松、中长款、纯手工、英伦风、显瘦等。接下来,你就可以结合自己店中商品的实际情况,给关键词做一个排列组合,比如"满百包邮双面呢大衣女中长款2016秋冬新款皮草控双排扣显瘦加厚外套"。淘宝用户就是直接用这些热门词去搜索宝贝的,而您家的宝贝中刚好含有这些关键词的话，被搜索的机会就增大了，流量就这样来了。特别提醒一句，标题尽量要写满30个字，多一个关键词就可以多一些流量。这样，一个囊括了大部分热门关键词而且与商品属性非常贴切的标题就出炉了。而接下来的工作就需要大家通过举一反三，按照自己店出售的商品来为每类宝贝收集好热门关键词，像照顾孩子一样细心地为自己的每一个宝贝起一个能带来好搜索量的标题。

标题的完善是提升流量的第一步，接下来再解释一下宝贝上下架的技巧，这也是很多新手容易出错的地方。我们知道宝贝上架可以选择7天后下架或14天后下架。淘宝搜索排名的规则是宝贝越接近下架，排名越前，那么我们当然就是要选择7天后下架了，因为这样一个宝贝每周都有一次下架，也就是每周都有一次机会排名靠前。如果宝贝在排名靠前的时候，刚好是搜索人数比较多的时候，那宝贝所引来的流量就更多了，如果宝贝在搜索人次特别少的时候下架（比如深夜），那就基本上得不到流量了。因此在上架时，我们应该把较多的宝贝放在搜索黄金时段上架，非黄金时段要少放一些，深夜或早晨时段没有搜索就干脆不放宝贝上架，这样宝贝就会在搜索排名中发挥到极致，流量也会最大化。

具体地说，我们可以用这样的方法上架：上午9点到12点逐渐增加宝贝上架数量，中午12点到下午1点尽量不安排上架；晚上19点之前尽量不要安排上架，上架的黄金时间是晚上的20点到22点，这段时间是买家搜索的高峰期。

最后，我们还要好好利用橱窗推荐位。很多新手易犯的错误是过于重视掌柜推荐位，忽视了橱窗位，事实上橱窗位对流量获得是非常有帮助的。橱窗位是淘宝给不同信誉等级的店铺相应数量的搜索优先展示位，淘宝搜索时会优先排列有推荐橱窗的宝贝，因此要把有限的橱窗推荐给最接近下架时间的宝贝，这样宝贝搜索排名就会大大提前。另外还可以把两三个最热销的宝贝放在长期推荐橱窗位，让它一直接热销，而那些与引流量无关的宝贝（如邮费专拍宝贝、差价补拍宝贝）等永远不推荐上橱窗。最后橱窗位不要出现空置，宝贝一旦下架了就需要把该宝贝的橱窗位空出来推荐到另一个宝贝上。

淘宝新店的宣传与推广

现在淘宝创业已经不再像过去那么容易，要想在这里取得成功，就得付出更多的努力。我们知道在淘宝上，主导销售量的因素有很多：信誉(最为关键)、价格(次之)、服务、流量、口碑等，每个因素都是致命的，而对于淘宝新手来说，你所要考虑的就是将自己的新店推广出去，只有流量才能让你生存下去。

那么，新手做淘宝可以采取哪些推广方式呢？

第一种：直通车推广。这种推广吸收的是站内的流量，对于一个新生的网店而言，它是一个强大的外推力，当然，它的价格也比较昂贵。但是这种"贵"还是物有所值的，只要你的产品质量好，那么"开车"一定划得来。但是在这里要提醒创业者，在上直通车之前，请一定多花点时间研究一下关键词的转化率，让你花出去的每一分钱都有价值。

第二种：广告位购买。与直通车不同，这种推广方式吸收的是站外流量，比如说一些生活类的网站会有很多有潜力的客户，而买广告位就是利用这个外部资源。广告位的价格从几百元到几万元不等，要看网站的规模和流量大小。

第三种：淘宝客推广。下面我们重点说一下。淘宝客就是帮助淘宝上的网店推广商品，不同的网店给自己的商品定出了不同的佣金。我们做淘宝网店需要自己提升信誉，而做淘宝客无须提升信誉，可以直接选择高信誉的网店或者单品进行推广。淘宝客推广有两种形式，一种是店铺推广，另外一种是单品推广。在推广店铺的时候，按照信誉进行排行，选择信誉最高的进行推广；而在推广单品的时候，则按照淘宝客推广量进行排行。淘宝客有点像是付费招聘员工进行推广，卖家成交一单，淘宝客人员就能够获得一定的佣金，佣金多少看这个推广产品而论。淘宝客对于创业者尤为重要，因为做淘宝，价格低质量好未必能有销量，因为顾客会关注你的信誉；而做淘宝客则不同，无须推广者有信誉，谁的产品畅销就推销谁的，从这个角度而言，在通过淘宝创业初期，还是要先做淘宝客，后开淘宝网店。

第四种：淘宝社区论坛推广。这种是软文推广，在论坛上面写文章来引流是不可缺少的一种推广方式，很多上钻用户或者上皇冠用户，都会雇佣一定的人员进行书写推广。这种推广的意义是让淘宝论坛社区浏览的用户关注我们，从而进入我们的店铺，转化为流量。

第五种：问答平台推广。这是一种卖家自己就可以进行的推广，网络上有很多问答平台，比如问答系统不知道大家有所了解没有，我们都有擅长的领域，比如百度知道、爱问知识人、360问答平台、搜搜等，上面可能会提到一些手表的真假辨别，外贸店推荐等问题，这都是有一定商机的，我们可以通过搜索去主动回答，推荐一下自己的店铺或产品。当然，回答时要注意委婉一些，硬广告总是会让人反感的。

第六种：QQ群推广方式。这种方式很简单，就是加入QQ群，在群里直接发广告。说得更具体一点，就是把自己店铺的店铺活动、宝贝促销等信息通过发送到不同行业兴趣爱好的QQ群，同时发送群邮件，即使没有上线的QQ用户，在查看QQ邮箱时也能查阅到您的推广信息。在推广时要注意，QQ群发内容要简短、具有吸引力，这样能在瞬间吸引用户的眼球，达到理想的宣传效果。

第七种：微信火了之后，一大堆天猫、淘宝卖家都纷纷开通自己的公众账号，成功者甚至把主战场搬到了微信上。那么怎样在微信上推广自己的店铺呢？首先建立一个服务号，专注一个即可，不要做太多服务号；对于高单价的产品，对于需要信任的产品，对于回头率高的产品，其实也可以做个人号；推广时也可以找大号帮推广或者用小号加好友群发；利用好信息中"阅读原文"，很多人都忽视了这个细节。我们知道微信中没有办法放超链接，只有在"阅读原文"可以放上超链接，通过"阅读原文"可以给企业手机网站增加客户，也可以在链接以前发送微信信息。

总之，经营淘宝店一定要积极做推广，因为流量是淘宝店生存的基础，流量才能带来销量。

与买家进行有效沟通

在淘宝创业做生意,有一点与线下是相同的,那就是要跟买家沟通交流。说得更明白一点,淘宝卖东西也是一种销售行为,良好有效的沟通才能提升销售,留住客户。

首先,一定要讲诚信。无论从销售的过程来看,还是从长远的销售利益来看,诚信都是立足之本,是买卖的第一步。创业者应该时刻从买家的角度去看待买家问的每一个问题,考虑他们想了解什么东西,需要什么东西,沟通环节流畅,你的观点才会得到他们的认同,同时采用真诚的态度对待他们,不要隐瞒任何问题,认真回答他们。另外就是千万不要胡乱许诺,新手店主尤其应该注意这一点,如果你在售前许下很多承诺,一旦买家买走商品就翻脸不认人,或者在商品出现问题之后,推三阻四,不讲信用,那么差评也会让你的店铺无法生存。

其次,新手卖家要储备尽可能多的专业产品知识,在买家咨询时给出专业的意见。店主要做到对自己的产品特性了如指掌,善于介绍产品的优点,冷静对待产品的缺点,面对买家的问题对答如流,准确到位,能给他专业的意见,切忌含糊其词,答非所问。了解自己的产品自己才会有最基本的信心。

再次,沟通要注意细节。在淘宝开店创业,你的顾客来自全国各地,有的甚至是偏远农村,那么物流就是一个大问题,确认地址后,不妨和买家一起确认一下哪家快递能到,这样的物流方式行不行,多做一点点,可省去不少不必要的麻烦。

最后,友好热情的沟通要贯彻始终。给买家发完货并不是服务的终结,在买家确认付款,经相互评价后也给买家发一两句简单的话或是愉快的表情,虽然花了一些时间,可全程周到的服务一定会让买家对你有较深的印象,也许下次有需要时还会光顾你的店铺。

案例：把淘宝品牌做成时尚品牌的七格格

七格格是一个淘宝品牌，起步于2006年，专注于小众市场，通过多个小众品牌叠加成为一个快时尚品牌池，领跑中国潮流时装成为行业时尚风向标。2011年七格格被评为"中国女装最佳投资企业"，目前已有两家国际知名VC注资。在淘宝品牌中七格格无疑是非常成功的，而它的成功除了得益于淘宝这个平台外，最重要的原因是它拥有数目众多的死忠粉，而七格格获得死忠粉的一个重要手段就是兜售用户的参与感。

七格格拥有一支"15位年轻设计师+1位专职搭配师"的团队，每月最少要推出100~150个新款，同时保证店铺内货品不少于500款。在每次要上新款的时候，七格格首先会将新款设计图上传到淘宝店页面上，让网友们对新款投票评选，并在QQ群中讨论，最终选出大家普遍喜欢的款式，然后进行修改，再上传到网站，再修改，如此反复经过几个回合，等图片改造成熟的时候再生产、上架。在这个过程中，真正决定款式、时尚走向的是消费者，而消费者也非常喜欢这种参与到产品设计中的感觉，他们对自己参与设计的产品具有浓厚的兴趣，并会争相购买自己参与设计的产品，这就促进了成交量。

除了在产品设计的时候向顾客兜售参与感之外，还会在活动中让顾客积极参与进来，以促进产品的销售。比如在情人节举行的情人节帮派活动，七格格进行了两次活动，第一次是为了拉动销量而做的常规促销活动，而第二次活动的重点在于社交网络服务（SNS）营销，顾客可通过表白获得红包，还可通过叽歪分享获得礼包的给力惊喜，吸引顾客的参与度，让顾客到帮派、淘江湖里去关注七格格家，通过这次活动，七格格又获得了一大批忠实的顾客。

七格格在经营的过程中运用的就是让顾客参与的方式，这种让顾客参与到其中的方式，给顾客带来了诸如被别人尊重、认可、自我实现等情感方面的因素，正是这些情感方面的因素为七格格培养了成千上万的死忠粉，并促进了七格格的飞速发展与壮大。

41 互联网餐馆：用互联网思维年入百万

四个步骤在微信上开餐馆

餐馆在做好微信公众账号设计后，就要对微信公众账号的运营进行规划。有规划的运营才能让餐馆利用微信营销达到最佳的效果，对于餐馆来说，微信运营规划常常包括以下4个步骤。

第一，要确定微信营销的重点。

餐馆要做好微信营销，关键是要知道自己餐馆的微信公众账号上要设置哪些功能，要做哪些内容的展示。餐馆唯有做好这一点，才能让整个营销活动有据可依。除此之外，对于微信公众账号外，粉丝想看什么内容就要为他们提供什么内容，输入什么命令就要给予相应的内容。比如输入"联系方式"可以查看企业的联系方式和地址；输入"你好"可以看到企业的介绍等。这些重点方式的设置，能满足目标人群的需要，以达到吸引顾客的效果。也就是说，微信营销要能够为用户解决实在的问题，而不是简单的广告推送。传统企业的微信营销要帮用户解决实在的问题，而不是不断推送软广或硬广进行销售。要考虑微信公众账号能为用户解决什么问题，这样才能满足用户的需求，如此，营销的效果也有了保障。

第二，搭建好微信营销团队。

当餐馆确定好营销的重点后，就要开始搭建微信营销团队。甚至可以说，餐馆微信营销效果的好坏是由团队是否优秀决定的。一个好的营销团队首先得有微信营销负责人，微信营销负责人要对整个营销过程进行掌控，要根据餐馆行业特征、品牌定位，确定餐馆品牌的推广目标，制订微信营销平台的建设方案，以及在各网络媒体的推广方案；负责微信营销项目方案的策划、创意、执行、运营；提高产品信息的传播量，提高产品在目标客户群中的知名度；根据市场活动运作流程和市场推广计划，组织相应的微信线上、线下活动并形成相应的市场活动评估报告。其次，还要有出色的平面设计人员，图文结合的图片对于用户有超强的吸引力，如果仅仅依靠文字内容来开展，是难以取得良好的效果，这就需要专业的平面设计人员来处理图片。最后，还要有账号运营人员，主要负责微信图文内容的发布，以及与客户的及时互动，并负责搜集用户的反馈意见，对用户数据进行分析等工作。

第三，逐渐把老客户加进来。

餐馆可以利用微信来经营客户，对于餐馆来说，经营一个老客户比获取新客户更能见效益。微信公众账号减少了维护老客户所需要的成本，并且变得非常简单和易操作，因为微信公众账号的功能和内容是在顾客喜好的基础上设定的，这就有利于经营老客户。为了维护老顾客的忠诚度，餐馆要做的是充分利用微信为老顾客提供各种便利，以及优惠信息。除了老客户外，还要不断发掘新客户，并把他们也加入自己微信账号的阵营中来。

第四，要进行全方位的推广。

餐馆微信公众账号要想起到很好的推广效果，就要做到全面推广，要在任何能够展示二维码的地方展示二维码，能进行账号域名推荐的就进行账号域名推荐。还要做好门店顾客消费体验，餐馆门店要记住，用户消费体验要真实，这样才有说服力。比如，一位客户到店内消费，服务人员可以帮顾客拍照片，发到微信的朋友圈，说今天我们店来了一位女士，用餐非常愉快。这样的图片结合，比只把菜品放在桌子上拍很多张图片有用得多，会显得更加真实可信，能刺激更多的顾客走进餐馆消费。要充分利用好活动，我们经常会看到超市搞抽奖活动，比如凭小票换一袋洗衣粉，但前期是要参与抽奖，而抽奖之前要先办理会员卡，否则就不能参加抽奖。餐馆也可以效仿这种方式，鼓励顾客办理会员卡，这种依靠活动的方式来吸引顾客，能够收到良好的效果。在推广的过程中还需要注意不要为了追求粉丝数量而追求粉丝数量。餐馆营销的好坏与粉丝的数量并没有多大的关系，做过微信营销的人都知道"买尸粉，不如无粉"，大量的僵尸粉对于提升餐馆品牌没有什么价值，同时还会间接造成垃圾信息的泛滥，微信用户体验值会急剧下降，本来干净的社交工具变得混乱不堪，对于餐馆的长线发展得不偿失。要避免这种现象的出现，餐馆要脚踏实地地慢慢积累有效粉丝，也就是忠实的粉丝。

餐馆二维码营销六大实施步骤

虽然二维码营销对餐馆经营具有很大的推动作用，但是要做好二维码营销却不是一件简单的事情。要想真正让二维码营销在餐馆经营中发挥重要的作用，就要遵循一定的步骤，按照步骤合理进行，是餐馆二维码营销能够取得效果的保证。具体来说，餐馆二维码营销主要包括以下六个步骤。

1. 要创建自己的二维码

创建自己的二维码是展开二维码营销的基础。当下二维码的创建是非常简单的，可以选择自己创作设计的方式，同时也可以借助第三方来创建二维码，比如草料网之类的二维码在线服务网站。依靠这些第三方网站可以制作简单、便捷、功能强大的商用二维码。除此之外，还可以利用手机下载我查查二维码，如此就能生成多种不同格式的二维码。利用微信也可以制作二维码名片。

具体方式是在微信设置里找二维码名片就可以了，通过进入二维码名片后点击右上角的虚线按钮就可以更换二维码名片的图案。

2. 要为用户提供一个扫描的理由

无论采用何种二维码营销模式，都需要解决一个问题，那就是用户为什么要去拍摄二维码？虽然这个过程并不烦琐，但移动互联网用户并不喜欢做没有意义的事。因此，企业不仅要让二维码营销动起来，还要用创意给用户一个动手拍摄的理由。要想让用户扫描自己的二维码，还需要让自己的二维码具有美感，为了区别于传统的黑白相间缺乏美感的二维码，餐馆需要为用户打造形象有趣、具有创意的二维码。

3. 必须要建立移动版网页

餐馆建立了具有吸引力的二维码，还需要建立移动版网页。之所以要建立移动版的网页，是因为二维码是建立在手机基础上的，由于网速的限制，打开网页会很慢，如果没有移动版的网页，会让顾客失去浏览网页的兴趣。而移动版网页能够很好地解决这一问题，同时移动版网页可以在移动设备（包括手机、平板电脑）上使用，给用户提供良好的视觉及交互效果。整个网页必须为手机设备优化，能快速加载页面，并且适应不同的手机浏览器类型和屏幕大小。

4. 做好网页设计

做好移动网页后，还要注重网页设计。网页要想吸引用户，关键是要有一个最适合的网页架构。尤其是对于一些重视内容和阅读体验的移动网页，就算没有复杂绚丽的交互、风格流行的色彩和图片，依然可以依靠舒适合理的排版布局而变得优秀。在网页设计上不要每页都采用不同的背景图片，要树立统一的风格，采用相同的背景色及近似的按钮能增加网页的一致性。底色或背景必须与文字颜色形成明显对比。不妨在这方面下多点功夫，方便阅读，力求让浏览者能舒适阅读网页内容。在字体的选择上，要把握整洁易看的原则，让用户读起来更简单、更容易。

5. 把二维码放在合适的地点

除了有好看、与自己产品风格相符合的二维码，并建立好自己的移动版网页之外，还要把二维码投放在合适的地方，才会产生好的效果，把用户吸引进来。放置二维码的一个重要原则是把二维码放在目标人群聚集的地方。微信推广除了以上二维码投放地点还有许多其他的方式，如线下门店的门口处、等位处、收银处，还可以放置在QQ群、豆瓣、贴吧等各种SNS社区中。同时，还可以放置在宣传单上，这样就能与餐馆已上线的在线预订功能合作，用户可以通过微信选择商品，预留信息后下单提升顾客的消费体验。

6. 要在二维码旁边进行文字标注

餐馆在利用二维码营销的时候，还可以在二维码的旁边标注文字备注，备注关注二维码可以获得餐馆的哪些具体信息、服务、优惠。由于空间有限,这些备注信息必须是简洁的,做到点到即止,否则会让顾客心生厌烦之感,从而让用户失去扫描的兴趣。

充分利用互联网外卖模式赚钱

民以食为天,餐饮市场古已有之,只不过伴随着社会的发展,餐饮市场也呈现出不同社会发展阶段特有的业态结构与消费特征。互联网时代的飞速发展,带来的是网上订餐的便利,随之而来的是网上订餐的迅速崛起。在当下外卖迅速崛起的时代,哪个餐馆能够先人一步打造外卖模式,就能促进餐馆的发展。

对于互联网时代的店铺来说,外卖已经成为一种赚钱利器,因为外卖一般不必付太多铺租等成本,即使小小的店铺也能实现较多的利润。外卖服务源自西餐,由于西餐生产环节简单且标准化,实现大规模外送服务,无论是品质还是效率都有着比较强的优势,因此,其外送业务在发展中实现了快速兴起。在国外的餐饮业中,麦当劳、肯德基、必胜客在外卖服务上是做得非常出色的。不但是西餐在做外卖方面比较出色,大量的中餐餐馆也开始经营外卖业务,以此来增加餐馆的利润。餐馆外卖有属于自己的模式,具体来说包括以下四个方面。

(1)在业务结构上呈现小众化。外卖业务针对的用户以中低端用户为主,客单价在10~20元。这部分群体是外卖业务的主要群体,能够起到规模效益。

(2)做好外卖线下门店推广。外卖最重要的一环是做好线下门店推广,而要做好线下门店推广,餐馆就需要投入大量的人员进行经营,并做好自身的产品。

(3)做好物流配送。物流配送可以选择与第三方公司进行合作,也可以选择自己招聘员工进行配送。对于餐馆来说,在物流上最重要的是在配送速度和食品保鲜程度上做到完美,这就需要保证配送速度。

（4）不断拓展自己的外卖模式。对于餐馆来说，外卖要逐步进入中高端市场，才能最大限度带来利润。同时还要逐步创建会员体系，餐馆要做的是依靠会员体系来维护忠实的顾客。

虽然外卖能够为餐馆带来丰厚的利润，但并不是说餐馆做外卖就一定能够成功，这就需要餐馆在做外卖业务的时候注意以下四点。

（1）菜品搭配必须合理。对于餐馆外卖来说，并非所有的菜都得现做，关键是菜单中的单品搭配要合理。一般送外卖都得采用一些标准的模式，比如说有几种套餐，每种套餐中都要保证两素一荤，这三种菜中必然有一种是可以提前做好的，或者是非常容易做的，比如炖菜、凉菜或汤，另外两种都得达到半成品状态。餐馆必须提前预备好所有的配料，这样才能做到接到订单后2~3分钟内能出锅。

（2）针对不同客户群采取不同方式。不同用户群对于外卖的需求方式是不一样的，对于那些喜欢花样、爱尝新鲜的年轻人要采取优惠政策，同时还可以给他们赠送好玩、有趣的礼品。而对待经济条件相对成熟的中年人来说，要通过为其提供优质的服务来征服他们。

（3）选择好送达的方式。外卖最重要的是配送，很多时候，点单的顾客可能分布东南西北，此时送达的方式是非常重要的，直接决定着配送的费用，餐馆进行合理配送的关键是找一条最为便捷的路线，可以一次性在最短的时间内将各区域顾客的订单送达。

（4）做好人力资源安排。要满足顾客的外送需要，就要有足够的人手来从事外卖服务，对于餐馆来说，最合理的人力资源安排方式是少量全职员工加上部分兼职员工。

现今，互联网在人们生活与工作过程中所起的作用日益重要，很多传统行业通过电子商务的方式来切入新的市场，或者为现有市场提供深度服务。而对于餐馆经营企业来说，要利用互联网时代便捷的特性，先人一步打造外卖模式。

并不是所有的餐馆都能利用自身的平台进行营销推广，因为并不是所有的餐馆都具备这方面的实力。在这种状况下，餐馆就要善于寻找并利用现有的平台，也就是第三方平台展开营销推广。在众多的第三方餐饮服务网站中，饿了么、美团外卖、大众点评网、请客800网、订餐小秘书等是餐馆进行营销推广的重要平台。

餐馆要善于利用大众点评网展开营销推广。大众点评网于2003年4月成立于上海，是中国领先的本地生活信息及交易平台，也是全球最早建立的独立第三方消费点评网站。大众点评不仅为网友提供商户信息、消费点评及消费优惠等信息服务，同时亦提供团购、电子会员卡及餐厅预订等O2O交易服务。大众点评已经成为消费者寻找美食的一个最佳去处：经纬创投合伙人张颖在北京去了家大众点评评论不错的日本拉面馆填肚子；SOHO中国董事长潘石屹也利用大众点评找餐馆……从中我们不难发现大众点评在消费者心中的地位，这也是餐馆要利用大众点评进行营销推广的重要原因。大众点评每月活跃着4000多万用户，用户数量优势毋庸置疑，餐馆如果能够充分利用这一平台，定然能够收到良好的效果。餐馆可以利用这一平台来进行优惠券发布等活动，推出打折卡、优惠券等。同时要多发帖、多回复，介绍自己的餐馆。经过长时间的积累，定然能够起到良好的营销效果。

餐馆要善于利用"请客800"网进行营销推广。"请客800"曾经作为时髦的概念词汇高频率地出现，吸引了人们的眼球，并以润物细无声的黑马姿态渐渐风靡起来。究其原因，相信只要用过"请客800"的朋友都能体会到其网站的优越性。"请客800"网以"吃喝玩乐、宴请招待，尽在请客800"为主题，构建互联网线上、线下的多平台信息服务体系，目前为顾客提供北京地区近万家精品餐饮、休闲、娱乐消费场所查询和预订服务，更可享受到5~9.8折的优惠。"请客800"网拥有非营利性的"饮食文化""论坛"，以及一些主题活动、奖励，这是其吸引用户的重要原因。餐馆要充分利用类似的第三方平台，在平台上进行营销推广，推出折扣、优惠活动，并把餐馆的特色、经营理念展示出来。

餐馆要利用订餐小秘书进行营销推广。订餐小秘书立于2004年，主要针对中高端用户免费预订上海餐厅，是中国首家专业订餐中心，总部设在中国上海。2004~2008年的4年间，订餐小秘书累计为320万人提供了订餐服务，超过250万名会员享受到订餐小秘书的折扣和积分。订餐小秘书,作为全国第一家订餐服务中心,一直领先于后来者,不仅仅建立了强大的呼叫中心,也建立了强大的网站平台。用户可以在订餐小秘书的网站上查询餐厅,每家餐厅的信息都经多角度数次确认,以保证其真实准确。2011年6月,订餐小秘书在全国新增11个城市订餐业务。订餐小秘书的迅速崛起,已经成为当下比较重要的消费者订餐的选择之一。餐馆如果能够充分利用这个平台,展开营销推广活动,定能因其庞大的用户数而起到良好的效果。

以上这些就是餐馆应该主要借助的第三方平台,当然,餐馆能够借助的第三方平台不止这4个,还可以借助美团网、糯米网、八戒网、口碑网等第三方网站进行营销推广。餐馆应该充分利用这些第三方平台,来宣传推广自己的餐馆。

案例:眉州东坡的 O2O 实践

O2O模式对于餐馆的发展具有很大的推动作用。对于餐馆来说,O2O模式能够将线上推广、销售业务与线下实体店结合起来,这样可以弥补餐馆空间上的不足,同时还可以减轻餐馆服务人员的工作压力。在所有餐馆O2O模式中,眉州东坡的O2O实践是比较成功的,也是比较出色的。眉州东坡将线下产品引入线上进行销售,并重构了整个外卖供应链,实现了线上与线下的互动融合,最终促进了眉州东坡的飞速发展。

早在2010年,眉州东坡就开始着手打造属于自己的电商平台,并委托软件公司进行系统的研发。但是这个开发过程并不顺利,虽然受委托的软件公司为眉州东坡打造了专属的电商平台,但是做出来的网站始终难以让眉州东坡满意。之后眉州东坡开始选择与专门服务于餐饮企业的O2O电商平台易淘星空合作,以此来打造专属的订餐、支付平台,但是这次与易淘星空的合作并不顺利,就像是易淘星空CEO描述的那样:"我们要在不到一个月时间制作针对苹果和安卓系统的两款手机App应用程序,同时搭建起一个能够订餐、支付的电商平台，其难度相当于组建一个全新的电子商务公司。另外，由于苹果App Store的审核时间需要一周，这意味着，留给我们的时间只有20天。"虽然存在一定的困难，但是在不断努力下，还是推出了比较成熟的"527美食速递系统"，这是一个比较成熟的集订餐、支付为一体的交易平台，同时在这个系统中，把眉州东坡美食速递网、手机App客户端、美食热线三大外卖订餐渠道融合在一起。

在这一系统下，顾客可以在网上点餐、预订，也可以在网上进行提前支付。这种经营方式的存在，让眉州东坡可以提前备餐，这就节约了顾客在店内用餐的时间，门店的翻台率也因此得到迅速提升。至此，眉州东坡已经搭建了完善的O2O系统。搭建系统不是最终目的，目的是让系统能够为顾客提供更好的服务。为了提升服务，眉州东坡在很多方面都进行了改进，比如针对服务人员对网上订单表现不积极的现象，眉州东坡出台了"接到互联网订单3分钟之内处理，30分钟内出菜"的硬性规定。

除此之外，为了提升服务人员的服务态度，眉州东坡针对网上订餐对服务人员进行考核，考核不再仅仅以销售额为唯一的标准，而是加入了许多细化的指标。

除了打造出色的网上订餐、支付系统，眉州东坡在线下也做出了一番努力，在环境设置上让顾客感到更加舒心，在服务上也做出了很大的改变。除此之外，眉州东坡还整合了外卖供应链，这是为了使线上、线下更好地实现融合。为了让外卖业务能给顾客带来更好的体验，眉州东坡与易淘星空旗合作，用易淘星空旗下的专业送餐队伍进行送餐。并且还给送餐人员设立了200条准则，这种高质量送餐服务给顾客带来了美好的用餐体验，大大提升了眉州东坡品牌形象。

眉州东坡的O2O模式是比较成功的，依靠成功的O2O模式，眉州东坡的业务量得到了大幅度的提升，订单量以每周20%的速度快速增长，到2013年年底，眉州东坡的外卖销售额每月已突破了700万。

从中我们可以看出，眉州东坡打造了属于自己的O2O模式，并且取得了非常好的效果。这就告诉餐馆经营者，要着力打造属于自己的O2O模式，依靠这个方便快捷的交易平台来促进餐馆的发展。而做餐馆O2O，最重要的是要在做好线上的同时，做好线下，要让顾客在线上能预定，而线下实体店能为顾客带来美好的用餐体验。

42 轻松网赚族：手机一点轻松赚钱

把微店分销做成一门生意

　　如果你没有做生意的本金、没有货源，也没有店面，能否做成一门生意呢？10年前我们一定觉得不可思议，但是移动互联网把不可能变成了可能。比如你可以做微店代销生意，开微店不用进货，自动上货、发货、收款、结算，云端服务器一条龙自动服务，你只管推广就行了，说白了开微店就是做广告，也就是广告推广店，我们可以用微信、微博、QQ、论坛写软文等形式来推广。别人来你的店里买东西了，你就能赚取相应的广告佣金。除此之外，你还可以发展分销商，分销商越多，你的佣金越多，顾客在你分销商的微店购买了产品，你可以获得推广佣金。所以个人觉得微店赚一点。

　　我们要做的第一步就是选择平台。大的微店平台有有赞微店、京东微店、拍拍微店等，这些大平台虽然有强大的平台效应，不过佣金相对要少很多，而且现在有不少品牌商推出自己的微信分销平台，其实这样平台同样有品牌的支撑，而且产品更加专一，也比较容易获得消费者信赖。

　　第二步工作就是选择合适的货源。我们在确定货源前，最好先确定自己要做哪一类商品，不要只是随机在页面上翻找。选定你认为好卖的货源后，再点击"我要分销"，向商家申请分销，得到通过后，就可以将商品转到自己的小店中，在手机上等客人。

　　要想获得更多回报就要自己多付出。比如，我们可以对可能成为爆品的页面资料予以完善，比如自己拍照片，或者加上使用体验等。同样的描述风格跟优惠条件，是无法体现出小店的特色的。要想做得比其他分销商更优秀,就要更注意这些小细节。

第三步就是推广。可以在朋友圈里做推广,勤奋一点,每天导入80~100个新的客户,慢慢地你的客户量就上来了。但要提醒你的是,不要一直在朋友圈刷屏商品广告,时间长了容易引起大家的反感。可以根据自己分销商品的种类,写点心得,发些对你的客户有益的资讯,这样才能更好地维持与客户的关系,并发展下一级分销商。当然,如果有能力的话,建议你做一个微信公众号,这样加粉丝更容易一些。

做完以上三步,就进行到消费者购物环节了。这一步不需要分销商参与,消费者付款后,供应商会操作发货,消费者收到货确认货物没有问题操作确认收货后,再过若干天的冻结期,交易完成,佣金即会到账。若消费者没有主动确认收货,系统也会在7天后自动确认收货。而如果交易不成功则佣金也会取消。分销微店所产生的佣金会打到微店主的后台里,店主可以自行提现。当然,店主也可以在微店后台查看分销商给你带来的佣金等销售记录。

需要提醒大家的是,尽管微店分销商并不负责与产品相关的发货等事项,但也不要因此忽略了售后服务。一旦客户遇到商品方面的问题,分销商应当主动跟供货商写上解决方案,一次不妥当的处置可能会让你损失很多潜在的客户。

O2O生鲜,小本赚大钱

本地生活服务是距离消费者最近的行业,也是O2O生意的重点。随着互联网的普及和消费观念的升级,互联网变得越来越"生活化",从餐饮、娱乐、家政到社区服务等,本地化服务越来越多。那么,创业者如何把握本地化市场的需求进而找到适合自己的创业机会呢?

众所周知,本地化服务的精髓在于客人线上下单,享受最便捷的线下服务,本地的围绕着吃住行娱的市场都是本地消费服务业。对客户来说,在附近区域的消费者网上下单后，附近的商家直接按照订单配送就可以了，这种轻资产的运作模式可以有效降低资金投入过高的风险。我们可以毫不夸张地说，这种本地化服务市场正面临着一次井喷，现在正是创业的最好时机。

（1）线上线下结合已经成为无法阻挡的大趋势，这一点从淘宝的演化史就可以看得很清楚，消费者越来越习惯用互联网来帮助决策与消费。

（2）智能手机的兴起和普及，使得用户通过移动端消费成为可能。

（3）本地服务业的推广费用相对低廉，推广方式也更灵活，对于一般的网赚族来说，可行性更高。

在这一创业领域，我们可以找到不少成功的先行者。下面我们要讲的这个案例是一个赚钱赚到让人眼红的水果摊。生活中卖水果的摊位随处可见，但是下面这家水果摊却通过移动互联网打通了线上线下，一举创业成功。

这家水果摊叫"小六水果"，没有实体店，走的是微营销的路子，最初是微博营销，后来还开通了微信营销。没有实体店，只需要租一个租金相对低廉的仓库周转货品，这样可以省下不少店面的租金，降低经营成本，但这并不是"小六水果"掘金成功的关键。那么"小六水果"最具竞争力的经营策略是什么呢？"小六水果"如何能够做到在公司只有3个人的情况下经过2年的经营库存为0，2014年销售额达到8000万呢？

"小六水果"从接到订单到订单配送有一套完整的操作流程，而且与常见的先进货后卖货不同，"小六水果"是先接受订单再进货，之后再发货，这就能够保证每一批进货都能很快出手，从源头上解决了库存和积货的问题了。但这并不是"小六水果"最精明之处。要知道如果没有订单，就不会有之后的进货、发货、送货了，所以从最根本上讲，"小六水果"的成功之处在于他们能够接到订单，而促使客户下订单的最重要的原因是小六的产品定位。

和普通的水果摊不同，"小六水果"不仅水果种类齐全，而且最重要的是他们只卖顶级水果，比如阿克苏苹果、吐鲁番葡萄等，这些顶级水果卖的不仅比市场价要低，而且还送货上门，但是要求200元起送。其实很多客人很难在单一品类上买到200元，不过只要多搭配几种水果就可以了。"小六水果"的产品结构是由各类顶级水果搭配一部分时令水果。这种200元的客单件不仅能保证不错的销售业绩，还能组合销售，带动各个品类水果的销售。

如此一来顾客在"小六水果"不仅能够享受到顶级的水果，还能享受送货上门的服务，同样的商品价格又比实体店优惠，客户当然会选择"小六水果"！

在这里我们需要提醒有志于做O2O生鲜的网赚族，做O2O生鲜生意同样存在风险，这个领域可能是进入门槛相对容易、失败率却也非常高的一个方向。大多数创业者都败在了对O2O本地消费创业模式的曲解上，创业者们必须认清以下几点：

（1）新的创业平台。我们需要全新的创业路径、全新的玩法。本地生活相关的服务不是一个新鲜的行业，然而这两年的做法与过往已经有了很大的不同：一方面新的平台正在不断涌现，比如微信及公众号，大力推广线下的服务及闭环；另一方面移动互联网大环境也在不断变化，实时、交互、位置都已经细化到人。

（2）口碑的力量，服务质量的绝对保证。本地生活服务是互联网、消费、现代服务行业的结合，有多少创业者能真正意识到这一点？本地生活消费创业中，对于服务质量的要求更高、更严，因为快速传播的互联网让口碑成为一种真正的力量，口碑可以成就你，也可以毁掉你。

（3）互联网本地消费创业的路径，正在被不断细分。与从前相比，新一拨的本地生活服务公司更垂直、更细分，在本地生活的家政、家电维修、家居装修、美容美发等领域，网赚族希望面面俱到往往不讨好，创业之初在一个点上深挖可能成功率更高。

拼多多开店就这么简单

相比实体店动辄几万、几十万的起步资金，在网络上开店成本少、周期短、风险也更小，而且既可以兼职也可以全职，一个人就可以搞定一个小店。这两年，电商浪潮中最耀眼的新星就是拼多多开店了。拼多多成立的时间还很短，但订单量就迅速超越了京东，越来越多的商家和个人（一些个人会从其他购物平台找到要卖的商品，合理加价后赚取利润差额，月收入也可能达到3000~10000元）也选择入驻拼多多开店淘金。

拼多多是一块巨大的蛋糕，那么我们怎样才能从中获益呢？

新手开店，首先是要在拼多多官网的商家入驻频道注册，注册步骤也很简单，所需资料为：

个人：在拼多多开设个人店铺，应提交的资质证明有：

（1）手持身份证半身照片；

（2）身份证正反面照片。

企业：在拼多多开设企业店铺，应提交加盖企业公章的资质证明有：

（1）企业营业执照副本复印件；

（2）企业税务登记证扫描件；

（3）组织机构代码证扫描件；

（4）银行开户许可证扫描件；

（5）企业法定代表人身份证扫描件。

开店当然要有一个响亮又吸引眼球的名字，需要注意的是，拼多多店铺的名字注册后是不可以更改的，还要注意以下命名规则：

（1）店铺名称不允许重复。两个以上店铺申请相同的符合规定的店铺名称，依照申请在先原则核定，其他店铺没有权限申请已经通过审核的店铺名称。

（2）个人店铺针对食品保健类目可以出现××地方特产（特色）店铺，其他类目不可以出现特产、特色。

（3）非海淘店，不能命名××代购。

（4）未经平台许可，店名、店标、店铺详情不得使用含有"拼多多特许""拼多多授权"等含义的字词。

（5）个人卖家店铺名称禁止使用"旗舰""专卖""专营""官方""直营""官方认证""官方授权""知名品牌名"等表述或内容。

那么，拼多多开店需要缴纳什么费用吗？

费用主要分为两种，一种是商家入驻保证金；还有一种是代收微信方面的交易手续费，大概在0.6%左右。

商家入驻保证金具体多少要根据不同类目做具体划分。比如说，如果是非海淘企业入驻服饰鞋包，需要交纳保证金1000元。如果是海淘企业入驻该行业的话，需要交纳保证金10000元。非海淘个人入驻服饰鞋包行业，缴纳保证金2000元。海淘个人入驻服饰鞋包行业需缴纳保证金10000元。

拼多多主要商品类目分为服饰鞋包、水果生鲜、食品保健、美容个护、母婴玩具、家居生活、3C电器、运动户外、家纺家具、数码电器。入住以后，平台会根据商家的销量来调整保证金额。如果上个自然月商家销售额在500000元，缴纳保证金10000元；上个自然月商家销售额达到100000~500000元，保证金金额就会减少至5000元。以此类推，具体情况可以联系拼多多官方网站进行了解。

在拼多多上开店赚钱，就要掌握几个基本方法。

首先，是用微信、微博、QQ、自媒体、直播等渠道去吸引流量，将自己的产品信息分享出去，增加曝光率和转化。成交是平台上获得流量的基础，有了成交，才有更多机会在平台上获得更多曝光机会和参加活动，从而进行店铺付费推广。

分享链接的获得也很简单，就是点开拼多多手机App—点商品页面右上角—点击分享按钮。

其次，是提高成团率，扩大成交。

我们知道拼多多是拼团模式，一人无法成团，要有两人或两人以上。那么商家特别是新商家怎么提高成团率呢？

在拼多多管理后台，我们会看到"未成团即将失效订单金额"这个功能，这个里面展示的是12个小时内就会失效的订单，可以到App里找到对应的商品，把开团信息在自己的渠道里分享出去，提高成团率。

如果商品市场面较小，购买人群小众，不容易凑团，那么可以让单买价和团购价差价小点，并引导买家单买。

在拼多多，买家下单后超过24小时未付款，订单就会失效并流失。建议商家及时主动联系未付款买家沟通，提醒买家及时付款避免拼团失败，提升支付转化率。

最后，我们还要做好产品关联推荐。买家进入店铺后，我们并不知道他们需要的是什么。因此，买家浏览过商品后，如果对此款产品不满意就会流失。补救的措施是，增加产品关联，给买家推荐店铺其他商品，说不定就会点燃买家的购买欲。

有两个推荐位是我们要重点利用的。第一个是店铺推荐位。每个商品有3个推荐位，我们可以放热销商品，也就是店铺的爆款，还有就是买家浏览商品的替代或互补商品。第二个是商品详情推荐位。商品详情可以放一张店铺其他产品的拼图，图片要尽量做得清晰美观，让买家能够更多地了解店铺的商品。

在拼多多开店的新商家，由于没有销量、没有流量，短期内也很难上活动，前期销量可能会不佳。这时候一定要调整好心态，努力完善你的店铺，把控好商品质量，坚持下去就一定会有收获。

微信小程序开店速查速用

2017年1月9日，腾讯重磅推出了微信小程序，小程序不占内存，不需要下载安装就可以使用，因此获得了广大用户的欢迎。微信是目前最大的移动端流量入口，日活跃用户9.63亿，而在互联网时代，流量指向哪里，哪里就有巨大商机，微信小程序也迅速成为开店的全新入口。

微信小店是基于微信公众平台的一套原生电商模式，具备添加商品、商品管理、订单管理、货架管理、维权等多种能力，开发者可使用接口批量添加商品、快速开店，极大地丰富了微信、微信支付的应用场景。它实现了线下实体店和线上的对接，让线下实体店能够更好地利用线上的资源，比如当用户走到你们附近，打开"发现—小程序—附近的小程序"，就能看到你门店的小程序了，用户可以非常方便地点进小程序进行消费，而如果你所提供的商品或服务让用户满意,他还可能再将你的店铺小程序分享给更多的好友,给你的店铺带来更多的客流量。

那么如何利用微信小程序开店呢?

微信小店小程序的门槛很低,你只要有一个认证的公众号,就可以在后台申请小店小程序。原有微店小店功能的公众号,不需要重复申请,一键升级就可以在小店小程序里卖货。

具体开通微信小程序门店的方法非常简单,大致如下:

登录小程序,进入"门店管理",添加门店,一个账号可绑定不多于100个门店。

微信商户可选择手动添加门店,也可以直接从公众号导入已申请的门店。

申请注册好微信小程序后,你可以看见微信小程序中间有一个"门店管理",商户可以直接手动添加门面店。添加好之后根据自己店铺的属性选择服务类型、店铺的经营性质等一系列流程。一般审核的时间通常在一周左右,审核通过后店家就可以上传店铺的照片以及商品信息了。

案例:第一个吃螃蟹的"订蛋糕+"

2017年1月10日,微信首批百款小程序"订蛋糕+"上线了,借力微信小程序风口,布局微信小程序生态。生日管家推出的"订蛋糕"小程序上线当日浏览量突破十万次,共产生500余笔订单。

用户可以通过微信搜索栏搜索"订蛋糕"小程序,就可以进入,在程序中可以即刻订购全国蛋糕。不仅如此,在"订蛋糕"小程序中,用户还可以享受蛋糕甜品推荐、优惠券领取和分享、蛋糕订购等全方位的一站式服务。

打开"订蛋糕"小程序,每个人都能领取"100元新人礼券"。同时用户可以根据心仪的蛋糕品类直接进入相应的商品页面,"水果蛋糕""奶油蛋糕""创意蛋糕"总有一款让你满意。"限时抢购"页面每日精选多款品牌蛋糕,限时特价,用比门店更低的价格就能把美味蛋糕带回家。无论是异地订购、生日订购,还是节日、纪念日订购,在需要购买蛋糕的任何场景下,用户都可以通过二维码、微信公众号、微信搜索栏等入口,在线打开"订蛋糕"小程序,买到心仪的美味蛋糕。